本书

获得福建省社科研究基地厦门大学中国特色社会主义研究中心重大课题"全面深化改革背景下的农村综合改革研究"（FJ2015JDZ004）项目资助

本书系国家社科基金项目"集体林权制度改革中的金融支持制度研究"（项目编号：11CJL027）的最终研究成果。

福建省社会科学研究基地
厦门大学中国特色社会主义研究中心

厦门大学中国特色社会主义研究中心丛书 / 贺东航 主编

集体林权制度改革中的金融支持制度实施及绩效评估

程玥　朱冬亮　蔡惠花◎著

中国社会科学出版社

图书在版编目(CIP)数据

集体林权制度改革中的金融支持制度实施及绩效评估 / 程玥，朱冬亮，蔡惠花著 . —北京：中国社会科学出版社，2016.6
ISBN 978-7-5161-8371-7

Ⅰ.①集… Ⅱ.①程…②朱…③蔡… Ⅲ.①集体林—产权制度改革—金融支持—金融制度—研究—中国 Ⅳ.①F326.22

中国版本图书馆 CIP 数据核字（2016）第 133317 号

出 版 人	赵剑英
责任编辑	冯春凤
责任校对	张爱华
责任印制	张雪娇
出 版	中国社会科学出版社
社 址	北京鼓楼西大街甲 158 号
邮 编	100720
网 址	http://www.csspw.cn
发 行 部	010-84083685
门 市 部	010-84029450
经 销	新华书店及其他书店
印 刷	北京君升印刷有限公司
装 订	廊坊市广阳区广增装订厂
版 次	2016 年 6 月第 1 版
印 次	2016 年 6 月第 1 次印刷
开 本	710×1000 1/16
印 张	16.75
插 页	2
字 数	273 千字
定 价	59.00 元

凡购买中国社会科学出版社图书，如有质量问题请与本社营销中心联系调换
电话：010-84083683
版权所有 侵权必究

目 录

第一章 导言 ………………………………………………………（1）
 一 本研究背景及意义 ……………………………………（1）
 二 已有研究回顾 …………………………………………（4）
 三 本研究设计 ……………………………………………（16）

第二章 林业金融支持制度实施的背景 …………………………（22）
 一 集体林权改革与明晰产权 ……………………………（22）
 二 集体林地确权到户的主要方式 ………………………（25）
 三 集体林权确权到户的绩效评估 ………………………（43）

第三章 林业金融支持制度供给及演变 …………………………（61）
 一 集体林改背景下的林业金融支持制度改革政策演变 …（61）
 二 金融部门的林业金融支持政策执行 …………………（75）

第四章 林权抵押贷款制度改革及实施 …………………………（78）
 一 林权抵押贷款总体进展情况 …………………………（78）
 二 县（市）级视角下的林权抵押贷款实施情况 ………（95）
 三 林权抵押贷款与林业产业发展 ………………………（121）
 四 林权抵押贷款政策实施中存在的问题 ………………（125）

第五章 森林保险制度改革及实施 ………………………………（134）
 一 森林保险政策实施 ……………………………………（134）
 二 省级森林保险实施的基本情况 ………………………（138）
 三 森林保险政策执行中存在的问题分析 ………………（152）

第六章 森林资源资产评估和担保 ………………………………（162）
 一 森林资源资产评估、担保政策实施的总体情况 ……（162）
 二 森林资源资产评估、担保的地方性实践 ……………（165）

三 县级视角下的森林资源资产评估实践:尤溪县案例分析 …… (177)
　　四 森林资源资产评估实践中存在的主要问题 ………………… (181)
第七章 林农参与林业金融支持制度实施的行动分析 …………… (186)
　　一 样本农户的林地承包、抵押贷款、森林保险参与情况 …… (186)
　　二 林农参与林业金融支持政策的影响因素分析 ……………… (196)
　　三 林农参与林业金融支持制度建构及其影响 ………………… (207)
结论与讨论 ………………………………………………………………… (227)
　　本研究的主要结论 ………………………………………………… (228)
　　讨论 ………………………………………………………………… (245)
参考文献 ………………………………………………………………… (250)

第一章 导　　言[①]

一　本研究背景及意义

作为继 20 世纪 80 年代农村土地家庭承包制的延伸和继续[②]，2003—2005 年，我国开始在福建、江西和辽宁等省试点实施新一轮集体林权制度改革（以下简称"集体林改"），并于 2008 年推向全国。[③] 按照国家顶层改革制度设计，这次改革的首要目标是效仿耕地承包制改革路径，实现"分山到户"——明晰林地产权[④]，最终增加集体林地的经济、社会和生

---

① 本书系国家社科基金项目"集体林权制度改革中的金融支持制度研究"（项目编号：11CJL027）的最终研究成果。其中第一作者程玥主要负责撰写本书第二章、第三章、第四章（部分内容）、第五章、第六章内容，共 16 万字，而朱冬亮、蔡惠花两位作者主要负责撰写本书第一章、第四章（部分内容）及第七章内容，本书的"结论与讨论"章节则是共同合作的结果。我们在此还要特别感谢课题组成员邱幼云博士及厦门大学社会学系博士生高杨、黄增付及硕士生李金宇、江金娟等，他们共同参与了本研究课题的十分辛苦的田野调查和资料整理分析工作。

② 我国现有林地面积 43 亿亩，其中产权属于村集体所有的有 27 亿亩，涉及 4.3 亿农民（转引自家林业局政策法规司有关负责人：《政策解读：林权制度改革如何让农民受益》，《人民日报》2008 年 7 月 17 日，第 2 版）。据有关学者研究，从 1979—1992 年国家经济增长中每年平均有 9% 的增长是来自林业经济，1993—1997 年则年均近 10%（Zhang, et al., 1999）。

③ 集体林改由福建省于 2003 年率先试点实施。2008 年，国家出台了《关于全面推进集体林权制度改革的意见》，标志着林改成为国家决策，并在全国推广实施。总体而言，这次改革大致可分为主体改革和深化改革两个阶段，其中主体阶段林改工作以明晰林地产权为主要内容，而深化（配套）改革阶段则涉林业税费减免、林业市场开放、林木采伐管理制度及林业金融支持制度等方面的改革。

④ 我国各地在推进林改过程中，形成了"均山、均利、均股"三种"均权"方式，其中以"均山"为主。

态产出。① 由此可以看出，集体林改被赋予再一次解放农村生产力进而促进农村发展的改革预期（贾治邦，2007），属于当前国家深化农村改革总体部署的重要组成部分。

实践证明，要让集体林改发挥更大的改革效应，需要以林业金融支持制度、林木采伐管理制度、林业管理制度等一系列后续配套制度改革为保障支持，其中林业金融支持制度改革被认为是最关键的一环。事实上，作为集体林改的重要配套改革举措之一，我国在2007年即开始推进林权抵押贷款政策实施。② 这一改革策略将林木所有权和林地使用权纳入抵押物范畴，由此形成的林权抵押贷款特别是小额林权抵押贷款被认为较好地解决了部分林农对林业生产及林木加工的资金需求，缓解了农村农民的融资困境。从更宏观的角度来看，推进林业金融支持制度改革，不仅利于吸引工商资本投资林业，利于林农筹资发展林业和建立现代林业制度，更重要的意义在于可以把集体林地林木资源变为林农的类似城市房产性质的资产，使其不仅可以抵押贷款，而且可以变现和进行市场化的流转，从而增加林农的林业财产性收入。因此，研究集体林改中的林业金融支持制度改革议题，具有重大的理论和现实意义。

基于此，本研究的主要目标是对当前林业金融支持制度改革及政策实施绩效进行多学科多角度的评估。具体而言，本研究主要探讨以下两个问题：一是在集体林改背景下，国家及地方政府设计的林业金融支持制度及相关政策（主要为林权抵押贷款、政策性森林保险、森林资源资产评估和担保）实施情况如何？二是以包括林农、林业大户、林业产业化企业为主的制度需求主体与包括国家、省级和基层政府的林业部门、金融机构等制度供给主体在林业金融支持政策实施中是如何行动以及互动？各地在贯彻执行国家顶层的林业金融政策设计时，会如何因地制宜地进行调整和

---

① "集体林权"是指集体林地、林木产权。集体林改的顶层设计是通过明晰产权、放活经营权、落实处置权、保障收益权，把集体林地经营权和林木所有权落实到农户，激发农民发展林业生产经营的积极性，进而实现"资源增长、农民增收、生态良好、林区和谐"的改革目标。实际上，在20世纪80年代初期，全国大部分省份已经基本完成了以"稳定山权林权、划定自留山、落实林业生产责任制"（即林业"三定"）——"包山到户"的改革任务，其改革路径与同期推进的耕地家庭承包制基本类似。只不过，由于当时"分山"受技术条件、农民不重视等因素制约，工作粗糙，农户承包的山林界址不清晰，由此为集体林改政策实施埋下了伏笔。

② 不过，福建省永安市等地的林权抵押贷款试点则早在2004年前后即开始实施。

规避？

从理论角度看，正如我们在文献综述部分将要探讨的，虽然有个别研究者建构了林业金融支持理论体系（秦涛，2009），但如果仅仅是从宏观的视角分析国家林业金融支持制度的实施，容易导致对相关利益主体（包括国家、农村集体经济组织或个人等）利益诉求的忽略，尤其是对集体林地承包权所有者——林农的"缺场"及其复杂行动关系的忽视。实际上，在宏观视角下提出的理论，难免有"忽视生态和社会生活的基本事实"（詹姆斯·斯科特，2011：2）的嫌疑，使国家相关部门对林业金融支持政策体系设计简单化，最终反而无益于我们更加客观真实地评判林业金融支持制度改革的实施绩效。

在具体探讨林业金融支持制度实施时，本研究将采用社会学、人类学意义上的田野调查，获取各类一手的定性、定量研究资料，从而为研究奠定坚实的实证基础。而在理论视角上，我们将从多学科视角出发，运用制度变迁的相关理论视角，阐释国家及各级政府在林业金融支持制度实施中的作用。

和已有研究不同的是，本研究将从林业金融支持政策实施场域中的不同参与主体视角来理解整个政策实践。正如贺雪峰指出的，随着经济发展，当下中国的农民群体已经出现分层化（贺雪峰，2010）。不论从农民从事的职业，还是所处地域等，可以看到各种不同类别的农民。他们虽然具有共同点，但是差异已经逐渐显现出来。他们的社会技能[①]、社会行动能力，以及对各种制度和政策的需求、制定、实施的感知等都呈现出很大的差异。甚至可以说，这个传统的农民群体已经出现严重的分化。他们在社会经济上处在不同的阶层，具有各自不同甚至是相互冲突的利益诉求。因此，本研究从不同的林业经营主体在林业金融场域内的利益诉求及地方性实践进行深入的探讨。我们认为，只有在对农村、农民的知识和实践有较为清楚的认识的基础上，才能够为林业金融支持制度改革的完善提供更加科学合理的政策建议。

---

① Fligstein 和 McAdam 认为，"社会技能"即社会行动者通过各种规则的建立，达成集体合作的能力（Fligstein & McAdam，2012）。

二 已有研究回顾

研究集体林改中的林业金融支持制度实施绩效问题，必须放在集体林改这个大背景下来进行考察。事实上，自2003年我国开始启动实施集体林权制度试点改革以来，相关议题研究已经逐步引起经济学、社会学甚至法学界研究者的关注（贺东航、朱冬亮，2010：6）。不过，由于林业金融支持制度是林业后续配套改革的一部分，而且时至今日此项改革仍在实践中。① 因此，目前学术界从事这方面实证研究的研究者总体上并不多见，其整体研究水平有待进一步提升。下面我们先对已有的相关研究文献进行梳理、归纳和分析。

（一）关于集体林改实践及绩效研究

2003年集体林改试点实施至今，国内相关的研究大致可以分为两个阶段。第一阶段是在2007年之前，这一时期国内相关领域对集体林改的研究，除少数研究者是探讨村级林改制度实施之外（张红霄、张敏新、刘金龙，2007；裴菊、孙妍、李凌、徐晋涛，2007；朱冬亮，2007），其他研究者大都是从县域（蔡为茂，2005）、地区（地级市）（如叶继革，2005）、省级角度（吕月良、施季森、张志才，2005；雷加富，2006）和全国角度（贾治邦，2007）对本县、本市及本省乃至全国的集体林改政策实施情况进行探讨。有意思的是，早期对集体林改的研究有相当一部分是林业实践工作者所为。作为改革政策的制定者和推进者，他们无疑具有先行一步的优势，但是由此形成的话语表述方式曾经在很长一段时间内影响学术界对集体林改绩效的判断和认识。

2007年之后，随着越来越多的研究者介入集体林改研究领域，相关的研究视角也越来越多元化，研究层次更高也更深入，研究成果也更客观实际。综合而言，目前国内学术界对集体林改探讨的议题主要围绕林改的动因、林改政策实施与成效评估、林改后续配套改革及进一步推进和完善

---

① 2009年5月人民银行、财政部、银监会、保监会和国家林业局联合出台《关于做好集体林权制度改革与林业发展金融服务工作的指导意见》文件，以推进此项工作开展。

林改的对策研究等几个方面展开。

1. 集体林改动因研究

任何的制度变革创新，都是特定社会经济背景下的一种诱致性或者强制性变迁（林毅夫，1995）。集体林改也不例外。事实上，对于集体林改的研究，自然会令人涉及集体林改之前的集体林权制度改革和变迁情况。很多研究者在研究集体林改制度变革的实施绩效时，习惯于和此前的集体林权制度安排的实施绩效进行比较。几乎所有的研究者都认为，实行集体林改是继续深化中国农村改革的必然步骤，这点已形成广泛的共识。有不少研究者指出，虽然历经变革，在集体林改实施前，我国的集体林地产权制度仍存在产权模糊、产权不稳、产权残缺、产权分散等诸多问题，从而严重制约集体林业生产力的解放与发展，因此改革似乎势在必行（刘璨、吕金芝、王礼权、林海燕，2007）。而国外的相关研究也试图证明，森林产权的清晰界定对森林资源的开发利用是非常关键的（Robert，1990）。林业产权的不稳定是导致森林退化的关键性内在因素，森林的管理、保护与权属和获取收益权紧密相连，各国政府今后应逐步把经营公有林的责任和权利下放给当地社区（Andy White & Jandra Martin，2002）。联合国粮农组织《世界森林状况（2003）》报告也认为，加强当地社区对林权改革的参与，提高了当地农民分享森林收入的比例，能够更好地提供森林产品及提高森林的可持续性。不过国外的研究者也注意到，仅仅明晰产权是不够的，森林产权的稳定性会影响林业的发展，并导致林业产权的制度变迁（Robert，1999；Olli Halite & Kari Kepi，1997）。不同的林地产权经营期限、林地的立地条件和质量也对林地的可持续利用产生重要影响（Zhang Dowei & Peter H. Pearse，1996）。

反观我国集体林改，早期的实践和理论工作者在探讨我国集体林改的具体动因时，普遍是和林改前的林权制度安排实施绩效相比较，以此来寻找其制度变革依据（福建省林业厅，2006；黄建兴，2006；雷加富，2006；王新清，2006；等）。有意思的是，很多研究者也似乎在寻找类似当年安徽小岗村自发包产到户的村级集体林改实践案例，对之进行剖析研究，从中寻找改革论据（李青松，2007）。[①]

为了探求集体林改的动因，有学者曾经构造了一个集体林权制度变迁的动因模型，指出林木资源稀缺是原始动因，利益的刺激和诱导是根本动因，经济效率的激励是重要原因之一（参见乔永平、聂影、曾华锋，2007）。另外，由于促进林业的集约化、规模化经营是集体林改的目标之一，因此，也有的研究者对此进行论证。曾经担任福建省永安市[②]林业局长的蔡为茂就认为：我国林地单位面积产出过低的基本原因是资本和技术的缺乏，为此必须提高林业的集约化和规模化经营水平（蔡为茂，2005）。不过，并不是所有的人都赞成集体林改，也有的研究者对集体林改提出质疑。如有研究者指出：由于林业生产具有周期长，投资大，收益慢，风险大等特点，且其生产经营方式，和产品处置的权利受到国家法律和政策较多的限制。因此，建构现代的林地产权制度是一项极其复杂而艰巨的系统工程，如果完全仿效农村实行家庭承包耕地的经营模式将变成一场灾难（张新光，2008）。而在政府部门，对集体林改也出现了所谓"上面（省级以上）和基层（村级）热，中间（乡镇和县市级）冷"的说法（张红霄，2008）。说明学术界对于此项改革，始终持有争议。

2. 集体林改与林地流转绩效评估研究

对集体林改及林地流转绩效的研究，学术界基本上是围绕制度实施的公平与效率的相关讨论而展开。不少研究者基于量化数据分析或者个案性的深度田野调查，对集体林改中的林地流转的实施绩效进行多角度的评估研究。如有研究者通过对2006—2007年福建等南方八个省份的调查数据分析，得出的研究结论是，集体林改获得了一定的成功，主要表现为木材产量增长、林农家庭总收入中林业收入比例大幅度增大以及新造林增加（徐晋涛，2008）。还有研究者从公共政策评估角度，并以自己对江西省2484个农户的调查数据为基础，以农户收入增长为主要指标，评估林改后农民林业收入增长数量、增长速率以及增长机理（孔凡斌，2008）。另有研究者则以福建省永安等地的集体林地流转实践为研究个案，从村集

---

① 如福建永安市洪田村、江西武宁县长水村、辽宁宽甸县四平村、浙江临安市白沙村等四个村庄被认为是发挥了类似安徽小岗村的改革探索者作用。
② 该市被认为是我国集体林改的典范之一。

体、木竹加工企业发展、林业合作组织发展、农户林业生产和收益等几个方面分析林改的实施绩效，并利用计量模型模拟了林改后林地肥料投入的影响因素，用内部收益率计算林地经营者投资林业的经济效益（郭艳芹，2008）。

总体而言，对于集体林改和林地流转的实施绩效，大致有两种不同的意见：一种观点认为，集体林改取得了很大的成效。特别是试点省份，普遍认为达到了改革预期的目标；另一种观点则对此持更加谨慎的评价态度，认为林改特别是在林地流转过程中并不像前者说的那么顺利。一般而言，早期的研究从产权明晰的角度出发，普遍对林改的实施成效持肯定态度，这种意见占大多数。如中国人民大学"福建省集体林权制度改革及其深化"课题组牵头人王新清在《集体林权制度改革绩效与配套改革问题》一文中指出，福建省集体林改在促进林业生产可持续发展、促进了林农收入水平提高、提高了村财收入、促使村集体公益事业投入增加及推动了农村民主政治建设等五个方面取得了明显的成效（王新清，2006）。持类似观点的还有其他一些研究者（李炳坤、叶兴庆，2006）。

和前面的见解不同，少部分基于村级调查的研究者对集体林改的成效，特别是对林改前后呈现的大量的林地流转现象表示担忧。如有研究者通过对福建省集体林改的个案研究，发现在改革实施过程中存在几大悖论现象（贺东航、朱冬亮，2009）。他们认为，集体林改在本质上是一种利益的再分配，所谓的改革导致林业产出增加至少在改革初期是一种假象（朱冬亮、肖佳，2007）。同时他们还注意到，由于福建省在林地承包和流转过程中存在政策排斥、资本排斥、信息排斥等多种社会排斥因素，导致有不少地方在林改后山林资源过度集中在少部分经营者手中，大部分农民却因此失山失地（朱冬亮，2007）。之所以会出现这种情况，与村级林地流转过程中存在的"群体性决策失误"有关（朱冬亮、程玥，2009a）。还有研究者结合福建省南平市集体林改的实践，认为村级林地流转过程中存在村干部过多地考虑任期内可支配的财力，大面积拍卖集体山林，违背了改革的初衷（陈永源、谢德海，2005）。

集体林改及林地流转过程中农民失山失地不可避免地引发林权纠纷和农民的群体抗争。有研究者较早注意到林权纠纷问题。如张红霄等人的调查研究表明：林权纠纷是农民产权需求的外在表现，原有的集体林权安排制度存在缺陷是林权纠纷发生的内因，山林资源稀缺度的提高是诱因，而农民博弈能力的增强则直接强化了林权纠纷的强度（张红霄、张敏新、刘金龙，2007）。还有研究者发现，由于林地流转触动了农村社会深层的利益调整和分配，特别是由于林改后集体林地承包经营权过度流转集中在少部分人或者林业经济实体手中，强烈的相对剥夺感使得农民采取各种抗争方式来表达自己的利益诉求，由此才引发了许多的林权纠纷（朱冬亮、程玥，2009b）。不过，这只是引发林权纠纷的表面原因。真正引发集体林权纠纷的深层原因是，国家正式的林权制度安排与农村社区中延续下来的村庄社区产权价值观无法完全兼容（朱冬亮，2013）。

3. 集体林改配套改革研究

由于林地经营具有经济、社会和生态效益，因此集体林改被认为是一项极其复杂并且涉及很多配套制度改革的综合性改革。事实上，集体林改要发挥更大的政策效应，必须依赖很多环节的配套政策的推进。这也就是为什么国家和地方政府在完成以产权明晰到户为主的第一阶段的改革任务之后，随即实施第二阶段配套改革的主要原因。① 其总的目的是为集体林地的市场化流转创造一个更加宽松的制度环境。

有研究者认为，仅仅是明晰产权，并不一定会刺激经营者增加对林地经营的投入。只有让经营者经营林地有利可图，才能激励其增加投入（朱冬亮、贺东航，2009），而这点恰恰是集体林改配套改革必须解决的关键问题。目前，已有的集体林改配套阶段的改革，主要是围绕林业管理体制变革、林业税费减免、林业市场开放、林木采伐管理制度、林业金融支持制度等方面展开，这些议题也是学术界主要讨论的议题（秦涛，2009；曾维忠、蔡昕，2011；朱冬亮、蔡惠花，2013；等）。从地方政府的角度来看，各地在推进林改配套阶段改革进程时，主要是围绕林业金融和公共财政支持制度（林权抵押贷款、森林保险、林地林木资产评估、林业公共财政等）、林业市场体系建设（林业税费减免、林木交易市场放开、林业合作组织建设等）、生态林业建设（生态林区划分与管护、生态

---

① 对于集体林改的配套改革，不同的省份有不同的表述方式，如浙江省称之为深化改革，而福建、江西则更多是称为是配套改革，云南省称为"深化集体林权制度配套改革"，该省专门出台文件《中共云南省委办公厅、云南省人民政府办公厅关于进一步加大集体林权制度主体改革力度和稳步推进配套改革的意见》。

林补偿机制等)、林业管理服务体制机制改革(采伐管理制度、林业要素服务中心建设、林业管理机构整合等)四个方面展开,并取得了相应的进展。林改配套改革的推进,使得主体阶段改革的成果得到进一步的巩固和提升,林业的资产化效应和生态效应进一步显现(贺东航、朱冬亮等,2014)。

(二) 关于林业金融支持制度的研究

作为集体林改配套改革或者说是深化改革的主要构成部分,林业金融支持制度改革在近年引起了不少研究者的广泛关注。在国外,虽然,总体上对中国林业金融支持体系的研究并不多见,但却有一些研究者探讨了集体林权制度变迁对林农投资林业的影响。如 Liu Dachang 认为,从新中国成立至今,中国林地产权制度私有化改革趋势总体呈倒"U"形状态,即1950 年私有化程度最高,到了 1956 年为农村集体所有,而 20 世纪 80 年代的家庭联产承包责任制实际上是接近了林户私人拥有的程度。然而,正是由于制度变革太过频繁,使得林农没有足够的安全感,导致了林农对林地或林木的投资动力不足(Liu Dachang,2001)。与此同时,他还指出,不同的林农投资能力有差异。富有的林农与穷苦的林农之间的差距也就因为林权改革而进一步被拉大。还有一些研究者的研究则表明,林农的收入水平与受教育程度会影响林农对于改革的认知和理解,低收入、没有接受正式教育的林农对林改没有清楚的认识;贫富不同的林农在对林改认知和理解之间的不同,导致富裕的林农能够从改革中受益,而贫困的林农容易失去这些机会;贫富分化产生了冲突等不稳定因素(Liu & Cannon,2011)。Yuanyuan Yi 等通过涉及中国 8 个省份的 3180 个林户的问卷调查结果显示,集体林改主体改革的结果是加强了产权安全,也鼓励林农参与森林投资,但产权安全与林农的投资行为并无统计上的显著关系(Yuanyuan Yi 等,2013)。总体而言,国外研究者对关于不同林农对集体林改的理解与认知的差异导致的贫富差距问题的研究,为后来的研究提供了重要的启发。

近几年国内外有一些研究者开始关注集体林改背景下的农村林业金融环境问题。如 Zhu Bijun 等指出,集体林改和农村金融制度改革改善了林业的金融环境,但是仍然很难满足林农或者中小林业企业的贷款需求,因而限制了林业的发展（Zhu Bijun et al.，2012）。Xu Guanye 和 He Yue 则从供给视角下探讨中国森林保险的失败。他们认为，虽然近几年来中国的森林保险已有所发展，但是在市场经济下，森林保险的商业操作模式出现了失败的现象，其深层原因在于商业森林保险需求有限，供给不足。为此他们提倡建构政策引导的森林保险（Xu Guanye & He Yue，2012）。不过，作为农村发展的工具，农村蓬勃发展的小额信贷却受到了许多学者的肯定（Mondal，2012）。以小农为主要服务对象的小额林权抵押贷款因此受到很多研究者的关注。例如，有研究者对林农参与小额林权抵押贷款的意愿进行了定量分析（蔡昕、曾维忠，2011），其他研究者对辽宁省的林权抵押贷款实践进行了研究（Yu Lihong & Liu Gaoli，2011）。

大致而言，在2009年以前，国内学术界对林业与金融有效结合研究显得十分不足，因此并没有系统地提出林业金融支持这一概念和理论的体系（秦涛，2009）。但已有研究显示，国内最早系统提出林业金融支持制度这个概念的是秦涛（2009）和田治威等人（2009）。不过，此前也有研究者从宏观的金融创新角度对我国的林业金融改革创新构建提出了设想（马久杰等，2008）。如有研究者提出，未来我国的林业金融创新模式主要有三种，即以国有商品林为主要成分下的林业金融创新模式、以私有商品林为主要成分下的林业金融创新模式和以公益林为主要成分下的林业金融创新模式（王建红、冯彦明，2010）。此外，还有少数研究者则注意到森林保险问题（刘红梅等，2007；李彧挥等，2007）。近几年来，随着林权抵押贷款、森林保险等林业金融支持制度改革的推进与实践，开始引起学界的广泛关注。其研究内容主要包含三个方面：一是林业投资研究；二是林业融资研究；三是林业投资收益与风险研究（秦涛，2009：6—14）。

值得一提的是，国外有不少研究者从农民需求角度，对农民的借贷行为进行了大量的量化实证分析。这些研究虽然不是直接针对林业贷款，但是其研究成果对于我们认识农民的信贷行为有很大的参考价值。如 Long（1968）建立了正规的微观经济模型分析农户借贷的原因，认为农户的借贷决策是在给定生产机会条件下收益最大化的选择；Iqbal（1983）也建立正规的经济模型分析了农户的借贷行为；Pham 和 Izumida（2002）于1997年对越南三省300多户农户进行调查，通过 Tobit 回归模型分析农户信贷需求的影响因素；Pal（2002）对印度 ICRISAT 的三个村庄进行调查，并通过 Multinomial 回归模型分析了影响农户借贷行为的因素。除此之外，国内也有不少研究者对农户的借贷的行为进行了分析（周小斌、耿洁、李秉龙，2004；周宗安，2010；等）。

（三）关于林权抵押贷款的研究

事实上，目前我国现有的林业金融支持制度研究更多是围绕林权抵押贷款这一更为狭窄的领域而展开。不同学科领域的研究者围绕林权抵押贷款概念、特征与作用、林权抵押贷款模式、森林资源资产抵押贷款制约因素及对策等进行了多角度的探讨。

一般认为，林权抵押贷款，又称森林资源资产抵押贷款，是指森林资源资产权利人将其拥有的森林或林木的所有权、使用权和林地的使用权作为担保，向银行、农信社等放贷机构借款，或由专业担保公司担保借款，而森林资源资产权利人以林权向其反担保的行为（汪永红等，2008）。《中华人民共和国担保法》第三十四条明确了林木、国有林地以及荒山等作为抵押物的合法性；《中华人民共和国物权法》第一百八十条、第一百八十四条明确了除自留山以外的林地使用权，森林、林木所有权抵押的合法性（韩国康，2010）。2004 年 5 月，国家林业局制定出台的《森林资源资产抵押登记办法（试行）》不仅具体规定了森林资源资产抵押的政策界限，而且还规定了抵押物登记的具体办理程序，使森林资源资产抵押贷款具备了法定意义上的可操作性。这些相关的法律法规为林权抵押贷款提供了法律依据。

实际上，早在集体林改前就有研究者指出，我国要推进森林资源资产抵押贷款亟须解决的关键问题是森林资源资产的评估、抵押、管理和处置等环节存在的缺陷（朱勇茂，2001）。据韩立达、秦涛等研究者归纳，目前我国各地实践中的林权抵押贷款模式主要有林权证直接抵押贷款、"金融机构+专业担保机构+农户"贷款、"金融机构+民间联合信用平台或林业专业合作社信用平台+农户"贷款、"金融机构+龙头企业+农户"贷款等四种模式（韩立达等，2009；张菡冰，2010；秦涛等，2010a；蒲玥成等，2011）。也有研究者注意到我国林权抵押贷款在法律实施意义上所面临的问题。如有研究者从《担保法》、《拍卖法》等法律角度对林权抵押贷款中的森林资源资产处置的前提条件、要件和抵押权的实现方式作了探究（余少君，2002）。另有研究者提出开展林权抵押贷款的法律依据不充分（李剑平，2007；肖建中，2009；赵永旺、苏时鹏，2011）。还有一些研究者则指出，由于缺乏国家金融政策层面的指导，导致林权抵押贷款发展缓慢、贷款期限过短、贷款成本高等问题（韩立达等，2009；郭彬等，2011；刘延安、刘芳，2013），并进一步导致银行惜贷、林农遭受信贷约束（李凯英，2009）。

与此同时，有研究者指出，从林农融资需求角度看，林权抵押贷款政策实施中存在评估费用过高、评估机构少（张兰花，2010）以及森林资源资产评估管理体制混乱、资产评估方法不完善等问题（李珍、赵慧峰，2011），所有这些因素都抑制了林农的贷款需求。还有研究者注意到，信息不对称引起的交易费用是当前农村融资难的原因，为此必须采取新的制度安排，进行融资方式的创新（陈玲芳，2005）。此外，还有研究者注意到，我国现有的林权抵押贷款供给大都是以政策性金融为主，贷款越来越倾向于资产较为雄厚的林业企业和林业大户，毛竹林成为普通农户的主要抵押物，而以村为单位组织规模化的林权抵押贷款在一定程度上能降低融资成本大的问题（李莉等，2008）。

也有一些研究者探讨了林农的贷款意愿等更为微观的问题。如肖建中等研究了林农的贷款意愿及其影响因素，根据实地调研数据，基于各省、市、地区等对我国林农信贷需求特征、信贷约束及其影响因素进行分析（肖建中，2009；刘士磊、潘焕学，2011；石道金等，2011；曾维忠、蔡昕，2011；秦涛等，2012、2013）。此外，不少研究者从政府部门、金融机构和林农角度提出了推进林权抵押贷款的建议（韩国康，2010；中国人民银行丽江中心支行课题组，2010；曹华政，2012；国家林业局、中国银监会调研组，2013；等）。

（四）关于森林保险的研究

开展森林保险制度改革是我国林业金融支持制度改革实践的主要内容之一。森林保险可以分为商业保险和政策性保险。考虑到目前我国发展的主要是政策性森林保险，因此已有相关研究主要是围绕这个方面的专题而展开。事实上，政策性森林保险也是国家林业金融支持的重要配套政策之一。随着其在2009年之后的试点改革及推广，越来越多研究者也开始对此进行调研和讨论。

通过阅读与梳理已有研究文献发现，关于森林保险的现有研究主要聚焦在以下三个方面：

(1) 从全国层面探讨我国森林保险运行机制、政府介入模式等问题。如有不少研究者对森林保险立法、国家介入模式及其必要性（潘家坪、常继锋，2010）、运行机制（陈绍志，2010）、政策性森林保险的可持续问题（吴国培、朱敢，2009）或相关研究进展等（高岚等，2010）议题进行了讨论。

(2) 在理论或实证基础上，从省级层面讨论各省森林保险进展情况或建议等。很多研究者主要集中在从省级层面讨论各省森林保险的实施现状（林雅秋等，2009；钱振伟等，2011；郑杰，2011；李彧挥、王会超等，2012；朱述斌等，2013；等）或保险制度构想（陈学群等，2009）。正如有研究者指出的，国家森林保险相关法律法规及政策规定在各省的实现情况各不一样，省际之间的具体情况差异比较大。例如，我国森林保险费率具有区域差异，有研究者对省级层面的森林火灾进行实证研究后发现，我国森林火灾保险的年预期受灾率具有省级差异明显的特点，从最高到较低的省份分别是黑龙江、内蒙古、福建、湖南、浙江等省份。应该根据森林火灾受害风险的省际差异明显情况，来确定我国森林火灾保险所征收的差别费率，实现费率水平与风险水平的对等（冷慧卿、王珺，2011）。

值得一提的是，一些研究者对福建省的森林保险进展进行了实证研究。如冷慧卿等通过对1980年后福建省森林保险发展的历史回顾，认为福建省森林保险存在一些问题。包括需求主体差异、保险部门供给不足、涉林机构需求不同等问题（冷慧卿等，2009）。也有研究者从福建省林农角度探讨该省森林保险进展。例如，林雅秋等就指出，福建省目前存在林农保险意识薄弱、林农保费负担能力有限、森林险种单一等问题（林雅秋等，2009）。此外，还有研究者对浙江省森林保险的实施提出相应的制度构想与基本框架（陈学群等，2009）；另有研究者对云南省政策性森林火灾保险试点进行调查分析（钱振伟等，2011）。

(3) 从农户层面探析农户参与森林保险的行动和意愿。有不少研究者运用实地调研或问卷调查所得数据对林农参与森林保险的意愿、行为分析及需求的影响因素进行分析。如万千等基于福建农户的实地调查数据，对影响农户森林保险需求的因素进行分析发现,"家庭经济状况"、"林地面积"、"农户对森林保险的认知"、"保险产品特征"、"受灾面积"是影响农户参加森林保险的主要因素(万千等,2012)。还有研究者则通过对福建省顺昌县的实地调查数据分析,指出农户参与森林保险的影响因素包括"户主教育年限"、"家庭劳动力人数"及"林业收入占总收入比重"等(范玲燕,2012)。与此同时,廖文梅等则对江西省林农主体的参与意愿相关数据分析显示,"户主年龄"、"林业灾害带来的经济损失程度"、"农户对林业保险的了解程度"、"家庭收入来源"、"农户森林是否经历过灾害"、"森林保险的索赔额度"、"农户对森林保险的需求态度"、"农户对森林保费的态度"和"国家补贴保费下的参保态度"等均是主要影响变量(廖文梅等,2011)。此外,还有研究者对云南省农户森林保险行动参与进行了调查,发现"林农林保态度"、"是否购买过其他保险"、"林地质量"、"林地面积"、"性别"等主要因素对林农森林保险需求有显著正向影响(谢彦明、刘德钦,2009)。

另外,有研究者从金融保险机构和林农主体两个方面思考森林保险发展受限的原因。林农所要求的"低保费、高保额"与保险公司的"保险业务收入、扩大承保面"显然存在很大冲突。保费的高低与林农投保行动的积极性成反比,而与保险机构提供保险产品的积极性又成反比。目前的保费收取情况对商业保险参与森林保险产生严重限制(穆叶久,2004)。此外,还有研究者通过调查发现,政府灾后救助会降低林农灾前购买森林保险的需求(王华丽,2010)。

此外,学术界有不少研究者对林业税费和林业公共财政制度等相关的外围议题进行了探讨。如郭群成等认为,我国现行林业财政体制存在投资总量欠缺、扶持范围狭窄、资金监管薄弱等问题,为此必须构建我国林业公共财政体制的基本框架(郭群成等,2008)。北京大学光华管理学院集体林权制度改革课题组(2009)在实证调研的基础上提出,公共财政必须在完善生态公益林补偿制度、建立健全森林资源培育保障体系、建立林业基础建设投入保障制度、建立林业发展基金制度等方面发挥应有的作用。虽然上述研究不是直接针对林业金融制度的,但无疑可以为本研究提供重要的参考和借鉴。

由于集体林改本身是个具有很强实践意义的研究议题,因此几乎所有的研究者都对集体林改及林地流转中存在的一些需要进一步完善的问题进行了探讨，并提出相应的对策建议。限于篇幅，我们不再对这类研究文献作更多的归纳和分析。

（五）已有研究评述

已有研究为本研究提供了富有意义的借鉴作用，但对集体林改中的林业金融支持制度的研究存在明显的不足之处。其中最重要的一点是已有的大多数研究，尤其是早期的研究是从政策实践的角度展开，普通林农的利益话语权无法得到更为充分的展现。这些研究注重国家正式制度层面的宏观政策分析，却较少关注集体林改及林地承包经营中一个个鲜活的林农主体，而他们才是林业金融支持制度的实践者及利益相关者。即使是有少量的抽样调查研究是以农户为对象，但这种单纯的定量数据分析呈现出来的研究结果也显得较为空泛，给人不太接"地气"的感觉。在本研究中，我们将对普通农户的林业金融支持需求意愿和行为进行详细的实地调查，以此来进一步探讨和评估林业金融支持制度改革的实施绩效。

具体而言，已有研究存在的不足主要表现在四个方面：一是林业金融支持制度实施涵盖了林业资产评估、林业资产抵押、森林保险、林业担保、林业投资基金、林权交易市场、林业融资平台建设以及引进国际林业资金等多个层次议题，而已有研究大都是围绕林权抵押贷款议题展开，即便是一些研究者注意到森林保险等相关议题，其研究深度也有待进一步提升；二是现有研究虽然有不少是基于实证调查，但是由于受研究资源、研究者兴趣等原因所限，大部分的研究结论是基于某一地区或小部分地区的调查，因此结论很难推论到更广领域的"总体"情况；三是研究视角和方法也存在一些问题。有的研究缺乏足够的实证调查支持，特别是没有突出林业金融服务主体的需求意愿。以往研究者主要采用定量研究或定性研究方法展开研究。定量分析倾向于进行横向比较，因而存在解释力的问题；定性分析则倾向于深度的个案研究，但因样本量过小的问题，而且倾向于样本之间的相似或差异分析，从而可能忽视个案本身的复杂性。已有研究中存在的不足恰是本研究中力图突破的重点所在。

三 本研究设计

（一）研究方法及资料获取

研究集体林改中的林业金融支持制度问题具有很强的时效性和实践意义。本研究的总思路是从社会学、经济学、公共管理等跨学科的研究角度出发，在先从制度供给角度，即对集体林改和林业金融支持制度实施的相关的政策法规进行详细了解把握的基础上，再从制度实施角度探讨林业金融支持制度的实施绩效，从中发现可能存在的制度供给不足，并转化为新的制度设计，为进一步建立健全林业金融支持制度政策设计提供某种借鉴。

本研究共选取了福建、浙江、江西、湖南、云南等8省的26个县（市）展开实地调查，其中重点调查的有9个县24个村，分别是福建省的将乐县、尤溪县、顺昌县，江西省的崇义县、铜鼓县[①]，浙江省庆元县、安吉县以及湖南省怀化市的靖州县，云南省景洪市，研究选点村涵盖我国不同经济发展程度和不同生态环境的农村地区（参见表1—1）。

表 1—1　　　　　　　　实地调查的县（市）

样本省	样本县（村庄数，共24个村）
福 建	将乐县（万安镇万安村、安仁乡余坑村、古镛镇张公村）、尤溪县（城关镇下村村、西滨镇厚丰村、西城镇东村、和平村）、顺昌县（元坑镇槎溪村、大干镇甲头村、高阳乡小筒村）
浙 江	庆元县（屏都街道洋背村、竹口镇竹上村、崔家田村）、安吉县（尚书干村、赋石村）
湖 南	靖州县（太阳坪乡贯堡渡村、大堡子镇岩寨村）
江 西	崇义县（左溪村、铅厂村、长河坝村）、铜鼓县（东山村、大锻镇交山村、永宁镇上源村、温泉镇石桥村）
云 南	景洪市

---

① 因在实地调查中，课题组了解到崇义县比遂川县更有代表性意义，因此课题组把原定的遂川县替换为崇义县。

在调查过程中,我们除了搜集国家和地方政府出台的各类政策文本之外,重点是以村级林改及林地流转过程中涉及的各类林地经营主体为调查对象,特别凸显各类林地经营主体自身对集体林改政策的理解和认知。本研究是以林业金融支持政策实施以及制度供求主体所参与的实践为研究对象,参与主体主要包括国家、省级和基层林业部门、金融机构等制度供给主体,以及林农、村干部、林业企业等制度需求主体。

在实地调研过程中,我们主要运用参与式乡村快速评估技术 PRA (Participatory Rural Appraisal)方法收集数据与信息(Ravi Prabhu, 1998),包括运用问卷调查、半结构式访谈、关键信息人和报道人访谈、收集二手资料、焦点团体访谈、专家组座谈、实地参与观察等多种方法收取研究信息资料。2012 年暑假期间,本研究课题组在实地调查中,共在福建等 8 省 26 县 42 个村针对 605 个农户发放了问卷调查,其中回收的有效问卷是 541 份。问卷内容共分为九大部分:"林农基本资料"、"集体林改与村庄社会结构"、"集体林改与村庄政治"、"集体林改与生态建设"、"集体林改与林农收入"、"林业合作组织"、"林业金融制度"、"采伐管理制度"以及"林业社会化服务体系"等。与此同时,课题组调查员对不同类型的农户进行了不同形式的访谈。此外,课题组还对村干部、林地流转经营大户、林业专业合作社负责人、涉及林地流转的林业企业负责人等其他各类相关研究主体进行了深度访谈,以此来获得各种一手研究信息和资料。

在对资料进行分析时,本研究主要用 SPSS 对问卷数据资料进行分析,以探讨各变量因素对林业金融服务供给需求的影响。另外,本研究还综合运用了个案剖析、比较分析等方法。其中个案剖析有两类:一是以典型村庄为对象进行剖析;二是以林地流转经营的典型个案如流转大户、合作社或者林业企业为重点考察对象。而在比较分析中,本研究主要采用两种比较的方法:一是求同法。即通过对各地林业金融支持制度改革实践的比较研究,寻找其共性因素和共性规律;二是求异法。即将探讨同样的政策条件、资源禀赋和经济发展条件下,各地的林业金融支持制度实践何以会出现差异的原因。

有一点需要特别指出,在本研究中,特别强调研究者对集体林改实施进程进行长期的参与性调查和观察,这点是已有的研究几乎没有做到的。

课题组希望通过和林农亲密的接触、深度访谈和观察，了解他们对集体林改和林业金融支持制度改革的真实看法，倾听他们的心声。与此同时，研究者必须与县（市）、乡（镇）的林业主管部门的官员接触，他们所能提供的信息对于整个研究是不可或缺的，最重要的是，他们所掌握的信息是普通林农不了解也不可能完全掌握的（朱冬亮、贺东航，2010：11—15）。

本研究的田野调查进程从 2011 年开始，一直延续到 2014 年暑期，前后历时 3 年，但主要的调查工作是在 2011—2013 年进行的。不仅如此，课题组还对部分村庄进行了多次回访和跟踪调查。① 也正是在这个跟踪延续性的调查过程中，我们不断地对一些问题进行重新思考，提升研究的深度。

（二）研究思路

总体而言，集体林改中的林业金融支持制度改革包括顶层的宏观制度设计和制度实施两个层面。正如有研究者所指出的，集体林地的产权明晰是刺激林农增加投入的关键前提（Anning Wei，1997；Andy white Alejandra Martin，2002）。本研究将以制度经济学"制度需求—制度供给"理论为核心理论主线，紧紧围绕林业金融支持制度改革的顶层制度供给与底层制度需求的比较这一条主线展开研究（具体研究框架如图 1—1 所示）。

本研究以林业金融支持政策实施及其供求主体所参与的实践为研究对象，包括政策设计及实施的主体——国家、省级和基层林业部门及其工作人员，政策受益主体——林业经营者，也将对参与林业金融支持政策实施的金融机构的行动进行探讨。其中林业金融支持政策是林业金融支持制度的关键部分。事实上，林业金融支持体系内的行动者应该是由制度供给主体和需求主体构成的，制度需求主体主要是林业金融支持政策实施中的林业经营者，包括普通林农、林业大户和林业企业等主体。

---

① 总体而言，本研究课题组到了一个调查点，其调查进程大致可分为两个阶段：第一阶段是全体课题组调查人员与当地县（市）、乡（镇）政府林业部门工作人员进行座谈，以了解当地集体林改的整体实施情况；第二阶段则是课题组调查员进入村级层面，先与村干部进行座谈，了解全村的人口结构、经济发展水平、林地资源结构、林改实施及林地经营等基本情况。之后调查员分散开来，采取走村串户的方式，各个调查员随机自由选择调查样本户进行调查。

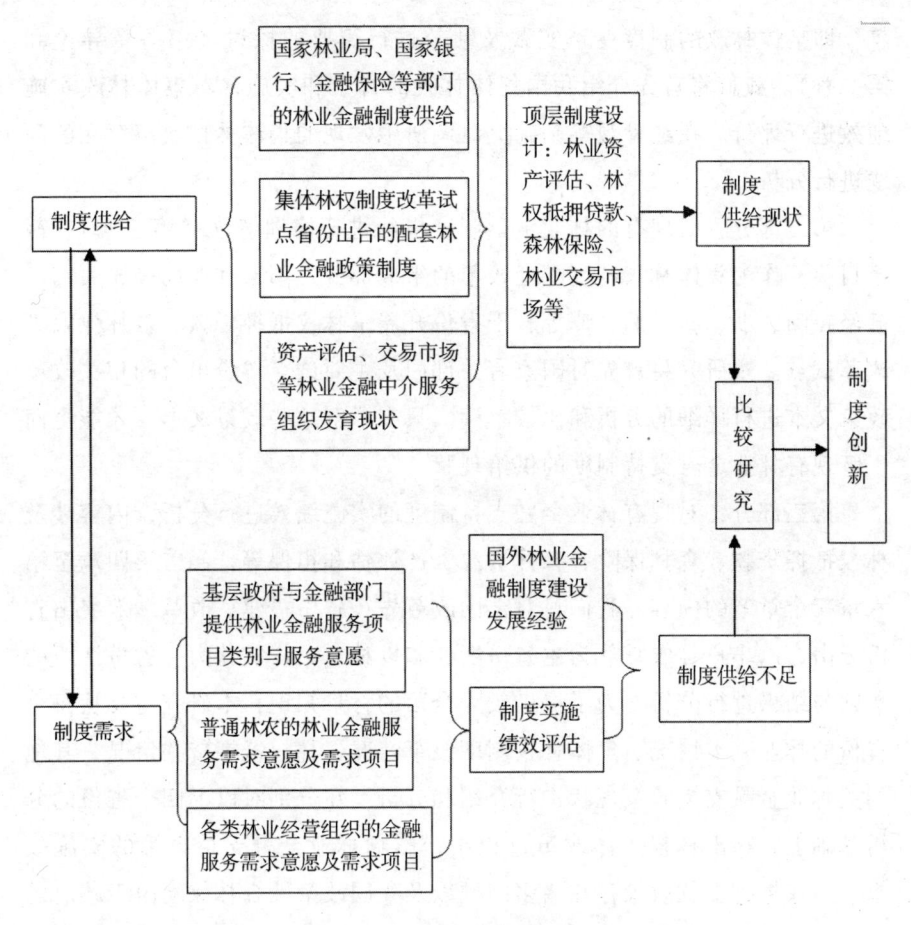

图 1—1 本研究的基本框架

具体而言，本研究的思路主要分为两条主线：一是制度供给主体的行动，主要研究和分析国家、省级和基层及市场涉林机构组织在政策设计和实施中是如何行动的，包括组织中的个体行动者的行动逻辑；二是制度需求主体的行动，包括大多数的林农、少数的林业大户是如何进行参与的。关注主要参与主体之间是如何在林业市场场域中进行互动的。通过对供给现状与需求现状的分析，试图为制度的创新提供有用的结论和建议。

（四）研究内容的基本框架

本研究的主要内容大致分为以下四个部分，共 8 个章节：

第一部分是对研究的意义、思路及林业金融支持制度改革的实施背景，即集体林改的制度变革实践及绩效进行简要的探讨（第一章导论和第二章）。我们将首先介绍我国集体林改的背景和实施，对集体林改实施绩效进行评价。在经验观察基础上对调研中发现的集体林权改革存在的问题进行分析。

第二部分：对现有的林业金融制度供给进行梳理解读（第三章）。截至目前，作为集体林权制度配套改革的组成部分，国家林业局等相关部门已经在闽、浙、赣、湘、滇等若干省份开展了林权抵押贷款、森林保险等改革试点。本研究将首先对国家有关部门及主要试点省份出台的相关改革政策文本进行详细的分析和比较解读。只有了解这些政策文本，才能全面了解现有林业金融支持制度的供给现状。

第三部分：对现有林业金融支持制度的实施绩效进行分析，内容涉及林权抵押贷款、森林保险、森林资源资产评估和担保等，涵盖第四章至第六章三个章节的内容。我们将对全国改革先行省份福建、改革绩效突出省份云南、以小户林农贷款为主省份浙江和以林业大户贷款为主省份江西的实践与结果进行分析。为了提供较为全面的背景知识，本研究主要从每个省份的林业基本情况、集体林权制度改革情况、林权抵押贷款情况、其他相关林业金融支持政策现状进行介绍和分析。在分别对以上四个省份的分析基础上，指出林权主体改革过程中，影响林业金融支持政策的实施效果、林权抵押贷款政策存在诸多问题以及我国政策性森林保险由于政府的主导而显得后继无力等现实问题。

第四部分：本研究将对林业金融支持制度的需求主体——林农——参与林业金融支持政策的行动进行量化分析（第七章）。一方面，我们将根据 2012 年对福建等 8 省 26 县的 541 位农户的问卷调查数据结果[①]，运用简单描述统计和二元逻辑回归方法对林农参与林业金融支持政策（主要是林权抵押贷款和森林保险）的影响因素进行定量上的统计分析；另一方面，在定量统计的基础上，我们再运用定性研究方法分析访谈资料，探讨林农的社会技能与其在林权制度建构和林业金融支持制度中的建构。最后，思考林农作为制度需求者也是最底层的群体，在林业场域中由于产权

---

① 在课题组的实地调查中，共对 605 户农户发放了 605 份调查问卷，其中回收的有效问卷是 541 份。

残缺等原因仍然是"林业弱者"的形成机理。

正如本研究后文将要呈现的,我们将从政府在扮演经济增长中的角色和所发挥的作用分析中,探讨国家、省级政府在林业场域中的治理模式。事实上,作为基层林业部门,它们在上级政府的"大政策"之下,可能会"因地制宜"地建构起一些有效的、可信度高的制度。与此同时,金融机构在互动过程中,可能会因为缺乏信任感而时常出现惜贷现象。为此,我们有必要进一步分析各个市场主体之间的信任机制建立问题,并在此基础上提出相应的制度供给之举措。

第二章　林业金融支持制度实施的背景

在导论章节中已经提到，林业金融支持制度改革实际上是作为集体林改的配套或者深化改革举措之一而出现的，因此，有必要对集体林改这个更大的制度变革大背景做必要的探讨和分析。本章先对集体林改的目标、实施过程及绩效进行简要的讨论。

一　集体林权改革与明晰产权

作为21世纪国家推进的最重要的农村改革举措之一，集体林改的初衷是效仿耕地承包制改革，通过明晰产权的方式把集体林地和山林"分山到户"或者"确权到户"。按照2008年中共中央、国务院制定出台的《关于全面推进集体林权制度改革的意见》（以下简称《意见》）的要求，集体林改的主要任务是"把集体林地经营权和林木所有权落实到农户，确立农民的经营主体地位"，"让农民获得重要的生产资料，激发农民发展林业生产经营的积极性"。《意见》规划要求"用五年左右时间，基本完成明晰产权、承包到户的改革任务"。[①] 2003—2005年，包括福建、江西、辽宁等省份在试点实施集体林改时，也是要求在保持林地集体所有制的前提下，通过"均山、均股、均利"等方式，把集体林地的使用权、林木的所有权和使用权明晰到户。因此，勘界、确权和发证便成为集体林改主体阶段改革工作必

[①] 《中共中央国务院关于全面推进集体林权制度改革的意见》关于"明晰产权"的具体文本表述是："在坚持集体林地所有权不变的前提下，依法将林地承包经营权和林木所有权，通过家庭承包方式落实到本集体经济组织的农户，确立农民作为林地承包经营权人的主体地位。对不宜实行家庭承包经营的林地，依法经本集体经济组织成员同意，可以通过均股、均利等其他方式落实产权。村集体经济组织可保留少量的集体林地，由本集体经济组织依法实行民主经营管理。"

须完成的主要任务。明晰集体林地的产权边界是集体林改政策实施的前提，也是集体林改首先要完成的主要任务，而明晰林地产权的主要目的则是为了让每个林农能够均等地享有集体林地承包权收益。只有明晰集体林权，才谈得上搞活经营权、落实处置权和保障收益权。

据国家林业局统计，截至 2012 年，全国大部分地区的明晰集体林权的任务已经基本完成。除上海和西藏以外，全国其余 29 个省（自治区、直辖市）已确权的集体林地面积达 27.02 亿亩，占各地纳入集体林改面积的 99.05%，其中：家庭承包经营的有 18.04 亿亩（包括自留山 3.96 亿亩、均山到户 12.34 亿亩、联户承包 1.74 亿亩），占已确权集体林地总面积的 66.79%；仍由村集体管护经营的有 6.21 亿亩（包括集体股份制经营 4.22 亿亩，集体统一经营 1.99 亿亩），占已确权集体林地总面积的 22.99%；其他形式经营的有 2.76 亿亩（包括大户承包 1.25 亿亩，其他形式经营 1.51 亿亩），占已确权林地总面积的 10.22%。另外，据国家林业局不完全统计，全国国有林业单位（保护区、国有林场等）经营集体林地面积 6550.43 万亩，已发证 5216.38 万亩，占经营总面积的 79.63%；其中发证到户的有 3400.09 万亩，占经营总面积的 51.91%。[①]

从上述统计数据中可以看出，集体林改实施之后，已经确权到户的集体林地约占农村集体林地总面积的 2/3 以上。另外，据华中师范大学林改研究基地 2013 年对全国 13 个省 32 个样本县（市）、72 个村的监测调查结果显示[②]，截至 2012 年，这些样本村林地确权率为 97%，其中承包到户率 74.4%，均股均利的比例为 10.5%，而集体预留林地所占比例为 5.1%，其余 10% 左右则是流转给其他业主经营。而且该研究基地的监测结果还显示，大部分被监测的县（市）在 2010 年已经完成并通过主体阶段改革验收（贺东航、朱冬亮等，2014）。

国家林业局的统计分析表明，截至 2012 年，全国尚未确权发证的主

---

① 转引自贺东航、朱冬亮等：《集体林权制度改革 2013 年监测观察报告》，《林业经济》，2014 年第 4 期。

② 2013 年该项目跟踪调查组共选取福建、江西、浙江、广西、安徽、湖南、湖北、河南、贵州、四川、广东、辽宁、吉林等 13 个省的 32 个县（市）的 72 个村作为项目调研点，本课题负责人作为该项目组的骨干成员也参与了其中部分县（市）和村庄的实地调研，并共享其调查资料和部分研究成果。

要是一些存在林权纠纷的少部分林地。如福建省顺昌县到2013年的确权率仍只有74.18%,主要是因为该县林改前流转的山林尚未到期,影响确权率提升。为了提高确权到户率,各地因地制宜采取多种确权方式。如福建省顺昌县、尤溪县等地通过"预期均山"提高确权率。广西武鸣县推行"均山到户、入股经营"方式进行确权。实行这一确权举措,使该县的商品林确权到户率从33.4%一下子提高到80.06%。

在林权证发放方面,国家林业局的统计结果显示,截至2012年年底,全国已经发放林权证1亿本,发证面积累积达26.04亿亩,占已确权林地总面积的96.37%。发证户数8981.25万户,占涉及林改的1.5亿农户的60.01%。[1]

实地调查发现,虽然"分山到户"是集体林改的首要宗旨,不过,在具体实践中,由于多方面的原因,各地往往是以"确权到户"为集体林改主体阶段改革的目标。而"确权到户"主要有"均山"、"均股"和"均利"三种方式。就本研究重点调查的9县24村的情况看,9个样本县(市)中,平均每个县(市)有林地总面积266.16万亩,其中集体林面积203.34万亩,占样本县(市)平均林地总面积的76.4%。若以人口计,平均每个农村人口拥有的林地面积为8.78亩。平均每个县(市)的森林覆盖率为74.11%,是全国平均水平的3.64倍。[2] 而在被调查的24个(行政)村中,平均每个村有农户375.9户,1409.2人,平均每户是3.75人。每个村平均拥有林地面积为18536.9亩,人均林地面积为13.15亩,比样本县(市)人均林地面积更高。之所以会呈现这种差异,是因为我们在实地调查时,根据当地林业主管部门的引荐和安排,多选择了一些林地相对比较多的村庄进行调查。

在实地调查中,我们还对农民对集体林改主体阶段改革政策实施的参与度和满意度进行了调查,发现总体上农民对集体林改的满意度和参与度相对较高。对于国家林改政策的评价,除了4.3%的受访农户"不知道国家林改这回事"之外[3],其余95.7%的受访农户表示"知道国家实施林改政策",其中有54.6%的受访农户还有"专门去了解国家的具体林改政

---

[1] 转引自贺东航、朱冬亮等:《集体林权制度改革2013年监测观察报告》,《林业经济》,2014年第4期。

[2] 第七次全国森林资源清查结果显示我国森林覆盖率20.36%。

[3] 这部分受访人中大部分是家庭主妇,她们因受传统观念影响对林改参与度较低。

策"。调查还显示,大部分农户（66.8%）认可国家的林业政策,认为"国家林改政策是好的,有利于保护林农的权益"。对于国家的林改政策设计,有85.2%的受访农户认为,林改最好的方式是"分山到户"。不过,也有58.4%的受访农户认为"林地应该搞规模经营,单个农户不利于林地经营"。这说明现在的农户有一种矛盾心理,一方面,他们希望能够"分山到户";但是另一方面,他们也深刻地认识到,林地经营毕竟和耕地不一样,最终还是必须走规模化、集约化、合作化经营道路。而要实现这个目标,国家必须实施一系列配套政策支持制度,林业金融支持制度无疑是其中最重要的组成部分。

二 集体林地确权到户的主要方式

对于全国大部分农村地区来说,集体林改始于2008年6月8日中共中央国务院《关于全面推进集体林权制度改革的意见》（以下简称《意见》）颁布实施之后。该政策文件的出台,不仅标志着集体林改有了全国指导性的纲领性文件,也标志着这项改革在全国全面推广实施。不过,对福建、江西等集体林改试点省份而言,由于当时《意见》文件尚未出台,因此这些试点省份的集体林改除了可以依据《森林法》《农村土地承包法》《村民委员会组织法》之外,其他的政策依据主要来源于2003年中共中央、国务院出台的《关于加快林业发展的决定》（以下简称《决定》）。这个《决定》的政策导向和2008年出台的《意见》有明显的差别。

作为福建、江西等试点省份实施集体林改的主要政策依据来源,2003年中共中央、国务院出台的《关于加快林业发展的决定》从宏观角度对试点省份实行集体林改的基本格调和路径进行了清晰的说明。包括福建、江西在内的集体林改试点省份基本上是按照《决定》的政策指导精神来设计彼此的林改路线、方针和政策。而后续的省（市）则基本仿照试点省份的集体林改政策设计来推进彼此的改革。由此形成一种特定的改革路径依赖。[1]

---

[1] 例如,曾经主导福建省集体林改的福建省林业厅厅长黄建兴后来被任命为国家林业局林改领导小组副组长。

福建省在2003年试点实施集体林改时，形成了"均山、均股、均利"三种不同的确权到户的形式。这种确权到户的方式后来被推广到全国。2008年发布的中共中央国务院的《意见》要求，要在坚持集体林地所有权不变的前提下，依法将林地承包经营权和林木所有权，通过家庭承包方式落实到本集体经济组织的农户，确立农民作为林地承包经营权人的主体地位。《意见》同时要求，对不宜实行家庭承包经营的林地，依法经本集体经济组织成员同意，可以通过"均股"、"均利"等其他方式落实产权。村集体经济组织则可保留少量的集体林地，由本集体经济组织依法实行民主经营管理。《意见》还明确规定，林地的承包期为70年。承包期届满，可以按照国家有关规定继续承包。

中共中央国务院的《意见》还对确权到户的具体细则作出了明确规定，要求已经承包到户或流转的集体林地，符合法律规定、承包或流转合同规范的，要予以维护；承包或流转合同不规范的，要予以完善；不符合法律规定的，要依法纠正。对权属有争议的林地、林木，要依法调处，纠纷解决后再落实经营主体。《意见》同时规定，自留山由农户长期无偿使用，不得强行收回，不得随意调整。承包方案必须依法经本集体经济组织成员同意。

在集体林改过程中如何才能真正公平、公正客观地把集体林权确权到户，其具体操作规则远比我们想象得要复杂得多。这其中最关键的是涉及集体成员权实践的问题，对此，本章后面将再作讨论。

（一）"均山到户"

所谓"均山到户"，是指把原来由村集体统一管理经营的山林按照农户家庭实有人口数量公平地承包到户。按照集体林改的政策设计，"均山到户"是集体林改主要的确权到户的方式。事实上，在南方山区省份，大部分的集体林地在20世纪80年代初林业"三定"时就已经承包到户，只是当时没有完全明晰各户承包山林的具体四至界址。另有少数省份（特别是福建省）因种种原因没有彻底执行"三定"政策，大部分村庄的集体山林仍由村集体统一管理经营，由此才有2003年集体林改的发端。为了减少纠纷和矛盾，各地在集体林改中形成了"实物均山"和"期货均山"两种方式。

1. "实物均山"

所谓"实物均山",是指农户分到的山林是拥有完全的承包经营权的山林。大部分"分山到户"的山林属于此种类型。集体林改完之后,各地"分山到户"的比例却不尽相同。以福建省为例,截至 2006 年,该省落实到户的集体林地为 2500 万亩,占全省已经明晰产权集体林地总数的 33.1%,而这部分林地主要是以竹林地和经济林地为主。而事实上,这部分集体林地绝大部分在 20 世纪 80 年代初林业"三定"时就已经"分山到户",真正在林改期间"分山到户"的山林并不多。

如闽西北将乐县集体林改之后,全县真正"分山到户"的林地只有 56 万亩,约占全县集体林地总面积的 26.2%,而且这部分林地基本是林业"三定"时确权到户的,林改时没有变动。在该县总共 204 万亩应改集体林地中,在林改前已经流转的达 60 万亩,约占应改集体林地总面积的 29.4%,这部分林地按照福建省出台的"三维护"政策[①],延续原先的流转合同约定(只以"动钱不动山"的方式进行微调),而林改中实际改革的林地面积为 90 万亩,这其中有 15 万亩作为集体提留林地,仍由村集体或者村民小组统一管理经营,其余的 75 万亩林地大部分是采取招投标方式流转出去了。总计起来,本县在林改前后流转出去的集体山林林地面积占全县集体林地总面积的 66.2%(参见表 2—1)。

而在福建省尤溪县,该县主要通过进一步稳定和落实自留山政策、"谁造谁有"政策以及将集体山林实行划分到户或组来实现林地家庭承包经营。据统计,采取这种模式经营的林地面积有 139.39 万亩,约占全县林地总面积 419 万亩的 33.3%。

---

① 由于福建省此前集体林权制度历经多次改革,集体林权权属状况十分复杂,福建省政府考虑到如果采取"推倒重来"的方式,势必会造成农村社会出现新的不稳定因素。为了保持政策的稳定性和连续性,本着尊重历史,取信于民的原则,在集体林改中明确提出"三维护"政策:即对已明确林权,并为实践证明是行之有效且大部分群众满意的经营方式,均予以维护,不打乱重来或借机无偿平调;对自留山政策、"谁造谁有"等政策依法予以落实、完善;对在改革前签订的合同,只要是符合国家法律政策,转让行为规范,合同真实有效并依约履行的,均予以维护;对合同有不完善和不规范的地方,也采取"动钱不动山"的办法进行利益调整并加以完善规范,防止新的反复和乱砍滥伐的发生。"三维护"政策是福建省集体林改的一个主要特征,对整个集体林改政策实施产生了多方面的消极影响(朱冬亮,2007)。

表 2—1　　　　　将乐县集体林改后林权主体分布情况[①]

类型	时间	数量（万亩）	转让均价	目前所有人	林地使用权性质
"债权转林权"（45万亩）	2001年	30	200	林业总公司	国有
	2001年	15	200	T.R.D.公司（腾荣达公司）	私有
"非规范"转让	2003年之前	15	100	个体经营林地业主	私有
毛竹林(已完成)	1999年	40	分山到户	农户或村小组	私有
经济林	1999年	8	分山到户	农户或村小组	私有
自留山	2003年	6	分山到户	农户或村小组	私有
实际改革林地（包括各村提留）	2003年	90	分山到组或者拍卖	村小组或林地经营业主	私有

注：将乐县各行政村还从实际应改的90万亩集体商品林中提留了占所有集体林总数约7%的山林（估计为15万亩），作为村集体组织的预留用地。

和福建省"三维护"政策设计不同，江西省在试点集体林改时则更注重林地分配的公平性。首先，该省规定，实行自留山稳定不变。继续实行"生不补、死不收"、长期无偿使用、允许继承的政策。被集体以行政手段收归统一经营的自留山，大部分群众强烈要求归还的，应当归还农户经营。自留山、责任山已"两山并一山"的，若多数群众有要求，允许按原状予以区分。对于林业"三定"时未划定自留山的，大多数群众要求划定自留山且集体山场条件允许的，可按当时政策补划自留山。其次，江西省规定，对已经分包到户的责任山稳定不变，承包限期为30—70年，山上林木归责任山主所有，承包期内允许继承。如果责任山被集体以行政手段收归统一经营的，群众要求以责任山形式承包经营的，应当恢复原状。得注意的是，江西省规定，集体林改中对林改前仍由集体统一经营的山林，可按人口折算人均山林面积，以户为单位划片承包经营，或自由组合联户承包经营。最后，该省特别强调，对能够分山到户的村全部分山到

[①] 表2—1转引自朱冬亮、贺东航：《新集体林权制度改革与农民利益表达——福建省将乐县调查》，上海人民出版社2010年版，第130页。

户，要实行家庭承包经营。在明晰产权中，要求以村民小组为单位操作，尽量不以行政村为单位，以分山到户为主。该省要求集体山林的分山到户率达到80%以上。事实上，林改之后，江西省的"均山到户"率明显高于福建省。① 据统计，截至2006年，江西全省林地总面积的85%以上已通过改革明晰产权，其中分山到户率达到80%以上。②

据北京大学环境学院林权改革调查小组的抽样调查结果发现，在福建省，随着集体经营林地面积比重的下降，单个家庭承包经营成为林地经营类型中最主要的经营方式。2005年实行这种经营模式的林地占林地总面积的23.31%，远远高于其他经营形式所占的比重。如果算上自留山经营和"谁造谁有"的面积，则其比重进一步上升到42.06%（裘菊、孙妍、李凌、徐晋涛，2007）。而在江西省，与集体林改前的2000年相比，截至集体林改后的2005年，该省家庭单户经营所占比例并没有明显的变化。2000年江西省被抽样调查的样本村的家庭单户经营林地面积占总面积的55.53%，到了2005年，这一比例变为55.93%，只增加了0.4%。值得注意的是，到集体林改前的2003年，江西省被抽样调查的样本村家庭单户经营比例比2000年有明显的下降，为51.61%（孙妍、徐晋涛、李凌，2006）。为何会出现这种变化，内中的原因我们无从考证。

如果我们把江西省和福建省的情况进行一番对比，可以发现江西省家庭经营所占比例总体上比福建省要高得多。尽管集体林改后的2005年，福建省单个家庭承包经营成为林地经营类型中最主要的经营方式，占所有林地面积的23.31%，但这个比例比江西省的55.93%要低得多。不过，考虑到一般的竹林经营都是采取类似耕地承包制的经营形式，而在江西省被调查的村中，竹林的面积占到山林面积的21.95%，如果扣除这部分，则实行家庭经营的其他商品林不足30%。事实上，福建省维持家庭承包制经营的山林也大多是属于竹林和经济林。

本研究调查的大部分村庄都或多或少有部分林地实行了"分山到户"

---

① 不过，江西省在林业"三定"时候集体山林承包到户率本就高于福建省。
② 高保生：《还山于民　还林于民——我国集体林区林权制度改革试点综述》，http://nc.people.com.cn/GB/4727084.html。

确权。在尤溪县西城乡东村，该村是林业大村，2001年全村共有31000多亩集体林地，其中生态林8700多亩，毛竹林有6000多亩，商品林1万多亩。全村总人口是1600多人，人均拥有毛竹林3亩。2006年本村搞水泥路硬化的时候，因为资金缺乏，村集体决定以每亩1650元的价格，通过公开招投标的方式流转出租了320亩毛竹林，期限为30年。剩下的毛竹林则全村统一按照各户家庭人口数均分。

在"均山到户"的山林中，最常见的一种是属于自留山。和责任山不同的是，自留山实行"生不补、死不收"、长期无偿使用、允许继承的政策，因此其产权属性具有明显的物权性质。一般而言，在南方山区，自留山是按照人均1亩地的标准来划定，但由于当时缺乏测量技术，实际划定的自留山面积会有很大的差异。[①]

实地调查发现，也有的村庄虽然有划定自留山，但后来却被村集体收回。例如，尤溪县城关镇下村村在20世纪80年代给每个农户都分配了自留山，但由于分给农户的自留山没人管护，后来重新被村集体收回，并由村集体统一管理经营至今。类似的情况在福建省将乐县余坑村也存在。另外，据华中师范大学林改研究基地2013年的监测调查的32个县（市）的数据，有4个县不同程度存在自留山因农户管护不到位等原因而被收回的现象，家里没有分到自留山的农户（含自留山被村集体收回）的占10.5%，其余89.5%的农户都或多或少分到了属于自己的自留山（贺东航、朱冬亮等，2014）。

2. "预期均山"

"预期均山"是福建顺昌县首创的一种集体林地确权到户的形式，后来推广到全国其他一些地方。由于在福建省部署集体林改之前，顺昌县大部分集体林地已经流转给各类经营主体，已经是"山有主、林有期"了。这个县除大部分毛竹林和自留山是落实到户外，其他大部分集体用材林是通过招标承包、转让等形式落入少数"大户"手中，并且经过多年的林地流转，一些村出现"无山可均"现象。因而，要实现"耕者有其山"和"均山到户"，就只有采取林地承包使用权"预期均山"的办法进行。

---

① 如课题组负责人2010年在四川合江县自怀镇调查时，发现当地的1"习惯亩"林地其实际面积可能达10多亩。

第二章 林业金融支持制度实施的背景

其具体操作方式是，在本轮林木采伐前，将集体山地预先分给村民。等将来业主把山上的林木主伐完，再分阶段把采伐迹地均分给农户，由农户自主决定造林和林地利用方式。①

在"期货均山"实际操作中，顺昌县有的村综合考虑了人口变动和迹地退出时间的长短，并将人口的变动、计划生育政策、村集体林地使用费的收缴统筹考虑进去；有的村根据到期时间的长短，分次抽签，一次性落实到小组。各村大多先预期均山分到小组，再根据组内户代表的意见，采取大家认同的方式具体落实到户。②

据统计，顺昌县全县共有集体商品林林地面积158.9万亩，扣除自留山约20万亩、村集体统一经营约10万亩、未定权属约1万亩、权属争议约1.5万亩、乡镇林场等乡镇直属企业（单位）约10万亩，计42.5万亩

---

① 据本研究课题组成员调查了解，顺昌县推行的集体林地承包使用权"预期均山"改革的主要形式有几种：第一种是分阶段落实到户：具体操作方式是按农户已拥有林地的多寡，分期分批抽签到户。按照农户现有山地的多少和林木采伐到期时间的长短进行排序，划分为三类，即无山、少山、多山三种类型，现无山或少山的农户可以优先参加"预期均山"选择，同类中进行"抓阄"抽签确定每户的具体山场；将林木到期时间划分为三个阶段，即短、中、长三种期限，按届时人口数量进行抽签，确定山场。第二种是一次性落实到户：排出每片山场可确权人口数，一次性抽签决定下一轮该户所经营山场；也可以排出每片山场可参加均山人口数，用人口数竞标方式，一次性竞标，以人口数多的中标承包山场，且中标者不能参加下片采伐迹地的投标。第三种是各组间无历史上经营界线，先分到组：排出每片山场可安排人口数，各村民小组长先抽顺序，后抽山场，将集体林地预期落实到组。然后由各村民小组自主决定确权到户方式，也可以采取联户承包经营的方式确权。第四种是传统经营界线清晰，按现有各组界线经营：集体林地现已由各村民小组经营，群众无异议，尊重历史，按各组原经营范围划分山场，各村民小组再自主决定确权到户的具体方式。

② 各村为了确保到期林地能按"预期均山"合同的约定交接，主要采取以下几个方面的措施来设法巩固"预期均山"的成果，实现采伐迹地的顺利交接：一是"期货有期"。通过前期的合同完善承包期及确权发证，明确了各片林木承包到期时间。在明晰现有林木所有权的情况下，将村集体所有的第一轮到期商品林地，按有关政策和村民意愿预先分配给村民小组或村民，待迹地拿出来后落实到位，使得各组村民感觉到自己分到山能有个限期。二是"期货有利"。各村对现有林木承包到期后提前或拖延采伐都进行了相关明确规定。大体是：提前采伐，由村集体提前收回，按预期均山方案落实到小组或农户，如推迟采伐，一是按每年一定数额向村委交纳林地使用费，由村委会返还给均到该山的农户；二是林业部门已批但拖延不采伐的，现有经营者每年按一定金额或材积交村委会，由村委会返还给均到该山的农户。亦即未实现均山到位时调整利益；三是"期货有据"。顺昌县有关部门认为，开展集体林改工作要采取群众认可的形式，按一定的顺序进行，并把好程序，同时由各组户代表签字推举本组一位或几位代表与村委会签订预期承诺书。

不纳入预期均山范围外，全县实际应纳入"预期均山"的集体林地面积约116.4万亩。截至2011年11月15日，全县已完成"预期均山"的林地面积约100万亩（占85.9%）、3.2万余片、签订林地承包权"预期均山"承诺书5000余份。全县已完成明晰产权的行政村有128个，占全县应完成明晰产权村130个的98.5%，已完成"预期均山"并通过县级检查验收的行政村有122个，占全县应完成"预期均山"村130个的93.8%。截至2013年8月14日，本研究课题组调查员在此县进行实地调查时，全县只有3个村没有完成"均山"工作。在"预期均山"过程中，顺昌县大部分村约预留了10%林地作为村集体发展用地。

我们再以顺昌县高阳乡小筒村的"预期均山"为例，进一步了解该县"预期均山"的具体操作办法。小筒村共有5个自然村，7个村民小组，306户，1217人。全村集体林地总面积21725亩，扣除不列入"预期均山"的生态林面积3219亩，自留山面积2051亩，外村争议山场面积399亩，村集体预留山场面积2160亩，外村插本村林地面积874亩，剩下的13022亩都是属于应均山林地，扣除已经分山到户的毛竹责任山面积8155亩（承包期至2030年），剩下的山林采取"预期均山"方式确权到户。

要"预期均山"，首先是要确定参与"预期均山"的人口对象。小筒村经过村民代表协商规定：符合以下条件的本村人口属均山人口对象。(1)户籍在小筒村的在册村民人口，长期寄户的按照惯例分（近两年短期寄户人口不享受均山），外嫁女不享受均山；(2)在校大中专学生、现役军人、劳教人员等属均山对象；(3)违反计划生育政策未上户口的小孩，但已缴纳社会抚养费的，以本乡计生办出具证明为准，可享受均山；(4)半边户的由各村小组自行决定是否参与均山（户代表表决）；(5)其他人员按照上次分山的惯例参照执行，有不同意见可通过组内户代表表决；(6)确定人口统计的有效截止日期2007年9月30日24时前，"预期均山"之后，将实行人口"生不增、死不减"。

按照村民代表的协商约定，小筒村的"预期均山"有以下两种形式：

一种是均山到自然村。将应具体均山的林地面积以自然村为单位进行均山，各自然村林地界线以传统历史经营的界线为准进行划分，并按全村"预期均山"林地面积和各自然村享受均山的人口数为基数进行微调。

第二章 林业金融支持制度实施的背景

一种是均山到户或联户。具体办法有两种：一是划分到各自然村的林地出现经营权到期（包括当年的采伐基地）的林地后，逐片进行均山到户，以本自然村可享受均山的人均亩数计算，该林地最低人口数为标底，在本自然村内部均山人口对象范围内，进行公开招投标，以投标最多人口数中标，逐年逐片地块竞标。同时，该村规定，对在前一块中标获得经营权的村民，不得参加以后的竞标，直至人人享有林地，中标者应与小筒村村委会签订林地使用合同，并缴纳林地使用费；二是划分到各自然村的林地由各村民小组按本村委会核定享受均山人口一次性均山到户，与村委会签订林地使用合同，待该片山林经营权到期（包括当年的采伐迹地）后直接接管并缴纳林地使用费。采取哪种办法由各自然村户代表讨论决定，同时各户自留山面积以1982年自留山证面积为准，有超出的面积应抵本次预期均山面积（参见表2—2）。

表2—2　　小筒村"预期均山"落实情况一览表（2007年8月9日）

序号	联户名称	联户委托代表人	联户户数	联户总人口数	联户"预期均山"面积（亩）	人均均山面积（亩）
1	坑头自然村	杨义富	24	90	967	10.74
2	小筒自然村	张能木 谢水兴	155	584	6630	11.35
3	宇历自然村	谢仁润 罗华生	77	333	3852	11.56
4	上坪自然村	谢炳亮	17	68	932	13.7
5	瓦头自然村	叶盛木	33	142	1515	10.6
合计	5	7	306	1217	13896	57.95

按照福建省集体林改的政策规定，凡是承包集体林地的经营者，必须向村集体缴纳林地使用费，因此小筒村在"预期均山"过程中对林地使用费征收作出了专门详细的规定：(1)"预期均山"到当年可种植林木的村集体林地按300元/亩收取林地使用费；(2)"预期均山"到五年内即可种植林木的村集体林地按250元/亩收取林地使用费；(3)"预期均山"到

6—10年内方可用于种植的村集体林地按150元/亩收取林地使用费；（4）"预期均山"到11年以上方可用于种植林木的村集体林地由当届村委会召开村民代表大会或户代表大会后具体讨论制定征收款；（5）锥栗山、柑橘山等经济林地使用费按6元/亩收取，承包期一律延包至2038年，面积应抵本次"预期均山"面积；（6）各人零星开荒种植毛竹、林木的，按种植实际年限一律经营30年，面积应抵本次"预期均山"面积。林地使用费由村集体按年6元/亩一次性征收。毛竹责任山经营到期，每亩应留毛竹数量和度数按承包合同规定。

与此同时，小筒村还规定，用材林地或其他林地经营到期，若由于政策性原因不能退出的林地，10年内到期山场按年50元/亩向村委会补交林地使用费，11年以上到期山场应补交的林地使用费由当届村委会召开村民代表会议决定。补交林地使用费分配方案由各自然村代表会讨论决定，尊重大多数村民意愿。如果是国家与集体须征用的林地，获得补偿金的具体分配方案由当届村委会主持召开村民代表大会"一事一议"决定。至于小筒村村委会收取的所有林地使用费，必须用于集体公益事业建设和日常开支，有剩余的资金则按当年本村实际人口分到各村民手中。

作为顺昌县一项统一的政策，全县各村都在推进"预期均山"工作。如该县的元坑镇槎溪村，该村在集体林改之前的90年代前后，就有4000多亩的山林已经被当时的村干部以每亩不足200元的价格变卖。1991年，村集体因为"没钱"，村干部也把一片150多亩的山林以每亩80多元价格流转出去。这些林改前被流转出去的集体山林都被纳入"预期均山"范围。不过，这个村因为林地相对偏少，因此村民代表协商之后，大都是倾向于通过对采伐迹地实行招投标方式，所得收益"均利到户"。由于本县林地条件非常适合杉木生长，土壤肥沃，因此采伐迹地招投标价格较高。2013年时，一般30年一代林生长周期，每亩采伐迹地出租价格最高的可以标到2700元，相当于每亩林地一年的租金是90元，而一般的林地也有1200—1300元。全县采伐迹地招投标造林，平均每亩林地的租金是48元/年。

作为福建省试图推广的一项确权到户的创新性经验，顺昌县首创的"预期均山"也被推广到其他地方。在本研究调查的样本村中，包括尤溪县的厚丰村、将乐县的余坑村都采取了类似"预期均山"的确权方法。以厚丰村为例，该村有336户，1336人，拥有的土地总面积24650亩。在集体林改中，该村实际实行"预期均山"的总面积大概3500亩左右。其具体的操作方式是以全村的11个村民小组为分配单位，把3500亩林地分为12片，以"抓阄"的方式先行确权到组。因为各组人数不一样，根据人均数，以最小组的最少人口来划片，有1片林地则做村集体机动地，把这一片分割补给人口多的组进行适当调整。厚丰村把林地"预期均山"到各村民小组，各组自行决定进一步的确权方式。事实上，各组一般是采取联户确权的方式实行"预期均山"，分的最细的组是5—6户人家联户承包。

不过，在实际操作执行过程中，"预期均山"确权方式也面临诸多的问题。从本质上看，"预期均山"是将其余承包期未到的林地使用权预先分给村集体经济组织内部每位成员。由于是"预期"，因此必然会造成均山后农户在实际取得林地时间上的差异，从而导致纠纷甚至抢山现象发生，造成林区社会的不稳定。

实地调查发现，对于"预期均山"工作，顺昌县当地的村干部及林业局工作人员中有不少人对此持保留甚至反对态度，主要理由是各村都把集体的山"均分"了，村集体没有预留或者预留的比例太少，因此村集体变成"空壳村"，村财没有收入，无法搞公益事业。对此我们在后面还将进一步探讨。

(二)"均股到户"

"均股到户"是把林农"集体成员权"对应的集体林地承包经营权转换为股权确权到户，每个林农享有的是股权而不是某一块具体的林地山林。如在福建省，按照本省集体林改政策规定，凡是对那些林地较少且村民对林地依存度较小的村庄，可以采取"分股不分山、分利不分林"的形式，将产权逐步明晰到个人。而江西省在试点集体林改时则明确规定，"均股到户"是对那些不能或不宜分山到户的村，维持集体统一经营，但须将股权分到户，收益按股分红。而对集体统一经营且群众比较满意的山林，经村民会议或村民代表会议讨论通过，可以继续实行集体统一经营，实行"分股不分山，分利不分林"，将现有林地、林木折股分配给集体内部成员均等持有，明确经营主体，财务单独核算，收益 70% 以上按股分配。

事实上，早在 20 世纪 80 年代，福建省就曾经试图探讨过"均股到户"的可行性。自中发〔1981〕21 号文件出台之后，福建省相应地出台了《关于稳定山权林权若干具体政策的规定》，落实国家林业"三定"改革政策。1982 年，福建在全省范围内进行了第二次全面的林权登记发证工作。不过，林业"三定"后，全省各地山林权属纠纷日益尖锐。为此，福建省委、省政府在 1984 年前后多次下发通知，建议以"分股不分山、分利不分林"为原则，保持山林的完整性，避免农民的乱砍滥伐行为。1984—1998 年，福建省三明市被国务院批准设立为全国南方集体林区改革试验区，并创造了"分股不分山、分利不分林"的林业股份合作制。不过，虽然这一改革既体现了集体山林属集体内部成员共同所有，又满足了林业规模经营的要求，被认为是"中国农民的伟大实践"，但是在具体操作中，由于绝大部分的股东和"村两委"是重合的，因此林木林地所有权和经营权未被分离，农民个人的股权虚置，权益得不到落实，大部分地方的改革没有收到应有的成效，也未能在全省推行。在此之后，村林业股东会的林业产权不明晰、经营主体缺位、利益分配扭曲等深层次矛盾和弊端也逐步显露出来，出现了所谓的造林难、护林难、防火难、投入难、科技兴林难等"五难"现象（吕月良、施季森、张志才，2005）。

和集体林改实施后的"均股到户"的改革方式相比，福建省 20 世纪 80 年代实施的均股制改革是在没有放开市场的前提下进行的，因此早期的均股制改革整体上最终归于失败。不过，从一些至今仍然坚持 80 年代"分股不分山、分利不分林"做法的村庄的 20 多年的实践经验来看，这项改革设计有其合理性和可行性，真正的问题或许不在于股份制本身，而关键点在于，在当时的林业管理经营体制下，经营林地根本无利可图，自然无法激励村集体增加投入。事实上，即使是在林业"三定"时期"分山到户"的农户，也很少对自家"分到"的自留山和责任山进行投入。这也从一个侧面说明，仅仅是确权到户，未必会刺激农户增加对林地经营的投入。

尤溪县城关镇下村村就属于自 20 世纪 80 年代至今一直坚持集体山林股份制经营的成功案例。这个村地处尤溪县城郊。2011 年，全村 6 个村民小组，共有人口 861 个人，有山林面积 12000 多亩，其中属于村林场统一管护经营的山林有 8000 多亩。此外，全村还有生态公益林 900 多亩，竹林800多亩，油茶林800多亩，果园370多亩。到目前为止，这个村的8000多亩商品林仍由村里的林场统一管护经营。

为了管护经营好这8000多亩集体山林，下村村专门成立了独立于村"两委"的管理经营机构，机构由25个股东代表组成董事会（和村民代表同一批选出）。董事会有独立的经营决策权，其股东代表均享受到一定的误工补贴。股东会和村委会是两个机构，账目也是分开核算。村林场管理财务用度，必须经过董事会研究决定，村党支部也要参加，主要是起监督作用，但主要决策权在林场董事会。

下村村村财收入主要来自于林场山林的经营转让所得。按照本村规定，村林场经营所得收益的40%用于村民分红，20%用于村里公益事业投入，40%划为村财收入。每个村民的分红都一样，每年都按人口平均分配。也正是该村的村民看到每年都有分红，大家也维持林业股份制经营模式。2010年，本研究负责人在本村进行前期实地调查时，时任村支书向调查员详细描述了其分配操作规则：

> 下村村村林场股东会今年的采伐指标搞清楚后，对外发标，转让了山林，赚的钱按全村人口平均分。我们村林场每年都有采伐指标，我们把林价一起投，预留30%作为再造林基金，林子不再造下去是不行的，打个比方，林子投标投到100万元，加上林价人家会投130万，我们会预留30%作为再造林基金。如果再造林基金积累下来了，以后再分红，如果全投入就不分红，但这40%是铁定的，一定会用来分红。2008年分红是最高的，一个人口分470元。2009年没有转让山场就没有分红。今年（2010年）正准备转让。我们村林场股东会同意才能转让，跟采伐指标没关系。股东会如果有钱就可能暂缓，如果市场行情不好，也可能不卖村里的山场，对保护生态有好处。我们一年卖一点，比如一年卖100—200亩，或有些林子靠路边比较难管的，股东会决定今年卖掉，但明年不一定卖，由股东会决定要不要卖。这几年平均每个人口的分红达到220元左右。现在整个村林场的林地面积还有8000多亩（林场林地面积），一直是这样经营管理。①

---

① 2011年10月5日访谈尤溪县城关镇下村村村支书D书记。

下村村近几年的村财总收入平均为 40 多万元，这其中的 90% 是来自林业收入。这些钱主要用于投资或发展村里的公益事业。从 2003 年至今，全村修建自来水工程，村财投入 60 多万元。与此同时，2010 年，新农村合作医疗每个村民缴交 30 元，这部分也一直是村财支付。此外，村里的公交车、老人协会等等开支都是由村委会出的。时任村支书认为，本村目前这种林地经营模式的最大"好处"是有利于村集体公益事业发展。不像其他村庄，山林都分给农户了，结果村财收入缺失，集体经济也基本垮了，自然也无法做公益事业。时任下村村村支书表示：

> 我们后面了解到只有搞林场模式，村委会才能正常运作，这种模式每年收入能有几十万元。今年（2010 年）我们准备转让比较多一点，可能 200 多亩，今年要搞老年协会、篮球场和活动中心，整个投入需要 57 万元左右，我们要跟老百姓讲清楚，转让的钱做什么用。这次 200 多亩山场，有一部分是管护的 100 多亩，这个 100 多亩我预计能达到 90 万元。[①]

据调查，尤溪县全县共有 249 个行政村，采取类似下村这样组建村林场对集体林地进行统一经营的村庄共有 17 个左右，其他的村基本上都搞分山到户或流转转让。如在厚丰村，该村采取"均利"的方式把集体山林收益确权到户。这个村有毛竹林 2100 亩，通过招投标的方式承包给业主，期限为 30 年。村里面因此每年可以收取的承包费达 50 万元，这部分收入的 60% 给村民分红。该村时任村主任表示，这 2100 亩毛竹林，是采取这样的方式流转出去的：面向本村村民投标，投标期限是 30 年，费用按 1 亩交多少根毛竹来，起标是 13 根，后来平均投到 21 根，每年都要交 9 寸的标准度。里面还有一块毛竹林，立地条件好，起标是 23 根，最后投到 50 根。中标者钱先交，一个礼拜全都到位。全村最后报名参与投标的共有 81 标，最后中标的有 3 人。[②]

在实地调查中，我们还发现个别村庄也有实行类似股份制的模式。所

---

① 2011 年 10 月 5 日访谈尤溪县城关镇下村村村支书 D 书记。
② 2011 年 10 月 5 日访谈尤溪县厚丰村 Y 主任。

不同的是，这些村庄至今仍然基本维持计划经济时期或者林业"三定"时期的集体统一经营模式。如安吉县孝丰镇赋石村就是属于这类典型。该村自1982年"分山到户"至今，实行的只是"动钱不动山"方式，集体山林（主要是毛竹林）实际上仍然是集体统一经营。尽管不少村庄成立了专业合作社之类的新型经营组织，但是村里会每隔一段时间根据农户家庭的人口增减变化对不同农户的"集体成员权""分红"份额进行微调。其调整规则和耕地承包中的土地调整基本相同。由于不同地块的毛竹林的立地条件有很大的差异，该村主要是以毛竹产量为每个人口承包毛竹林的依据，并不是以具体的面积为标准。这点和80年代初期的耕地家庭联产承包责任制实施操作规则几乎一致。[①]

而在安吉县的尚书干村，1984年分山到户的时候，该村人均有5亩山林。2008年，村里成立毛竹专业合作社，一个村民算一个股份，每个股份2011年得到的"分红"收益是1000元左右。

（三）"均利到户"

从广义的角度而言，集体林改中所有的确权到户的方式都是属于"均利到户"的某种实践形式。实际上，凡是通过流转方式转让出去的集体林地山林，其所得收益的分配在不同程度上都属于"均利到户"的形式。无论是村集体把这部分收益用于发展村庄的公益事业，还是直接分给各个村民或者农户，都是属于"均利到户"。不过，我们接下来所探讨的"均利到户"是狭义上的，它是指除"均山到户"、"均股到户"之外的其他确权确利方式。其关键在于，这种"均利"是否能够真正反映其实际价值，普通村民能否公平公正地享受到林改带来的权益。

前文已经提到，作为全国试点省份，福建省在推进集体林改时明确提出，为了保持政策的稳定性和连续性，本着尊重历史，取信于民的原则，全省林改时决定实行"三维护"政策，总体要求是不改变此前的林地山林合同约定，而是采取"动钱不动山"的办法进行利益调整并加以完善

[①] 20世纪80年代实施耕地家庭联产承包责任制时，很多村庄会根据耕地质量好坏、交通远近等因素搭配承包土地，不同农户承包的好耕地和差耕地的面积有很大差异。

规范。这种做法事实上等于维护了林改既得利益者的既得利益,也为2006年之后福建林权纠纷的大量爆发埋下了伏笔（朱冬亮,2007；朱冬亮、程玥,2009b）。

而同为集体林改试点省份的江西省也明确规定,集体山林流转收益70%以上应平均分配给本集体经济组织内部成员。这点也使得江西省的林权纠纷比福建省相对要少些。如崇义县明确规定,凡是在2004年9月1日以前流转的山林,现山林经营者都必须按照减免税费的政策性减负所带来的利益的70%让给山林所有权者,补交其政策性让利款。让利款属村归村、属组归组、属责任山或自留山归山主,并与山林所有权者签订政策性让利补充协议。根据江西省林改政策要求,计算政策性让利的木材销售指导价为每立方米400元,亩产商品材为5立方米。但在实际操作中,绝大部分山林经营者普遍按亩产商品材6—7立方米和高于400元的销价计算让利款。而在崇义县,截至2008年11月,全县林改前流转的山林有40.11万亩（林改后流转的面积有8.44万亩）,其中已兑现或协商好政策性让利的面积有37.95万亩。这部分山林中,属村集体的6.69万亩,属组集体的5.3万亩,属责任山的24.53万亩,属自留山的1.43万亩。全县人工杉木林、杉松混交林每亩平均让利额470元,高的达740元/亩,毛竹林年每亩平均让利额18元,高的达每年每亩60元。[①]

另一方面,江西省还明确要求林改中属于政府税费让利的部分必须分配一部分给村集体,然后由村集体把其中的70%再按照人口均分给各个农户。而福建省并没有出台类似的政策规定。[②] 与此同时,该省还规定,

---

[①] 不过,截至2008年11月,崇义县林改前流转的山林还有2.16万亩（其中属村集体的0.86万亩、属组集体的0.47万亩、属责任山的0.31万亩、属自留山的0.52万亩）尚未签订政策性让利协议。其主要原因有三点：一是村民认为流转程序不合法,对林改前已流转的山林没有召开村民代表会议,没有进行评估作价,没有进行招投标。用现行的林业政策来看待过去的做法；二是由于林改后林地、林木价值显著高于林改前的,农民认为当时流转拍卖的山林价格偏低。用现在的行情来看待过去的价格；三是林改前山林流转的收入大部分被村委会用于公益事业,农民没有得到较多的、直接的利益。用现在的权益来看待过去的经营体制。引发了一些矛盾纠纷。

[②] 不过,福建省有的县市提出了更为稳妥的方案,如将乐县就明确规定,凡是林改前属于"非规范"转让的山林,业主在获得林权证时必须按照每立方米40元的标准另外缴纳一笔"让利款",这笔钱具体分配方式将由村两委决定。

第二章 林业金融支持制度实施的背景

林改中可将现有山林评估作价，通过公开招标租赁、拍卖等方式转让给集体经济组织内部成员，或内部自由组合、联户承包，或转包给其他社会经营主体。林地转让费按年计收，其中70%以上由集体内部成员平均分配，剩余部分用于发展林业和村公益事业。

和福建省不同的是，晚一年推进集体林改试点的江西省就没有出台类似"三维护"这样的政策规定。该省还专门提出明确要求，要对集体林改前流转的山林进行全面清理。对那些符合政策的予以维护，但要完善合同，并且将林改政策性让利的70%以上兑现给原林地承包者——农户。而对违反政策法规、损害林农利益的流转一律推倒重来。这点和福建省的"三维护"政策有明显的差异。

对于福建省而言，集体林改之后，各村的大部分林地和山林已经通过承包或者流转的方式确权到其他经营主体，而村集体能够获得的收入主要来自于收取林地使用费。以该省的顺昌县为例，按照本县林改政策规定，本县国有林场（共数万亩面积）向村集体租林地造林。2012年时，一类地年租金是21元/亩，二类地是18元/亩，三类地为15元/亩。这是很多村庄村财收入的主要来源。如本县元坑镇槎溪村，全村的村财收入主要依赖租给国有伐木场的100多亩林地的租金及每年3万多元的转移支付。2013年，据说租金水平还将进一步上涨。

类似的情况在福建省将乐县也存在。为了保证林改后村财有稳定的收入，将乐县明确规定，除了自留山和少量的个私造林外，其他经营性质的林地利用，林业经营收益都必须与林地所属的村集体进行分成。其具体形式包括实物分成、收取林地使用费等几种形式，相当于林地的租金性质。如果是收取林地使用费，则一般是按照年度来收取，每亩平均在3—7元之间。如果是实物分成，则要等到林木主伐时，林地经营者才能兑现分成，分成比例一般在4:6、3:7或者2:8之间，视林地经营条件好坏不同而定，林地经营者得大头，村集体得小头。

在2008年之前，将乐县有县林业总公司和腾荣达公司（其中腾荣达在2012年前后把所经营的13万亩林地一次性转让给了将乐县林业投资公司，后者改制为上市公司——福建金森公司）等"两公司"在内的林地经营企业大户，平均每年要按照每亩4元的标准，向村集体交纳林地使用费。2004年，仅林地使用费一项，将乐县全县每个村集体收入平均达到5

万余元。林改之后，由于林木价格不断上升，山林升值的速度随之加快，林地使用费收取标准也因此水涨船高。2007年年底，将乐县"两公司"把林地使用费提高到每亩10元/年。现在，将乐县采伐迹地造林普遍实行招标制，每亩采伐迹地每年的林地使用费最高投标价可达到60多元，平均在20—30元，比林改初期上升了5倍左右。

不仅如此，集体林改后，由于林业税费减免以及林木市场行情看好，致使木材价格暴涨，进而带动山林快速升值，引发群众的不满。出于考虑缓和业主跟林业单位、村集体和农民之间的矛盾，将乐县作出规定，"非规范"转让的山场在转权或者采伐的时候，必须按照1立方米不低于40块钱的标准，补偿给村集体（这笔补偿金实际是由政府与村集体分成）。将乐县利用集体林改之机，在全县范围内开展清理"非规范"集体林木转让行动，共清理各类"非规范"转让山林面积5万多亩，为村集体"挽回"经济损失1000多万元。将乐县对"非规范转让"山林收取补偿金的政策是根据福建省《关于推进集体林权制度改革的意见》（闽政〔2003〕8号文件）的相关规定而采取的一个变通的做法，也可以说是将乐县地方政府在集体林改中的一个创新之举（朱冬亮、贺东航，2010：132—134）。

集体林改过程中，产权以"均利到户"的另一种方式，则与生态公益林补偿有关。本研究调查显示，在9个重点样本县（市）平均每个县划定的生态林天保林（包括国家级及地方级）面积为98.95万亩，占各县（市）平均总面积的38.9%。预计这个比例还可能进一步增加。有的县的生态林已经达到全县林地总面积的一半。如浙江庆元县省级以上重点生态公益林从2004年的55.8万亩增加到2013年的127.3万亩，占林地面积的50.58%。广东始兴县的生态林比例也增加到占全县林地总面积的50%（贺东航、朱冬亮等，2014）。

华中师范大学林改研究基地2013年的监测调查显示，平均每个村有生态林4139.7亩，约占每村平均林地总面积的24.46%，每个农户人均有生态林3.45亩。平均生态补偿标准为12.03元（贺东航、朱冬亮等，2014）。[①] 以此推算，每个农民一年可获得生态补偿款平均为41.5元。在

[①] 生态补偿地方政府和村组织会扣除一部分，用于给护林员发放工资等开支，因此农户实际拿到手的生态补贴会低于此数。

本研究调查的 9 个重点县（市）样本中，生态补偿最高的是浙江省庆元县，该县 2013 年的生态补偿标准为 19 元。2015 年，浙江省的补偿标准进一步涨到每亩 26 元。福建省 2016 年的生态补偿标准也将提高到 22 元/亩。

在集体林改过程中，不同的村庄实现"均利到户"的具体形式各不相同。其中大部分村庄是通过市场化的招投标方式把集体林地流转出去，所得收益再在村集体、农户之间进行分配。前面提到，福建省顺昌县首创了"预期均山"的确权模式。而在具体操作过程中，这个县还摸索出一条名为"货币均山"的确权路径。特别是在那些集体山林比较少的村，则多半是采取"货币均山"方式确权到户，就是"不分山分钱"。在此前流转出去的山林还没砍掉的时候，村里就通过招投标方式把"预期"的采伐迹地流转出去，其所得收益 20%—30% 留给村里做公益事业，剩下的 70%—80% 分给村民，按当时招标的人口来分。如顺昌县元坑镇槎溪村就规定，"预期均山"到户的林地造林之后有收益，必须缴纳 10% 给村集体。为了应对到时候有人"赖着山不还"的心理，该村规定林木生长到期，必须砍伐，否则缴纳"罚款"。如果是政策原因（如采伐指标不够）不能砍，"赖山不还者"一年要给村里上交 50 元。如果是人为原因不砍的，每"赖"一年必须给村里上交给 100 元，并每年翻番。[①]

三　集体林权确权到户的绩效评估

"分山到户"被认为是集体林改的首要追求目标，也被认为是最能体现林改社会公平效益的确权方式。那么，集体林改究竟是否达到预期的效果呢？接下来我们将对此确权方式的实施绩效进行探讨。

（一）确权到户绩效产出增加

按照国家顶层设计的改革愿景，实施集体林改，目的是达成"资源

---

① 类似这样地方性的规定，很容易和省级和国家级层面的政策变动相矛盾。如近年来，福建省把杉木林的采伐年限由原来的 20 年左右提升到 26 年，这点对于林地的可持续经营产生了重大影响。

增长、林农增收、生态良好、林区和谐"的目标。从单个农户的角度看，这项改革在一定程度上达成了目标。据"中国集体林产权制度改革相关政策问题研究"课题组的分析，集体林改取得了较好的绩效，包括：(1)林改在各地得到了广泛的宣传，农户总体上对林改政策实施满意度较高；(2)农民经营山地面积增加。该课题组的调查数据显示，所有样本农户中，户均林地面积较林改前一年增长了5.47亩，这意味着农户造林积极性得到激励；(3)林地分配趋于平等化。主要表现为从2003—2009年，各省区被抽样调查的样本农户拥有林地面积的差距缩小了；(4)集体林经营的税费负担降低。从2006年后，实行税费减免，有效地减轻了林农的负担；(5)农户对经营林业的生产投入增加。一方面，表现为集体林改为农户经营林业提供了基本条件，从而引导劳动力投入林业经营力度的增加。另一方面，也表现为农户的林业资本投入明显增加；(6)农户经济收入水平提高；(7)农户的营林生产效率提高；(8)配套改革的政策效应开始显现。包括税费政策、造林补贴、森林保险和木材采伐限额等配套改革政策为林业生产创造一个更好的外部条件。例如林木采伐指标是影响农户营林积极性的关键因素之一，容易获得林木采伐指标的农户在林业劳动力、投资及土地投入上均显著高出不容易获得林木采伐指标的农户；(9)林地林木流转增加、交易主体发生变化；(10)林地林木流转价格上升，等等（"中国集体林产权制度改革相关政策问题研究"课题组，2012）。

不过，该课题组也指出了集体林改所存在的问题，包括：林地细碎化严重、生态公益林经营方面尚须改善、扩大林业经营规模困难、林地林木流转尚须完善、大企业对林地的侵蚀、配套措施有待完善、林业合作组织滞后且显得过于急速、与林业相关的服务不足以及县乡村财政运行困难等。另外，官方也对集体林改的成效做了每年一次的年度监测，例如国家林业局"集体林权制度改革监测"项目组从2009年起每年都进行一次林改的跟踪监测。该项目组于2012年对辽宁、福建、江西、湖南、云南、陕西和甘肃等7省70个县350个村3488个有效样本户进行监测调查，结果显示，截至2011年年底，样本省份已进入集体林地明晰产权、承包到户的改革收尾阶段，林地流转、林权抵押贷款、森林保险、林业合作组织建设等深化改革的政策措施稳步推开，改革正在进入由变革生产关系解放林业生产力，转入聚集生产要素发展林业生产力的新阶段。该监测报告提出，改革取得了很好的成效，例如，财政补贴促使森林经营、森林管护工作得到加强、林下经济助力山区经济发展、农户有了就业增收平台以及农户林业收入大幅增长（国家林业局"集体林权制度改革监测"项目组，2013）。

下面我们从一些具体的层面看看集体林改的实施究竟给单个林农带来了哪些收益。

1. 村集体与农户增收

集体林改至今，不少村庄的村财和农户的经济收入短期内得以增加。这种收入增加一方面来自于国家的林业税费减免让利；另一方面来自于林木市场的开放搞活及林下经济等相关产业的发展，同时也来自于农户对林业投入的增加。以前文提到的尤溪县城关镇下村村为例，该村村民近几年从村林场拍卖山场中得到的"分红"收益平均为220元。不仅如此，村财也从中每年得到30万—40万元的分成收益，而这部分收益的大部分又投资用于本村的公益事业，从而直接提升了本村的公共福利水平。不过，也有部分村庄通过一拍了之的方式获取短期性收益，这种方式并不利于村庄公共利益的可持续发展（程玥，2010）。对此我们将在下文再作进一步讨论。

国家林业局统计显示，截至2012年年底，集体林改共涉及1.5亿农户，5.68亿农民。2012年林改县农民人均年收入为7114.51元，增长10.55%；其中来自林业的收入为1369.95元，比2011年多172.10元，增长14.37%，来自林业的收入占总收入的比重为19.26%。在林业总收入中，其中来自林下经济的收入为453.64元，占林业收入的33.11%。[①]另外，据华中师范大学中国林改研究基地项目组的村级调查显示，从林改至2012年，农户的林业收入增长了46.83%。林业收入占农户纯收入的比重达到26%，人均达到1271元。最高的县浙江庆元县的农民人均收入60%以上来自林业及其相关产业（贺东航、朱冬亮，2014）。在我们调查的江西崇义县铅厂村，全村1510人，有林地总面积46600亩。该村有脐橙和毛竹两个支柱产业，脐橙种植面积4000多亩，毛竹林27000多亩，

[①] 参见国家林业局林改司提供的年度林改总结报告。

基本均分到户，平均每户有5万元纯收入，人均达1万多元，其中90%的收入来自林业相关产业。

农户收入的增加一方面来自于销售木材林木产品收入的增加，另一方面来自于务林劳作收入的增加。调查表明，从2005年至今，与农户增收相伴随的是农村林业劳动力价格快速上涨，这说明林改后林业投入增加使得农户的就业机会增加。不过，这样反过来也导致林业投入成本增加。在我们调查的样本县中，2013年农村短期男工的日工资已经达到114.8元，比2005年增加了近3倍。据测算，福建省在2007年造一亩林加上三年抚育的成本，大概在400元左右，到了2013年，同样的投入至少要1200—1400元，其中劳动力投入成本是增长最快。以福建将乐县为例，2007年雇工造林，一天的工资是35—40元左右，到了2013年，则达到100—120元，增长了3倍。由于劳动力价格的上涨，有的地方已经出现青壮年劳动力短缺而不得不雇用外地人的现象。如江西崇义县左溪村砍木头有100个人，基本是来自本省的遂川县。由此可见，林业专业化在有的地方已经初露端倪。

在福建省顺昌县，当地造林成本（包括三年的抚育）已经从2007年的400元上升到2013年的1500元。因本县属于福建种植杉木林地条件最好的县之一，杉木一般生长16年就可主伐，因此各类工商业资本热衷于投资林业。在该县的元坑镇槎溪村，劳动力价格很高，短期雇工1天要105元，女工一般也要90—100元。如果是雇人砍树，1天至少要200多元。

即使是那些不直接经营林地的农户，他们也能够从集体林改中分到一杯羹。最突出的表现是林改之后，由于大量商业资本转而投入林地经营，使得各地的林地租金普遍上涨数倍甚至十几倍，这样无形中使得农户的"分红"收益增加。如湖北省通山县，本地的荒山租金从2007年的每年每亩2元上升到2011年的26元，增值幅度达13倍。在这个县的厦铺镇竹林村有5亩林地，因立地条件较好，2010年在竞拍发包30年经营权时，竟然拍出了17000元的高价，每亩每年的地租达113元。而在江西省崇义县，2012年当地有一块采伐迹地通过公开招投标方式出让，每亩年租金最高竞标至396元（一年一付），普通的林地的竞标价格每亩每年平均也达到50元左右。

值得一提的是，从2014年至今，随着宏观经济整体下行趋势加剧，林业产业也陷入了低谷,加上国家和地方政府政策的变动,进入林业的工商资本经营面临不少困难。

2. 农户造林营林积极性提升

调查显示,在集体林改实施之后,各地都曾涌现出农户争相造林甚至"抢地"造林的景象。据我们课题组对重点调查的9个县(市)的不完全统计,林改后至今,平均每个县累计增长的造林面积达18.1万亩,约占目前各县(市)平均林地总面积的7.1%。平均每县(市)增长的林木资源蓄积量达105.2万立方米。如在福建省尤溪县,自2005年至2010年,该县累计完成造林面积201364亩,累计建成速生丰产林基地70万亩。

在南方林区,很多农户见缝插针造林,已经无地可造,于是当地政府开始把造林的重点转向村庄、城镇、公路的绿化,由此也使得林改的效益得到进一步提升。造林积极性的提升,直接提升了我国的既有森林资源存量。据国家林业局2008年结束的第七次全国森林资源清查结果显示,我国森林覆盖率已经达到20.36%,这个数字比2003年结束的第六次全国森林资源清查的18.21%增长了3.15个百分点,同比增长了11.8%。[①] 而最早推进集体林改的福建省第八次全国森林资源清查的结果显示,该省的森林覆盖率已经达到65.95%,比2003年普查的数字增加了3个百分点。第七次森林资源清查数据显示,集体林改成效显现,突出表现为个体经营面积比例明显上升。有林地中个体经营的面积比例上升11.39个百分点,达到32.08%。个体经营的人工林、未成林造林地分别占全国的59.21%和68.51%。由此说明,作为经营主体的农户已经成为我国林业建设的骨干力量(国家林业局资源司,2010)。类似的情况在南方林区普遍存在。这部分增长的林地面积大部分得益于林改后林农造林积极性的提升。

以福建省将乐县为例,2005年本县全县共完成更新造林3.06万亩,比2004年的1.79万亩增长170%,比2003年改革初期的1.63万亩增加了1.87倍。同时,该县还积极探索租地造林、先租后股、订单林业、委托造林、联合造林等五种新造林形式,大力发展个私造林和个私林场。2005年全县个私造林面积达1.94万亩,占造林总面积的63.4%,其中创

[①] 第六次全国森林资源清查结束于2003年,第七次全国森林资源清查于2008年结束。

建个私规模林场5个，经营面积达2.5万亩。

而在福建省尤溪县溪尾乡纲纪村，这个村在集体林改中将仍由村集体经营的3609亩商品林划分成33片，按人均3.5亩，在本村集体组织成员内部实行联户承包经营，该村98%的农户都拥有自己的林地。林改后，该村承包到采伐迹地、荒山的村民，当年就组织劳力劈草炼山、整地造林，承包到中幼林的村民就组织劳力上山锄草、施肥。2005年本村造林面积540亩，全部为村民个私造林，是该村历年来造林面积最多、质量最好的一年。类似这样的现象在很多村庄都有出现。

（二）确权到户制度变革激励绩效不足

尽管集体林改是以追求明晰产权为首要目标，但即使是被认为产权最为明晰的"分山到户"确权模式，在实践中也仍然存在产权模糊、产权不明晰等制度变革绩效不足的问题。主要表现在以下几个方面：

1. "集体成员权"与承包权冲突

从法定的角度来看，我国的农村集体林地和耕地一样，都是属于"农民集体所有"，由此形成的集体产权的基本制度设计是，每个农民都应当均等地享有集体林地承包及收益权利。基于土地集体所有而形成的集体产权结构安排，其根本的界定原则即在于"集体成员权"——对集体外个体的明确排他性，和在集体成员间的非排他性共同占有。[①]折晓叶、叶婴婴等认为，所谓的"集体成员权"，其实是社区内一份隐性的、非正式的"社会性合约"，这类合约主要不是依据法律来达成，而是各方当事人依据广泛认同的公平原则，在互动中自发建构出来的（折晓叶、叶婴婴，2005）。这种"社会性合约"在社区中之所以能够达成，所依据的公平原则主要有社区生存原则（刘世定，2003）、"划地为界"原则（申静、王汉生，2005）、社区成员均等原则、谁投资谁受益原则（折晓叶、叶婴婴，2004），这些也是集体林权在村庄社区产权实践中所遵循的一些相对永恒的原则。即"集体成员权"是建立在这些社区原则基础上。

集体产权处置与村"集体成员权"的认定有直接的关系。在集体林

[①] 关于"集体成员权"的讨论，可参见张静，2002；张佩国，2000；周其仁，2002。

改中，如何在国家刚性的承包经营权实践约定与变动的村集体人口之间寻找一种平衡，是各村林改实践中普遍重视的一项关键程序。为了应对村庄的人口增减变化和代际更替，以更好地维护"集体成员权"权益，很多村都约定形成一些社区性的习俗惯例。例如，林卿、姚洋等都注意到，尽管国家规定耕地承包权长时期不变（如第一轮农地承包约定"15年不变"，第二轮农地延包"30年不变"），但村级实践中却普遍存在每隔若干年定期或不定期地按照农户家庭人口变化而调整土地的现象，其目的是为了追求村庄"生产剩余的最大化"，以保障全村的公共福利最大化（全国农村固定观察点办公室，1998；林卿，1999；姚洋，2000；等）。与此同时，基层政治权力也借此来实现对农村社会的控制功能（朱冬亮，2002）。然而和耕地承包权村庄社区实践不同的是，在集体林地承包经营中，这种"集体成员权"实践往往在操作上会面临一系列难题。最突出的一点，作为生产资料的林地产出必须以长时期的稳定的产权主体约定为前提，这点恰恰是集体林改首先追求的产权变革目标，但这种目标追求必然和村庄的"集体成员权"实践发生矛盾。当国家林改政策设计甚至可以把集体林地的承包经营权最长约定为"70年不变"时，这种几乎是"固化"的林权设计等于在相当大的程度上违背了集体林改的"均山到户"的宗旨。这也难怪，集体林改的这种长预期制度设计，似乎给不少林农造成一种类似林地"私有化"的思维错觉（朱冬亮，2013）。

为了尽量体现"集体成员权"主体的权利，一般而言，村级林改实践过程中普遍通过村民代表大会或者户代表集体决策形式，对本村的"集体成员资格"作出明确的约定，形成具有社区约束意义的村规民约性质的地方性非正式制度。事实上，现行的林改政策设计也为村庄社区的各种非正式制度登场提供了法定的舞台，特别是集体林改约定"一村一策"和村民自治法规定的村民代表决策机制给村庄社区林改实践提供了制度性依据。不过，对于这种少数服从多数的社区民主决策机制，并不是所有的村民都信服和遵守。一旦有个别或部分村民不赞成按照村规民约约定的规则行事，就极有可能引发林权纠纷。前文提到的尤溪县下村村案例就呈现出这样一幅纠纷场景：

尤溪县下村村共有林地总面积15280亩，人口861人。和一般的

"分山到户"的村庄不同,下村村一直坚持集体山林由村集体经济组织统一经营管护。下村村的主要均权方式是通过股份制分红的方式实现"均利"。林改之后,该村的林地经营收益一直较高,近几年村里平均每个人口都能从集体山林经营中分到200多元的"分红"。不过,在早些年,下村村在集体成员权资格认定方面出现了混乱状态。最突出的一点是如何把计生政策与集体林地经营的分成收益挂钩。由于本村的集体林业收益"分红"是根据农户家庭人口数量决定的,在计生政策制约下,每个农户都想方设法增加家庭的"人口股份"。这个时候,有的农户就通过收养女婴或者小女孩(当地村民称为"买女孩")的方式来增加家庭人口。一家这么做,别的人家跟着效仿。结果到后来,全村这样做的有30多户,30多户他们共收养了30多个女孩子。而对于那些没有这么做的农户而言,这样做不仅违反计生政策,而且显然破坏了集体林业"分红"的公平性,结果在村内引发很大的矛盾。由于矛盾越闹越大,最后,下村村"村两委"不得不对原先的"集体成员权"认定规则进行调整,明确对不符合条件"买女孩"的村民进行限制,以避免村民再采取类似的行为来"侵占"全村集体的整体利益。[1]

"集体成员权"边界确认是依据集体产权的社区生存原则和成员均等原则确立的。下村村的林权纠纷表明,集体产权权利自身的模糊性使得集体产权实践规则被破坏。不过,这种模糊性所具有的弹性,恰好解决了科斯悖论中所谓的"问题相互性"难题。[2] "集体成员权"实践在本质上是一种产权公平占有的机制安排,它的排他性只是对社区外部而不是针对社区内部。假如从静态的角度来看,就农户这个层次来说,社区产权分配并不是公平的。按照人口分配集体财产的机制意味着家庭人口多的农

---

[1] 2010年10月5日访谈下村村村支书D书记。
[2] 科斯(Ronald H. Coase)有关"问题相互性"的论述被一些经济学家称为"相互性定理"。其基本表述是:如果A持有一定权利,并且这项权利对另一个人B不利或有害。假设一个法律权威取消了A的这项权利,这意味着权利转移给B,而B的占有意味着A的牺牲和损害。"相互性定理"被认为是著名"科斯定理"的先导(参见刘世定:《科斯悖论和当事者对产权的认知》,《社会学研究》,1998年第2期,第12—13页)。

户可以占有更多的集体财产。正因为这样，20世纪80年代前后农村产权制度改革实施后，各地普遍建立了一种更具弹性的集体产权实践形式。例如，很多村庄预留一部分集体资产（包括预留机动田、预留部分山林等）以调剂农户间集体资产分配不公，或者是每隔若干年随人口变化重新调整耕地的承包。从下村村的林权纠纷可以看出，作为法定的集体产权代理人——村集体组织——在村庄社区产权实践中所发挥的独特作用。

类似这样的案例在前文提及的江西省婺源县江湾镇前段村也存在，该村的一个村民小组通过户代表决议的方式把本组的900亩山林重新收归由村小组统一经营。这个村小组之所以这么做，目的是无法应对村"集体成员权"实践所带来的困窘的确权到户难题。当地村民认为，既然在"分山到户"过程中无法做到绝对的公平，不如通过村小组统一经营来维持相对的公平，以避免引起争议。这是一种退而求其次的选择。

2. 产权不明晰

在学术界，围绕集体耕地产权的社区实践，包括社会学、法学、历史学等不同学科的学者进行了广泛的探讨，并提出了不同的分析概念和研究思路与研究脉络。和相对容易界定产权地域边界的耕地不同，在过去，林地因其面积过大、地形坡度、生态植被过于复杂而被认为难以真正地明晰界定其地域界址，这点正是20世纪80年代林业"三定"改革工作粗糙的主要原因之一，由此才导致2003年集体林改明晰林地产权再次被提上议事日程。不过，时至今日，由于包括GPS定位在内的诸多高科技勘测技术的采用，曾经困扰的林地地域勘界问题似乎不复存在。在这种情况下，技术上的明晰林权边界变得可行。有的地方（如云南）也采用现代GPS定位技术重新确定分山到户的林地边界。不过，即便如此，各地集体林改的实践表明，在明晰林权边界中仍然面临许多非技术因素影响。这些非技术因素大多与当地林农对林权的认知有关。更值得重视的是，他们的产权意识和官方规制的产权制度安排并不吻合。

影响集体林改确权发证绩效的因素还主要与林权纠纷现象有关。事实上，在产权明晰到户的过程中，引发了大量的林权纠纷（朱冬亮，2013）。其中以山林界址不清的纠纷现象最为常见，表面上，引发这类纠纷是因不同时期山林产权明晰的技术条件限制、工作粗糙等因素引起[1]，而实际上是与集体林权的权能分类和处置极度复杂有关。[2] 更重要的是，集体林改过程中忽视了村庄社区在集体产权实践中所具有的特殊地位。虽然作为集体林改试点省份的福建省、江西省在探索集体林改时，就强调要因地制宜地根据各村的实际情况，充分尊重民意，尊重历史，实行"一村一策"甚至"一（村民小）组一策"，由村民根据《村民委员会组织法》的"2/3村民（代表）通过"的民主决策原则来自主决定本村和本村民小组的林改方案[3]，但由于这种执行机制总体上是建立在"集体产权"而不是"社区产权"认知基础上，因此不能充分地把村庄社区产权实践的价值理念包容进来，自然也无法发挥村庄社区的自主性和能动性，并引起了诸多的林权矛盾和纠纷（朱冬亮，2013）。

村级调查表明，引发农户个体之间林地界址纠纷的主要有几种情形：

（1）毛竹林自然生长扩鞭引发的边界纠纷。这种纠纷在南方毛竹种植集中地如福建、江西、浙江、四川等地的村庄较为常见。主要是因为毛竹自然生长过程中其根茎延伸到周边林地，其生长面积由此发生了变化，与周边林地承包人发生纠纷。几乎所有的有毛竹林的村庄都会出现这类的纠纷。如在福建永安市的红安村、葛州村、内炉村、将乐县的洞前村、余坑村、蜈蚣鼻村及顺昌县的小筒村、甲头村等村庄都存在不少的毛竹林

---

[1] 和耕地不同，林地因为涉及坡度、林地质量好坏等立地条件及外部交通便利与否等因素的影响，在当时的测量技术条件落后的情况下，大部分村在给农户分配承包林地时，普遍采取目测法来估算每个农户承包的林地面积，在承包合同书上标注的承包林地的四至边界则多是当地的土名，没有划定准确的界限。随着时间和农户家庭人口的代际变化，在村民的记忆中，原有的山林边界就容易变得模糊甚至被遗忘，这点被认为是导致山林界址不清的主要原因。正如2008年国家公布的《关于全面推进集体林权制度改革的意见》所明确指出的：之所以要推进林改，是因为"集体林权制度虽经数次变革，但产权不明晰、经营主体不落实、经营机制不灵活、利益分配不合理等问题仍普遍存在，制约了林业的发展"。

[2] 正如有的研究者所指出的，在具体产权实践中，集体林地所有权为村集体所有，经营使用权则承包或者流转给具体的业主所有。而林权中的价值主要集中在林木处分权上，这项权利却受到森林资源管理制度、林地管理制度等国家政策性制度制约，由此使得林权关系成为一项政策性束缚很强的集合，其权利主体模糊，处分权得不到落实，收益权也易受侵犯（参见：http://biz.163.com/06/0720/15/2MG2E8NO00020S2J.html）。

[3] 黄建兴：《福建林改及有关工作汇报——在贾治邦局长来闽调研时的汇报》，华中师范大学中国农村林业改革发展研究基地内部资料，2011年，第95页。

纠纷。

(2) 承包林地相邻的农户之间因为界址标志"遗失"或者模糊化引发的纠纷。这其中也有少量纠纷是其中一方故意人为破坏迁移原有的山林界址，试图侵占别的农户的承包林地。如在安徽省金寨县斑竹园村有两个具有亲戚关系的农户之间因为山林边界模糊，对面积为1.5亩的山林产权归属产生争议，该县的汪冲村与曹畈村两个邻村对面积为3亩的承包林地的承包权归属也存在分歧。该省宁国市的龙川村就有发生类似的纠纷现象。

(3) 农户间人口的生死变化致使原有的林地界址记忆遗失。如当初分山时老一辈村民在场，如今老一辈的村民大都离世，储存在他们的林地界址集体记忆随之也遗失了。如在湖北通山县、南漳县、崇义县的铅厂村、安徽省宁国市的桥头铺村、霍山县的桃源村也发生多起此类纠纷。

需要进一步指出的是，在集体林改中，虽然各地的官方材料都把集体林改中暴露出来的绝大部分林权纠纷调处好了，但是事实上这其中有不少纠纷并不完全是当事人圆满妥善协调的结果。一旦外部条件有变，有的纠纷又会重新被激发出来，从而酿成新的林权纠纷。以2002年即开始实施林改试点的福建省龙岩市为例，该市在2010年年度的工作总结材料中提到这一年全年全市共成功调处山林纠纷42起，总面积为23792亩，其中属于山林权属纠纷30起，涉及面积13524亩（另外还有合同与经营权纠纷3起、2300亩，国有与集体、个人纠纷9起、7968亩）。[①] 这其中有不少就是新暴露或者历史遗留的纠纷陈例。

3. 农民的产权认知体系混乱

本研究课题组调查显示，和国家法律文本规定的同属于农村"集体所有"的耕地不同，农民对林地产权的归属认知更为复杂多变。问卷调查显示，虽然认为农村集体林地属于"集体所有"的仍然占58.4%，但也有不少受访农户认为属于其他主体所有，其中有23.7%的受访村民认为集体林地属于"农户所有"，有13.2%受访村民认为属于"国家所

[①] 资料来源：《龙岩市林业局关于2010年全市林业工作情况的报告》（龙林综〔2011〕2号）。

有"，还有 9.5%的受访村民表示"不清楚"。其中认为集体林地属于"农户所有"的被调查村民中，又有 23.7%受访者认为现在的林地权属配置应该考虑为"祖宗山"的关系。由此可以显示出，农户对集体林地产权的认知并不清晰，也并不一定与国家政策设定相吻合。

事实上，集体林改中之所以会呈现诸多复杂的林权纠纷现象，本质上是因为纠纷当事人对集体林地林木产权的承包经营权归属和使用规则存在争议。尽管纠纷的形式复杂多变，但归根结底还是一个产权不明晰的问题。

在新林改政策设计及执行过程中，福建省是规定获得集体林地承包经营权的农户或者企业，必须定期向村集体支付一笔租金，以此来凸显村集体作为集体林地"所有权"持有者的产权主体地位。而江西省则要求把集体林地无偿地转让给农户个人经营，不收取任何的租金。从产权实践的角度来看，这两个省的做法的意义是有很大差异的。福建省实际上一直在提醒各利益主体，包括林地所有者——村集体——以及林地的承包经营者（农户或者企业）都掌握着林地的部分权能。而江西省的做法则很容易给林地承包者一种假想，即他们事实上也获得了林地的所有权。特别是随着时间的推移，这种意识将会越来越强烈，最终出现承包经营权侵蚀所有权的可能情形。

集体林改的村级实践过程显示，不同时期的林权观念遗产在具体实践中都有相应的信奉者，他们分别以此作为自己参与村级林权界定及利益争夺的依据。不管他们所持的参与利益争夺的"理由"是"合法"还是"不合法"的，也不管他们搬出的"理由"是"成文"的还是"口头约定"的，抑或是"祖宗传下来的"还是"国家赋予的"，问题的关键在于，国家现行的林改的正式制度安排不能完全有效地把这些村级的非正式制度因素排除在村级林改场域之外，也不能把它们包容进来（朱冬亮，2013）。因此，在村级社区层面的林改实践中，不同时期的林权制度变革遗产都有其赞成者、支持者和反对者。更需要指出的是，村民的分层化程度、利益的争夺激烈程度，使得哪怕是同一个村民，也可能在不同的场合扮演不同的甚至是相互矛盾的林地产权信奉者。村民无论是信守传统的民俗惯例，还是遵循现代的国家法规条例，他们目的只有一个，就是千方百计使自己在村级林改的利益分配与争夺中处于优势地位，并以此来排挤可

第二章 林业金融支持制度实施的背景

能或实际的竞争者。实际上,类似这样的产权认知混乱也直接影响到林业金融支持制度的顺利实施,对此我们将在后文进一步阐述。

4. 林地经营细碎化

在林业"三定"时期分山比较彻底的村庄,农户承包到户的山林多维持细碎化分散化经营方式("中国集体林权制度改革相关政策问题研究"课题组,2012)。本研究课题组调查显示,有40%以上的受访农户表示自家承包经营的山林在3块以上,其中有少量的受访农户甚至在10块以上。例如2012年,江西省婺源县高枧村时任村主任叶主任就反映:林业"三定"时,自己家按6个人口分的山,包括公益林20多亩,责任山10多亩,剩下的都是自留山,这些山林共分为10多块,分布在十几个不连片的地方。而浙江省元县屏都街道洋背村村支书吴书记自家有30亩林地,其中毛竹林是15亩,这部分毛竹林分散在五六片不同的山场内。同样,在该县的竹口镇崔家田村,全村的山分到户之后,每户基本上都有七八块山。

孔繁斌、廖文梅的调查也显示,和集体林改实施前对比,集体林改后我国林地经营的细碎化程度得到进一步增强。这两位研究者2009年7—8月对福建、江西、湖南、四川、浙江、广西、河南、山东、辽宁等9省(区)18个县(市、区)2420户农户调查数据显示,林改前后,农户林地的地块数量呈现出增加的趋势,全国户均林地地块增长16.12%,9个省(区)户均林地地块数量增加了0.92块,其中又以广西和辽宁两省(区)地块增加幅度最大,河南、江西、山东、福建等四省户平均地块变化并不大,湖南变化最小。该调查的结果还表明,在进行的全国调查的2420户农户中,有36.47%的农户经营着1—2块林地,27.98%的农户拥有3—4块林地,16.87%的农户拥有5—6块林地,13.01%的农户拥有7—10块林地,其中拥有10—20块林地的农户占4.48%,拥有20块以上农户也有23户,占到整个调查农户比例的1.18%。平均每个农户拥有4.52块林地。从各省(区)统计数据来看,户均地块数最多的是江西省、浙江省和四川省,均高于4块,尤以四川省最多(孔繁斌、廖文梅,2014)。

不过,对于上述现象的解读,到底是一种暂时性的现象,还是一种长期性现象。本研究课题组对9县24村的重点调查则表明,林地产权明晰之后，林权流转呈现出进一步增加的趋势。主要表现为两种形式：一种是小户林农把自己林地的承包经营权出让给大户或者林业企业经营，而且这种大户往往是来自所在村庄之外；另一种则是通过组建各类专业合作社，重新把已经分到户的林地的承包经营权组织起来，这种新的林地经营的组织化形式是对"分山到户"政策于实践上的背离。

特别值得注意的是，那些在林业"三定"时"分山到户"越彻底的省市，集体林改实施后林地规模经营发展的趋势越是明显。事实上，在集体林改之前，这些地方的林地流转现象并不多，反而在林改后这一现象才明显增加。如江西铜鼓县和兴国县都呈现这个特征。不过，孔繁斌、廖文梅认为："从农户水平上看，集体林地细碎化程度并不与农户投资林业的热情呈现简单线性负相关关系，相应地，农户林地经营规模化水平的高低也并不与农户投资林业的积极性呈简单的线性正相关关系。从对农户林业投资意愿问卷调查的统计结果来看，资金缺乏以及林业经营比较效益低是影响农户投资林业的主要因素，劳动力不足也是导致农户淡薄林业经营的重要因素，劳动力相对短缺与农户经营林地规模过大以及雇请劳动力市场价格过高有直接关系。"（孔繁斌、廖文梅，2014：72）对于这一调查结果，我们认为可能与林农的真正想法略有出入。就一般的商品林经营而言，如果把林改前后林农的经营积极性进行对比的话，可以发现，类似资金缺乏、缺少技术支持甚至是劳动力短缺都不是影响林农投入的最主要因素，真正影响林农投资林业的信心的是对未来收益的不可预期的担忧。而这种担忧又是建立在林农自身生活经验判断基础上。

诚然，资金短缺始终是影响林农生产决策的重要因素，尤其是林农本来就十分缺少现金性收入，因此，在有限的生产资本中，林农必须在投资农田、投资林地亦或是投资别的非农产业做出选择。林农基于他们的生活理性，投资林业表面上被认为是因其生产周期过长而被大部分林农所放弃，但绝不等于投资林业就是投资效率最低的选项。不过，正是基于这种生活经验性判断，使得他们中的大多数人不愿意把本来就非常有限的生产资本投向林业。大多数倾向于追求短平快的投资回报，而林业显然不是其中的备选产业之一。

客观而言，林地经营最终必须走规模化、集约化经营之路。而当年仿效耕地承包制改革的林业"三定"在追求"分山到户"的宗旨下，把每户承包经营的林地分得过小过于分散化，这种方式显然不利于最大限度地发挥林地的经营绩效。这也是为什么集体林改实施后，有关部门又急于提升林地经营的组织化集约化水平的深层原因之一。事实上，正如后文将要探讨的，林地经营细碎化现象对林业金融支持制度实施极为不利。因为它在客观上使得林权抵押贷款、森林保险、森林资源资产评估和担保的成本大幅度上升，成为阻碍林农和林业金融机构参与林业金融支持制度实施的主要因素之一。

据一些地方林业管理部门的调查，"分山到户"式的家庭承包经营不利于实现林业规模经营。从经济学的角度看，林业经营更需要适度规模经营。林改后，集体山林分到了千家万户，经营单位增多，经营面积较小，单家独户不管是造林还是防火都面临许多困难。由于各自情况的不同以及经营理念的差异，一些农户很快就将所承包的山林转给他人，造成新的失山失地；一些农户经营管理水平不高，效益低下；一些山场林相对破碎，分散不整齐。与此同时，"分山到户"后的细碎分散经营模式也不利于对接大市场的需要。由于林木生长周期长、投入大。因此，实行家庭承包经营的农户，抵御和防范自然风险和市场风险的能力低，难以实现小生产和大市场的对接，不能及时掌握市场动态、了解产销信息。再者，在林改中，实行家庭承包经营的农户，承包经营林地的面积较小，再加上林区地势复杂，立地条件差异大，造成实际操作中，山场四至界限不好划清，容易引起林地承包经营权纠纷。另外，实行家庭承包经营的山场，也常因木材生产开设集材道路占用他人山场而引起矛盾纠纷。事实证明，过小划分经营单位并不利于林业的生产发展。

以林业"三定"时划分的自留山经营现状为例。福建省尤溪县的实践经验证明，当时所划分的自留山多为村庄周围的近山、矮山、好山，且自留山所生产的木材还享有免缴各种金税费的优惠政策，但是由于经营面积小，并没有充分调动林农的生产积极性，造成了许多自留山抛荒失管。[①] 所有这些，并不利于发挥林地的规模经营效益。不过，从农户自身

---

① 参见《（福建）尤溪县林改主要模式分析报告》（调研报告）。

的角度看，虽然他们也深知林地经营必须实行规模化集约化经营，而且他们也期望林地承包权能够稳定，但有不少农户仍对此存有顾虑。考虑到集体林改政策实施至今已有数年时间，农户对自家承包的集体林地已经有了一个认识的转变。本研究的问卷调查显示，有35.4%的受访农户担忧"林地属于集体的，将来还有可能被收回去"，另有52.5%的受访农户表示希望"永远不调整林地经营权"。由此也可以看出，大部分农户既然表示不愿意调整而且希望长期拥有集体林地的承包经营权，这也从一个侧面说明总体上林改的确权发证相对比较公平。

  集体林改之后，还引发了另外一些问题。如在某些地方，产权明晰反而引发林农的短期利用行为。虽然这种情况在本研究调查的地方极为少见，但仍有个别地方出现了这种现象。如在江西省就有个别村庄出现这个问题。自2005年开展集体林改以来，当地林业部门对1983年林业"三定"时分山到户的林地界址再次明晰，并且通过外业调查与内业构图结合起来，重新确权到户，在此基础上，当地林业部门对每户承包的集体林地发放林权证予以确认。确权发证之后，由于江西省大幅度消减林业税费，林农的税费负担从林改前的每立方米木材负担200多元降到目前的72元左右，林农砍伐木材的收益大幅度提升，这两个因素共同强化了农户对自家承包林地的产权主体意识。农民普遍认为，现在自家承包的集体林地就是"自己家的"。因此很多家庭急于把山上的林木变现，由此导致集体林改实施后，当地一时出现了滥砍滥伐的行为。

  在江西省兴国县，当地政府为了保护刚刚有所恢复的脆弱的生态系统，在2011年宣布开始实施为期三年的全面"禁伐"措施。[1] 在此之前，该县每年编列1万多立方米的采伐指标，从2011年开始，这个县转而实行严厉的"禁伐"措施。不过，根据林业公安方面提供的数据，即使这样，当地仍然存在屡禁不止的盗砍盗伐现象。一些农户采取"蚂蚁搬家式"、"游击"等方式，盗砍盗伐林木。

---

[1] 兴国县历史上因林木采伐过量，出现了严重的水土流失。为了尽可能恢复受损的生态体系，该县曾经采取飞播造林等多种方式恢复林地植被，据当地乡镇干部反映，有的山地连续飞播造林，最高达8次以上，山上才长了少许树木。即便如此，当地有的贫瘠的山地上生长的树木依然显得十分稀疏，而且这些树木大多以马尾松为主，这些树木生长十分缓慢，被当地林农形容为"老爷树"，几乎不会生长。

第二章　林业金融支持制度实施的背景

兴国县之所以会出现这种现象,主要与当地的经济发展相对落后有关系。作为一个贫困县,当地农户的收入较低[①],人均耕地只有 1 亩左右,从事其他非农产业的机会也较少。在这种情况下,很多农户自然会想到从承包的林地中获取收入。本研究课题组调查员在兴国县高兴镇的实地调查中发现,当地农民种地也主要以种植水稻粮食作物为主,很少种植收益相对较高的经济作物。而且,只要条件许可,大部分农民仍然在自家的耕地上种植双季稻,这点和其他地方粮食种植业从双季稻退化到一季稻形成明显的对照。正是这种相对落后的经济发展状态,使得少部分林农不顾政府禁伐规定而盗砍盗伐。

值得注意的是,兴国县农户对承包林地的产权意识和新一轮林改实施之前相对模糊的产权主体形成了鲜明的对比。由于林业"三定"之后很长一段时期内林木税费负担沉重,林农经营林业的收益很低,使得广大林农并不重视林地经营问题,由此对"三定"时期的模糊的林地界址划分并不十分在意。而新的集体林改实施后,大大强化了林农对林地的经济价值认识。他们变得在意林地界址的准确勘定划分,甚至是寸土必争。

此外,有些基层林业管理部门的工作人员反映了"分山到户"后出现了另外一些值得重视的问题。如 2013 年,顺昌县元坑镇林业站负责人就反映,集体林改中,村集体预留 10% 的林地太少了,应该预留 50% 才合理。原因有三点:一是林改以后人口增减变化没办法调整林地;二是工业用地问题,企业发展征地困难,农户在征地时会漫天要价;三是林业科研项目推广没有地可以来搞试验,没办法接轨。林改之后,这些压力全部压在国有林场身上,而国有林场并不能承担所有的林业科研项目。

相关研究显示,稳定的林地产权制度会刺激林农更多地对自己的林地进行中长期的投资(《中国集体林产权制度改革相关政策问题研究》课题组,2011:140)。集体林改的本意是通过明晰产权,并在此基础上建立现代林业产权制度,以激励各方增加对林业的投入,提升林地经营的产

---

① 2011 年暑期,本研究课题调查员在此县村庄调查时,发现当地农民打短工,一天收入大概是 30—40 元,只有浙江、福建、湖南、湖北等地的一半甚至是 1/3。

出。虽然截至目前我国的集体林改取得了一定的成效，但也存在一些不容忽视的问题。这些问题有赖于集体林改的后续配套改革来解决。而在深化集体林改过程中，实施林业金融支持制度改革被认为是提升集体林改绩效的重要举措。接下来我们将对此进行专题讨论。

第三章 林业金融支持制度供给及演变

明晰产权，确权到户，只是集体林改的第一步。要真正发挥林地经营和林改的政策变革效益，促进经营者增加投入，进而增加林业经营的经济、生态产出，还必须进一步开展相关的林业配套改革，建立可持续发展的林业发展长效机制。也正是集体林改后续深化和配套改革举措的推进，使得集体林改总体上要比耕地承包制走得更远，并使得这项改革具有更广泛的理论和实践意义。本章将从制度供给角度，对集体林改及林业金融支持制度政策设计及演变情况进行简要的介绍和分析。

一 集体林改背景下的林业金融支持制度改革政策演变

集体林改实施后，作为林改配套改革的重要举措之一，林业金融支持制度改革开始正式推进。在完善和深化集体林改过程中，中央和地方政府主要围绕林业和林地经营市场化建设，并就如何赋予林农更高的林业资产性收益展开了多方面多层次的积极探索。具体而言，相关的工作主要围绕两个层面展开：一是促进林地流转和林地集约化、规模化经营，建立健全林业市场化经营机制；二是建立健全林业金融支持制度，为提高林改的效益提供外部支持。主要是推进林权抵押贷款、森林保险、森林资源资产评估和担保等工作开展。

实际上林业金融支持制度改革与集体林改的主导思想的演变密切相关。因此，我们有必要先对国家林改政策设计主导思想演变作一个简要的梳理和分析。

(一) 国家集体林改政策设计主导思想演变

林地经营本质上必须走规模化、集约化经营路径，这点是毋庸置疑的。从国家顶层政策设计来看，在2003年集体林改试点之前，中共中央、国务院曾经出台《关于加快林业发展的决定》（中发〔2003〕9号文件），这是当时国家试图推进集体林地市场化经营改革的一次重要尝试。《决定》规定，在明确权属的基础上，国家鼓励森林、林木和林地使用权的合理流转，各种社会主体均可通过承包、租赁、转让、拍卖、协商、划拨等形式参与流转。森林、林木和林地使用权可依法继承、抵押、担保、入股和作为合资、合作的出资或条件。这等于在很大程度上给了林地经营者一个完整的物权。《决定》同时提出，要积极培育活立木市场，发展森林资源资产评估机构，促进林木合理流转，调动经营者投资开发的积极性。特别需要说明的是，《决定》明确指出要"放手发展非公有制林业"，为此国家鼓励各种社会主体跨所有制、跨行业、跨地区投资发展林业。凡有能力的农户、城镇居民、科技人员、私营企业主、外国投资者、企事业单位和机关团体的干部职工等，都可单独或合伙参与林业开发，从事林业建设。

从中发〔2003〕9号文件可以看出，当时国家试图通过加快林地流转，特别是允许社会各类经营主体和资本加入林地流转经营，就这点而言，《决定》已经突破了耕地承包制实践的底线，也为金融部门大力扶持林业市场化发展尤其是林地规模化经营提供了制度依据。

为了贯彻落实中发〔2003〕9号文件精神，2003年至2005年，国家林业局先后把福建省、江西省和辽宁省列为集体林改的试点省份。事实上，福建省和江西省试点实施集体林改时，主要的政策依据即来自于中发〔2003〕9号文件政策文本，其中尤以福建省最为突出。2003年4月4日，福建省政府出台了《关于推进集体林权制度改革的意见》（以下简称《意见》）（闽政〔2003〕8号文件），这是该省推进集体林改的纲领性政策文件。该《意见》要求，农民在承包期内，可以依法将拥有的林木所有权和林地使用权流转、买卖、变现。换言之，在集体内部成员优先的情况下，各种社会主体均可通过承包、租赁、股份合作、折价转股、招标、拍卖等形式参与林业经营。由此可以看出，《意见》实际上也是给了林农一个相对完整的物权，为林农耕山育林提供激励机制。

和福建省类似，江西省在2004年2月也出台《中共江西省委、江西省人民政府关于加快林业发展的决定》，提出了要加快商品林基地建设步伐，并强调建设商品林基地要与培育林业龙头企业有机结合起来，龙头企业要按照产业化经营的要求，以市场为导向，组建利益共享、风险同担的产业经济共同体，以带动林业基地建设和农民增收。此外，木竹加工企业，必须建立与其加工规模相适应的工业原料林基地。江西省《决定》强调：

> "鼓励农户、城镇居民、科技人员、私营企业主等一切非公有制投资主体单独或合伙参与林业经营。尤其要进一步加大招商引资力度，努力扩大林业利用外资规模，鼓励外商投资成片开发荒山荒坡，建立商品林基地，发展林产品加工业。"[①]

不过，值得一提的是，江西省随后在2004年8月颁布实施的《关于深化林业产权制度改革的意见》文件中，却再也没有提到要搞林业产业化基地，而是集中强调要采取各种形式把集体林地明晰确权到户。很显然，这里面包含了一个明显而重要的政策转向，即强调保障农民的林地"集体成员权"权益高于林地的市场化改革。

类似的转变也出现在国家顶层制度设计层面。从福建、江西等试点省份所遵循的集体林改蓝本——中发〔2003〕9号《关于加快林业发展的决定》中的具体政策条文可以看出，尽管该《决定》并非专门针对集体林地经营而言，但是鼓励林地市场化和集约化经营无疑在当时被认为是加快我国林业发展的主导思想。《决定》明确指出：

> "鼓励以集约经营方式，发展原料林、用材林基地。"[②]
> "鼓励培育名牌产品和龙头企业，推广公司带基地、基地连农户

---

① 江西省《中共江西省委、江西省人民政府关于加快林业发展的决定》第十七条。
② 中共中央、国务院《关于加快林业发展的决定》第十条。

的经营形式，加快林业产业发展。"①

"国家鼓励森林、林木和林地使用权的合理流转，各种社会主体都可通过承包、租赁、转让、拍卖、协商、划拨等形式参与流转。"②

"国家鼓励各种社会主体跨所有制、跨行业、跨地区投资发展林业。凡有能力的农户、城镇居民、科技人员、私营企业主、外国投资者、企事业单位和机关团体的干部职工等，都可单独或合伙参与林业开发，从事林业建设。"③

不过，时隔5年之后颁布实施的集体林改的指导性政策文件——《中共中央国务院关于全面推进集体林权制度改革的意见》（2008年6月8日发布实施）中，国家的政策导向出现了明显的转向。尽管《意见》内容条文也对"规范林地、林木流转"提出了和江西省试点集体林改时相似的政策要求，但是如果细细解读《中共中央国务院关于全面推进集体林权制度改革的意见》的政策实施细则，可以看出，虽然国家强调集体林改要为集体林地的市场化、规模化和集约化经营提供相应的制度条件，但是和福建省的集体林改政策设计不同的是，国家集体林改的政策并没有明确提出要促进林业的规模化和集约化经营，而是强调要以确权到户为首要前提。这种改革取向意味着集体林改的首要目标是要实现集体林权的公平配置。中央集体林改实施《意见》第一条首先明确提出：

"实行集体林权制度改革，把集体林地经营权和林木所有权落实到农户，确立农民的经营主体地位，是将农村家庭承包经营制度从耕地向林地的拓展和延伸，是对农村土地经营制度的丰富和完善。"

中央集体林改实施《意见》第六条指出集体林改的基本原则是"坚持农村基本经营制度，确保农民平等享有集体林地承包经营权"，并提出

---

① 中共中央、国务院《关于加快林业发展的决定》第十一条。
② 中共中央、国务院《关于加快林业发展的决定》第十四条。
③ 中共中央、国务院《关于加快林业发展的决定》第十五条。

要"用 5 年左右时间,基本完成明晰产权、承包到户的改革任务。"(第七条)在此前提下,中央集体林改实施《意见》规定林地承包人可以灵活处置林地承包经营权。《意见》明确指出:

> "在不改变林地用途的前提下,林地承包经营权人可依法对拥有的林地承包经营权和林木所有权进行转包、出租、转让、入股、抵押或作为出资、合作条件,对其承包的林地、林木可依法开发利用。"①②

> "在依法、自愿、有偿的前提下,林地承包经营权人可采取多种方式流转林地经营权和林木所有权。流转期限不得超过承包期的剩余期限,流转后不得改变林地用途。集体统一经营管理的林地经营权和林木所有权的流转,要在本集体经济组织内提前公示,依法经本集体经济组织成员同意,收益应纳入农村集体财务管理,用于本集体经济组织内部成员分配和公益事业。"③

另外,中央集体林改实施《意见》还特别强调,新一轮集体林改应特别注意"防止农民失山失地":

> "在坚持集体林地所有权不变的前提下,依法将林地承包经营权和林木所有权,通过家庭承包方式落实到本集体经济组织的农户,确立农民作为林地承包经营权人的主体地位。对不宜实行家庭承包经营的林地,依法经本集体经济组织成员同意,可以通过均股、均利等其他方式落实产权。村集体经济组织可保留少量的集体林地,由本集体经济组织依法实行民主经营管理。"④

---

① 《中共中央国务院关于全面推进集体林权制度改革的意见》第十一条。
② 不过,2014 年,中央审议通过《关于引导农村土地经营权有序流转发展农业适度规模经营的意见》明确提出实现土地集体所有权、承包权、经营权"三权分置",认为这是引导土地有序流转的重要基础。此外,相关政策规定承包权不能随意流转,能够流转的只有土地经营权。这种政策设计同样适用于农村集体林地。
③ 《中共中央国务院关于全面推进集体林权制度改革的意见》第十五条。
④ 《中共中央国务院关于全面推进集体林权制度改革的意见》第八条。

为了促进林地林木的规范流转，中央集体林改实施《意见》也明确提出要加快林地、林木流转制度建设。《意见》要求，林业部门要建立健全产权交易平台，加强流转管理，依法规范流转，保障公平交易，防止农民失山失地。同时，加强森林资源资产评估管理，加快建立森林资源资产评估师制度和评估制度，规范评估行为，维护交易各方合法权益。

由此可知，在集体林改初期，国家和地方政府的政策设计倾向于以发挥林地经营的经济绩效为导向，但到了2008年集体林改正式推进时，则强调要以保障林改政策实施的公平及社会绩效为优先目标。实际上，无论是福建省、江西省还是国家，都试图在集体林改制度中寻求一种促进集体林地流转的平衡的政策设计，即实现集体林地分散经营和家庭经营均衡发展，以达到林地资源经营的最佳配置。一方面，小农式的家庭制分散经营可以保障集体林权相对均衡公平地配置到广大林农手中，有效防止林农失山失地，有利于实现改革的公平性；另一方面，集体林地的规模化、集约化经营被认为可以提高林地的经济绩效，从而提升集体林地的经营效率。因此，集体林改政策设计试图通过鼓励林地流转来达到这个目标。

和国家集体林改政策设计首先追求集体林权的公平及社会效用目标不同。一般而言，林业部门工作人员大都认为，集体林地应该实行规模经营。如福建集体林改的"排头兵"——三明永安市林业局官员就曾经撰文指出，如果把集体林分到户，会因为规模经营过小，阻碍资本和技术的投入。这位官员认为，我国林地单位面积产出大致只有发达国家的十几分之一，产出过低的基本原因，就是资本和技术的缺乏。为此，他建议集体林地的"地权或土地使用权必须能够流转，并通过这种流转实现林地经营的规模化"。事实上，永安市在实现林地市场化经营方面确实进行了不少先行性探索，包括建立了全国首家推动林地使用权流转的"林业要素市场"（蔡为茂，2006）。

（二）国家林业金融支持制度改革政策演变

国家集体林改的政策主导策略和方针的演变，无疑会对包括林业金融支持制度改革在内的配套改革政策设计产生重大影响，也直接对地方政府推进林业金融支持制度改革产生重要的导向作用。国家及有关部委所出台的一系列政策文件不仅是地方政府推进林业金融支持制度改革工作的指导蓝本，也是金融部门开展林业金融支持工作的主要政策依据。

事实上，在集体林改实施前的20世纪90年代，金融部门即开始对林业发展给予多方面的发展支持。据了解，国家实行投融资体制改革，包括建设银行、国家开发银行等金融机构从20世纪90年代初期开始涉及林业部门。只不过，早期的林业金融信贷资金主要投向林业企业和森林工业部门，且不良贷款比例较高（穆叶久，2004）。与此同时，包括世界银行在内的一些国际金融机构也对中国的造林项目给予信贷支持，但这类贷款有很强的政策性信贷支持色彩。这两类林业金融支持政策都给当前的林业金融支持制度改革留下了复杂多样的遗产，并对当前的林业金融政策制度设计和实施产生了多方面的影响。在后文的案例分析中，我们会呈现这样的案例。

前文已经提到，如果集体林改是以追求林地经营的市场化、集约化、规模化为目标，则林业金融支持制度改革显得更有必要，毕竟林地经营大户和林业企业对林业贷款的需求比普通的小户林农需求要高得多。况且，站在金融部门的立场来看，开展林权抵押贷款、森林保险、资产评估和担保等工作，本身也要有规模效益，而小户林农的贷款需求显然无法满足它们的规模化需求。实际上，与国家顶层林改政策导向转变有关，国家有关部委及金融监管部门的中观政策设计也与国家宏观政策指导的转变密切关联。

自集体林改实施后，为了配合推进国家的林改决策，有关部门先后制定发布了一系列的配套改革政策文件。2007年7月1日，为了推进集体林改顺利实施，财政部和国家林业局联合出台了《森林资源资产评估管理暂行规定》（财企〔2006〕529号）文件，强调要加强森林资源资产评估管理工作，防止在林改中出现国有森林资源资产流失现象。2008年集体林改在全国全面实施后，2009年5月，中国人民银行、财政部、银监会、保监会、国家林业局等国家五部门联合发布《关于做好集体林权制度改革与林业发展金融服务工作的指导意见》（银发〔2009〕170号），这是集体林改实施后国家林业主管部门和金融监管部门联合制定出台的首个重要的政策指导文件。该文件的发布实施，对于推进林业金融支持力度和广度产生了直接而重要的影响。《指导意见》明确要求，要采取各种方式，切实加大对林业发展的有效信贷投入：

"在已实行集体林权制度改革的地区，各银行业金融机构要积极开办林权抵押贷款、林农小额信用贷款和林农联保贷款等业务。充分利用财政贴息政策，切实增加林业贴息贷款、扶贫贴息贷款、小额担保贷款等政策覆盖面。对于纳入国家良种补贴的油茶林等林木品种，各金融机构要积极提供信贷支持。稳步推行农户信用评价和林权抵押相结合的免评估、可循环小额信用贷款，扩大林农贷款覆盖面。鼓励开展林业规模化经营，鼓励林农走"家庭合作"式、"股份合作"式、"公司＋基地＋农户"式等互助合作集约化经营道路，鼓励把对林业专业合作组织法人授信和对合作组织成员授信结合起来，探索创新"林业专业合作组织＋担保机构"信贷管理模式与林农小额信用贷款的结合，促进提高林业生产发展的组织化程度以及借款人的信用等级和融资能力。"

与此同时，银发〔2009〕170号文件还明确强调：鼓励符合条件的林业产业化龙头企业通过债券市场发行各类债券类融资工具，募集生产经营所需资金。鼓励林区从事林业种植、林产品加工且经营业绩好、资信优良的中小企业按市场化原则，发行中小企业集合债券。

在贷款期限方面，银发〔2009〕170号文件明确提出：银行业金融机构应根据林业的经济特征、林权证期限、资金用途及风险状况等，合理确定林业贷款的期限，林业贷款期限最长可为10年，而速生林、油茶、竹林、能源林基地建设等及后续产业发展可达15年至20年。至于具体期限，可由金融机构与借款人根据实际情况协商确定。

而在贷款利率方面，银发〔2009〕170号文件也进行了明确的规定：银行业金融机构应根据市场原则合理确定各类林业贷款利率。对于符合贷款条件的林权抵押贷款，其利率一般应低于信用贷款利率；对小额信用贷款、农户联保贷款等小额林农贷款业务，借款人实际承担的利率负担原则上不超过中国人民银行规定的同期限贷款基准利率的1.3倍。银发〔2009〕170号文件同时要求，各级财政要加大贴息力度，充分发挥地方财政资金的杠杆作用，逐步扩大林业贷款贴息资金规模。

在开展林业担保方面，银发〔2009〕170号文件也作出了新规定：国家鼓励各类担保机构开办林业融资担保业务，大力推行以专业合作组织为主体，由林业企业和林农自愿入会或出资组建的互助性担保体系。银行业金融机构应结合担保机构的资信实力、第三方外部评级结果和业务合作信用记录，科学确定担保机构的担保放大倍数，对以林权抵押为主要反担保措施的担保公司，担保倍数可放大至10倍。鼓励各类担保机构通过再担保、联合担保以及担保与保险相结合等多种方式，积极提供林业生产发展的融资担保服务。

作为林业金融支持制度的重要组成部分之一，银发〔2009〕170号文件同时强调指出，要积极探索建立森林保险体系。保险公司要在承保森林险时要坚持"保障适度、林农承担保费低廉、广覆盖"的原则，遵循政府引导、政策支持、市场运作、协同推进的原则，积极开展森林保险业务。但《指导意见》对于具体的保费没有进行明确规定，只是提出"在保险费率厘定中要充分考虑到林业灾害发生的机率和强度的差异性，设置不同的保险费率"。

另外，银发〔2009〕170号文件还提出，要积极营造有利于金融支持集体林改与林业发展的政策环境，具体举措包括：

（1）加大人民银行对林区中小金融机构再贷款、再贴现的支持力度。银发〔2009〕170号文件要求，对林业贷款发放比例高的农村信用社等县域存款类法人金融机构，可根据其增加林业信贷投放的合理需求，通过增加再贷款、再贴现额度和适当延长再贷款期限等方式，提供流动性支持。

（2）鼓励和支持各级地方财政安排专项资金，增加林业贷款贴息和森林保险补贴资金，建立林业贷款风险补偿基金或注资设立或参股担保公司，由担保公司按照市场运作原则，参与林业贷款的抵押、发放和还贷工作。

（3）林业主管部门要认真做好森林资源勘界、确权和登记发证工作，保证林权证的真实性与合法性。要加强森林资源资产评估和林木、林地经营权依法流转管理。各林权证登记管理部门要简化林权证办理手续，降低相关收费。要采取有效措施维护银行合法债权，对在抵押贷款期间所抵押的林木，未经抵押权人同意不予发放林木采伐许可证、不予办理林木所有权转让变更手续；贷款逾期时，积极协助金融机构做好抵押林权的处置工作。加快建立林权要素交易平台，加强森林资源资产评估管理，大力推进林业专业评估机构、担保机构和森林资源收储机构建设，为金融机构支持林业发展提供有效的制度和机制保障。

国家五部门银发〔2009〕170号文件的实施对于推动和促进全国林业金融支持制度改革发展起到了非常大的促进作用。为了推动该政策文件的实施，2009年，国家林业局发布《关于切实加强集体林权流转管理工作的意见》（林改发〔2009〕232号）文件要求：为完善林业融资环境，改变林权抵押贷款难的状况，各地林业主管部门要采取有效措施，积极协助金融机构降低因开展林权抵押贷款、森林保险等业务带来的风险，做好抵押林权处置的服务工作和林地林木权属抵押登记管理工作。《意见》同时指出，各地林业部门要积极探索建立林权收储中心、林业专业性担保公司等，化解林权融资风险，促进林业金融服务持续健康发展。

各地在开展林权抵押贷款的过程中，也暴露出不少新的与已有制度不相适应的新问题，这样反过来又形成一种倒逼机制，促进新的政策创新。银发〔2009〕170号实施4年之后，根据集体林改政策实施和林业金融支持制度实施中面临的新形势，2013年7月18日中国银监会、国家林业局联合发布《关于林权抵押贷款的实施意见》（银监发〔2013〕32号）以下简称《实施意见》，《实施意见》全文共34条。和2009年五部门联合发布的银发〔2009〕170号文件相比，银监发〔2013〕32号在政策设计方面进行了多方面的创新和突破，主要表现在以下几个方面：

（1）对林权抵押贷款中的可抵押的"林权"的产权权利首次进行了明确而严格的规定和限定。《实施意见》第一条明确指出：

"银行业金融机构要积极开展林权抵押贷款业务，可以接受借款人以其本人或第三人合法拥有的林权作抵押担保发放贷款。可抵押林权具体包括用材林、经济林、薪炭林的林木所有权和使用权及相应林地使用权；用材林、经济林、薪炭林的采伐迹地、火烧迹地的林地使用权；国家规定可以抵押的其他森林、林木所有权、使用权和林地使用权。"

出于降低风险的考虑，《实施意见》同时对无法抵押的林权产权权利进行了明确限定。该《实施意见》第九条明确指出，银行业金融机构不应接受无法处置变现的林权作为抵押财产，包括水源涵养林、水土保持林、防风固沙林、农田和牧场防护林、护岸林、护路林等防护林所有权、使用权及相应的林地使用权，以及国防林、实验林、母树林、环境保护林、风景林，名胜古迹和革命纪念地的林木，自然保护区的森林等特种用途林所有权、使用权及相应的林地使用权。

为了避免产生林权抵押的权利纠纷，《实施意见》第十条还规定，以农村集体经济组织统一经营管理的林权进行抵押的，银行业金融机构应要求抵押人提供依法经本集体经济组织2/3以上成员同意或者2/3以上村民代表同意的决议，以及该林权所在地乡（镇）人民政府同意抵押的书面证明；林业专业合作社办理林权抵押的，银行业金融机构应要求抵押人提供理事会通过的决议书；有限责任公司、股份有限公司办理林权抵押的，银行业金融机构应要求抵押人提供经股东会、股东大会或董事会通过的决议或决议书。此外，《实施意见》第十五条还规定，对已取得林木采伐许可证且尚未实施采伐的林权抵押的，银行业金融机构要明确要求抵押人将已发放的林木采伐许可证原件提交银行业金融机构保管。林权抵押期间，未经抵押权人书面同意，抵押人不得进行林木采伐。

（2）对林权抵押贷款的操作程序作出了新的更加详细的规定。《实施意见》要求：银行业金融机构应根据林权抵押贷款的特点，规定贷款审批各个环节的操作规则和标准要求，做到贷前实地查看、准确测定，贷时审贷分离、独立审批，贷后现场检查、跟踪记录，切实有效防范林权抵押贷款风险。而各级林业主管部门应完善配套服务体系，规范和健全林权抵押登记、评估、流转和林权收储等机制，协调配合银行业金融机构做好林权抵押贷款业务和其他林业金融服务。

（3）对林权抵押贷款的期限作出了新规定。国家五部门银发〔2009〕170号文件规定林业贷款的期限最长可为10年，而《实施意见》第十三条明确要求：银行业金融机构要根据借款人的生产经营周期、信用状况和贷款用途等因素合理协商确定林权抵押贷款的期限，贷款期限不应超过林地使用权的剩余期限。贷款资金用于林业生产，贷款期限要与林业生产周期相适应。由此可以看出，和动辄生长周期达数十年的林木相比较，新的《实施意见》实际上等于延长了林业贷款期限。

（4）对林权抵押贷款的评估制度作出了新的调整。和以往的政策文件相比，《实施意见》意图降低小户林农的评估成本。《实施意见》第十四条要求：银行业金融机构开展林权抵押贷款业务，要建立抵押财产价值评估制度，对抵押林权进行价值评估。对于贷款金额在30万元以上（含30万元）的林权抵押贷款项目，抵押林权价值评估应坚持保本微利原则、按照有关规定执行；具备专业评估能力的银行业金融机构，也可以自行评估。对于贷款金额在30万元以下的林权抵押贷款项目，银行业金融机构要参照当地市场价格自行评估，不得向借款人收取评估费。

（5）林权抵押贷款中约定抵押林业资产保值。为了降低金融部门的风险，《实施意见》首次提出：银行业金融机构要在抵押借款合同中明确，抵押财产价值减少时，抵押权人有权要求恢复抵押财产的价值，或者要求借款人提供与减少的价值相应的担保。借款人不恢复财产也不提供其他担保的，抵押权人有权要求借款人提前清偿债务。《实施意见》第二十六条则强调：银行业金融机构要严格履行对抵押财产的贷后管理责任，对抵押财产定期进行监测，做好林权抵押贷款及抵押财产信息的跟踪记录，同时督促抵押人在林权抵押期间继续管理和培育好森林、林木，维护抵押财产安全。《实施意见》第二十七条进一步规定：抵押财产发生自然灾害、市场价值明显下降等情况时，要及时采取补救和控制风险措施。

（6）对林权登记抵押的时间作出了限制性规定。《实施意见》第二十条要求：林权登记机关受理抵押登记申请后，对经审核符合登记条件的，登记机关应在10个工作日内办理完毕。对不符合抵押登记条件的，书面通知申请人不予登记并退回申请材料。办理抵押登记不得收取任何费用。

（7）对贷款违约林业抵押资产处置作出了新的明确规定。为了进一步保障和降低金融部门的风险，《实施意见》第三十条规定：贷款到期后，借款人未清偿债务或出现抵押合同规定的行使抵押权的其他情形时，可通过竞价交易、协议转让、林木采伐或诉讼等途径处置已抵押的林权。通过竞价交易方式处置的，银行业金融机构要与抵押人协商将已抵押林权转让给最高应价者，所得价款由银行业金融机构优先受偿；通过协议转让方式处置的，银行业金融机构要与抵押人协商将所得价款由银行业金融机构优先受偿；通过林木采伐方式处置的，银行业金融机构要与抵押人协商依法向县级以上地方人民政府林业主管部门提出林木采伐申请。《实施意见》第三十一条进一步规定,银行业金融机构因处置抵押财产需要采伐林木的,采伐审批机关要按国家相关规定优先予以办理林木采伐许可证,满足借款人还贷需要。

由此可以看出,和银发〔2009〕170号文件相比,2013年新发布的银监发〔2013〕32号《实施意见》针对各地在开展林权抵押贷款中出现的新情况新问题,就如何保障金融部门利益调动金融部门开展相关业务积极性以及降低小户林农贷款成本方面作出了新的政策创新和探索,对于进一步建立健全林业金融支持制度无疑能够发挥更好的导向作用。

(三) 林业贷款财政贴息政策实施

作为林业金融支持制度的重要组成部分,我国还从公共财政角度对林业金融支持制度实施给予扶持,包括实行林业贷款财政贴息政策、对林业专业合作社示范社、重点林业项目给予项目扶持等,尤以林业贷款财政贴息政策作用更为重要。在这方面,国家有关部门也先后出台了几个重要的政策文件。

国家最早出台的涉林财政贴息政策是财政部2002年发布的《林业治沙贷款财政贴息资金管理规定》(财农〔2002〕137号),但这个政策只是专门针对林业治沙贷款政策,其他林业生产则没有纳入贴息政策扶持范围。2005年5月24日,财政部废止财农〔2002〕137号,并和国家林业局联合发布了《林业贷款中央财政贴息资金管理规定》(财农〔2005〕45号)文件,开始实行林业贷款中央财政贴息政策。按照新的《管理规定》,国家决定四类林业经营项目发放贷款贴息:(1)林业龙头企业以公司带基地、基地连农户的经营形式,立足于当地林业资源开发、带动林区、沙区经济发展的种植业、养殖业以及林产品加工业贷款项目;(2)各类经济实体营造的具有一定规模、集中连片的工业原料林贷款项目;(3)国有林场(苗圃)、集体林场(苗圃)、森工企业为保护森林资源,缓解经济压力开展的多种经营贷款项目;(4)林农和林业职工个人从事的林业资源开发和林产品加工贷款项目。

财农〔2005〕45号文件同时对林业贷款中央财政贴息率不同的贷款利率分三个档次进行了明确规定:当金融机构一年期贷款利率为3%(含)—5%时,中央财政对地方单位和个人使用的林业贷款项目,按年利率1.5%给予贴息。①当金融机构一年期贷款利率为5%（含）—7%时，中央财政对地方单位和个人使用的林业贷款项目，按年利率2%给予贴息。②当金融机构一年期贷款利率高于7%（含）时，中央财政对地方单位和个人使用的林业贷款项目，按年利率3%给予贴息。③

财农〔2005〕45号文件还对国家财政贷款贴息的年限作出了规定，即各类经济实体营造的具有一定规模、集中连片的工业原料林以及种植业林业贷款项目，中央财政贴息期限为3年，其余林业贷款项目贴息期限为2年。

时隔4年之后，2009年9月23日，为了贯彻落实中共中央、国务院《关于全面推进集体林权制度改革的意见》和中央林业工作会议精神，充分发挥林业贷款（包括林业小额贷款）中央财政贴息资金在推进集体林改、拓宽林业融资渠道等方面的重要作用。财政部、国家林业局等部门修订了2005年的《管理规定》，重新发布新的《林业贷款中央财政贴息资金管理办法》（财农〔2009〕291号文件）。和2005年的《林业贷款中央财政贴息资金管理规定》相比，新《办法》除继续保留原有的各项优惠政策以外，还在扩大贴息范围、提高贴息率、延长贴息期限、简化申报程序、保证贴息政策的连续性等几个方面有了新的突破：

（1）扩大了国家财政贴息的范围。一是新的《管理办法》扩大了金融机构贴息的范围。除了规定各类银行（含农村信用社）发放的林业贷款予以贴息，新《管理办法》首次将2008年才开始试点的小额贷款公司等非银行业金融机构视同为金融机构，并把其发放的林业贷款纳入贴息范围。二是扩大了林业贷款项目贴息的对象。新《管理办法》规定除继续对林业龙头企业和林农个人种植业、养殖业和林产品加工贷款以及林场苗圃、森工企业多种经营贷款贴息以外，还将各类经济实体营造的木本油料经济林和沙区、石漠化地区的种植业贷款纳入了财政贴息范围。三是把森

---

① 但对大兴安岭林业集团公司和新疆生产建设兵团贷款项目，以及中国林业国际合作集团公司的工业原料林贷款项目，按年利率3%给予贴息。
② 在这档利率范围内，国家财政对大兴安岭林业集团公司和新疆生产建设兵团贷款项目，以及中国林业国际合作集团公司的工业原料林贷款项目，按年利率4%给予贴息。
③ 在这档利率范围内，中央财政对大兴安岭林业集团公司和新疆生产建设兵团贷款项目，以及中国林业国际合作集团公司的工业原料林贷款项目，按年利率6%给予贴息。

林生态旅游项目也纳入了财政贴息范围,包括把自然保护区和森林公园开展的森林生态旅游项目纳入了贴息范围。

(2) 提高了财政贴息率。原《管理规定》规定的中央财政资金贴息率视中国人民银行规定的1年期贷款基准利率3%—5%、5%—7%、7%以上的变动情况相应确定1.5%、2%和3%的贴息率,而新《管理办法》规定的中央财政资金贴息率固定为3%,这是财政部目前规定的贴息率最高限度。这对于各类林业经营者而言,无疑又是一个重大政策。

(3) 延长了财政贴息期限。原《管理规定》规定造林等种植业林业贷款贴息期限为3年以外,林业龙头企业的加工、养殖项目和林场苗圃、森工企业多种经营项目贷款的贴息期限最长为2年。新《管理办法》除继续对造林等种植业林业贷款项目实行3年的贴息期以外,对林业龙头企业的加工、养殖项目和林场苗圃、森工企业多种经营项目贷款的贴息期限也延长到3年。同时,为大力扶持集体林权制度改革后林农积极利用贴息贷款开展造林,新《管理办法》第六条明确规定:"林业贷款期限3年以上(含)的,贴息期限为3年;林业贷款期限不足3年的,按实际贷款期限贴息。对农户和林业职工个人营造林小额贷款,适当延长贴息期限。贷款期限5年以上(含)的,贴息期限为5年;贷款期限不足5年的,按实际贷款期限贴息。农户和林业职工个人营造林小额贷款是指在贴息年度内(上年10月1日至当年9月30日,下同)累计额小于30万元(含)的营造林贷款。"

(4) 强化了省级的管理权限和责任。为充分调动地方林业和财政部门管好用好林业贴息贷款的积极性,本着从实际出发和责权统一的原则,新《管理办法》将林业贷款项目的选择权和中央财政贴息资金的审核管理权下放到省级林业和财政主管部门,大大增强了省级林业和财政主管部门的责任。另外,新的《管理办法》强调了地方配套政策,明确要求地方财政比照新《办法》建立相应的财政贴息政策,所需贴息资金由当地财政预算安排。

二 金融部门的林业金融支持政策执行

我国林业金融支持制度政策的制定和实施涉及三个不同性质的部门,

一是包括国家林业局、财政部等国家行政职能部门；二是包括中国人民银行、银监会、保监会等金融行业监管机构；三是包括农业银行、农村信用社、保险公司等在内的商业金融机构。这三类部门在执行林业金融支持政策时，本身有不同的目标和利益追求。其中国家林业局、财政部等国家行政部门决策的目的是服务于公共政策目标，而银行、保险公司则是纯粹的商业机构组织，它们执行国家林业金融政策，首要目标是追求市场利益。作为相对独立的市场经营主体，银行和保险机构会趋利避害，在执行国家林业金融支持政策时，会采取符合自身商业利益的行动，而不完全是按照相关行政部门制定的政策文本行事。

虽然国家金融监管部门出台了一系列的关于推进林业金融工作发展的政策指导意见，但各金融机构在执行国家相关政策文本时往往会从自身经营风险控制和规避的角度，"因地制宜"地作出一些新的规定和限制。

以对林权抵押贷款政策支持力度最大的农业银行为例。2011年发布的《中国农业银行林权抵押贷款管理办法（试行）》规定，各地农业银行在开展林权抵押贷款时，其贷款期限应根据林权抵押借款人第一还款来源、现金流状况、贷款用途和拟抵押林权评估情况，合理确定贷款额度、期限和还款方式。其中贷款期限超过1年的，应采取分期还款方式，但贷款期限最长不超过10年（含）。同时抵押担保的期限应短于林权流转合同约定使用年限1年（含）以上；属于承包、租赁、出让的，抵押担保期限应短于剩余承包、租赁、出让年限1年（含）以上。

在抵押率方面，农业银行也作出了明确规定，要求林权抵押贷款的抵押率应综合考虑借款人的资信状况、偿债能力、贷款期限，并根据不同的树种、树龄及所抵押林权变现难易程度等因素合理确定，但最高不超过抵押林权评估价值的50%。农业银行明确规定：以林权作为抵押时，其林地使用权应同时抵押，且抵押期间不得改变林地的属性和用途。幼龄林不能单独用于抵押。农业银行不单独接受林地使用权的抵押。

与此同时，农业银行总行还规定，贷款人申请贷款时要提供"林木资源保险单（一级分行规定不需办理保险的除外）"。换言之，如果借款人没有为自己的林地林业资产投保，金融部门将不予发放林权抵押贷款。

事实上，正如我们在后文将要详细探讨的，基层金融部门在具体执行林权抵押贷款政策时，多半会根据自身的经营风险考虑，再次做出一些地方性的限制。总体而言，国家顶层的林业金融支持政策设计，在具体执行过程中会"大打折扣"，甚至可能出现"上有政策、下有对策"的情况。有的地方甚至以当地存在的种种障碍为由，拒绝开展林业金融支持制度，实施工作。

第四章 林权抵押贷款制度改革及实施

国家顶层设计的林业金融政策在执行过程中,其执行效力与地方政府的参与和执行力度有很大关联。为了贯彻落实国家关于发展林业金融支持的政策,各地均出台了一些地方性的政策实施意见。其中省级地方政府往往会出台相应的实施意见,结合本地的实际情况,提出更为具体的政策举措。有的县级政府也会根据本地的实际情况,因地制宜地执行上级政府的决策。与此同时,各地的金融部门也会根据自身的判断,在是否提供林业金融服务以及如何提供林业金融支持服务方面作出具体的选择。

集体林改中林业金融制度的实施,其主要的目的是如何更好地让林农的山林资源转变为山林资产,进而转变为山林资本,乃至变现为山林资金,这点也恰恰是集体林改超越耕地承包制改革的主要特点之一。本章先对全国林权抵押贷款的整体实施情况进行分析,然后再对福建、浙江、江西和云南等林权抵押贷款实施情况较好的省份的政策实施情况进行简要的叙述和讨论。在此基础上再从县(市)中观视角出发,对林权抵押贷款政策执行情况作进一步的评估分析和探讨。

一 林权抵押贷款总体进展情况

自集体林改中实施林权抵押贷款政策至今,金融部门发放的林权抵押贷款取得了突破性进展。国家林业局林改司统计数据显示,截至 2012 年底,全国银行业金融机构涉林贷款余额达 1800.1 亿元,其中林权抵押贷款余额达 498.3 亿元。抵押贷款的林地总面积达 3850 万亩,平均每亩贷款值近 1400 元。在所有抵押贷款的山林面积中,属于林农抵押贷款的面积为 2188 万亩,抵押贷款金额为 260 亿元。

归纳起来，目前全国的林权抵押贷款实践大致有六种模式：

第一种是"金融机构＋担保机构＋农户"模式。一般大额的林权抵押贷款多采用这种模式。该模式是指借款人以林权证作为抵押，向乡镇信用联社等金融机构申请贷款，担保机构为借款人进行贷款担保。金融部门发放贷款的同时，担保公司履行贷款担保责任，暂押借款人的林权证直至其归还本息，并按照贷款额收取一定比例的担保费。

第二种是林农小额循环贷款模式。这种贷款模式无需担保，而是以银行评定的借款人信用等级与贷款限额为依据，借款人凭银行发放的贷款证到银行营业网点办理贷款，并由银行建立小额循环贷款档案。如浙江丽水、衢州等地的小额林权抵押贷款多采取这种模式。它是在结合农村信用评级的基础上，以林权提供最高额贷款担保，采取"集中评定、一次登记、随用随贷、余额控制、周转使用"的管理办法，简化了贷款手续，提高了林农小额贷款授信额度。除此之外，还有一种林农小额循环贷款模式，即用林权直接抵押贷款。它是指对于权属清晰、管理规范、市场价值高、易流转变现的林权，借款人以其依法拥有的林权直接向银行抵押贷款。这种模式主要是适用于具有较大额资金需求的林农。目前浙江庆元县、龙泉市等地开展林权抵押贷款地区就主要采取这种模式。总体而言，小额林权抵押贷款模式因其有效并且贷款手续简单等原因，受到林农普遍欢迎。

第三种是"金融机构＋保险机构＋农户"模式。这一模式的特点是借款人在贷款过程中无第三方担保机构参与，而将所抵押森林资源资产进行保险，将保险公司纳入抵押贷款体系。实践中，这种模式较为少见。

第四种是"金融机构＋民间林业专业合作社或联合组织＋农户"模式。该模式是政府通过鼓励民间成立以村庄精英、林业大户、林业生产者和普通林农等组成的合作社或联合组织，使其发挥拥有乡村熟人关系的优势，为借款人提供担保，从而降低银行贷款风险。如浙江庆元县就开展了以专业合作社为林权抵押贷款提供担保的业务，这种模式不但解决了林农贷款担保难的问题，还为合作社发展注入了新的活力。

第五种是林权反担保贷款模式。主要是银行按收储中心注册资本金的一定倍数确定其担保贷款的最高限额和单笔担保贷款的最高限额，借款人以其依法拥有的林权向收储中心提供反担保。此种贷款模式可以有针对性地解决林业龙头企业和林业专业户的资金需求问题。在实际操作中，这种模式因为需要建立在相对专业的森林收储中心等配套平台的基础上，因而开展这种贷款模式也不多见。目前在福建省有17个县（市）开始尝试这种贷款模式。该省还在2015年建立了省级林业收储中心。此外，浙江丽水地区也有开展这类贷款业务。

第六种是"民间借贷人+农户"或"民间借贷人+民间担保人+农户"模式。该模式也较为少见。不同于前五类带有政府主导性质的贷款模式，这种模式是由民间借贷双方自主交换达成的交易，通常是农民将林地或林木的使用权、收益权等抵押给民间放贷人，从而获得资金的行为。这一模式具有非正式性和地方性特色，属于一种民间林权抵押贷款融资模式，金融机构没有直接参与和介入贷款程序。如浙江庆元县就存在这种非正式制度的林权抵押贷款模式。据说，通过这种形式，民间信贷机构发放的贷款额度达数百万元。

在本研究课题组重点调查的福建、浙江、江西、湖南、云南等5省中，其中福建、云南、浙江、江西等4省算是林权抵押贷款开展的比较好的省份。这不仅体现在这些省份实际发放的林权抵押贷款金额较多，更体现在这些省份的主管部门在执行国家政策时较为重视，并出台了一些地方性的林业金融支持政策实施意见。政策执行力度的加强，自然也体现在政策实施的成效上。

（一）福建省林权抵押贷款进展情况

福建省是全国新集体林权制度改革先行先试验区，在探索实施林业金融支持制度改革方面也始终走在全国前列。该省2003年在全国率先开展了以"明晰产权、放活经营权、落实处置权、确保收益权"为主要内容的集体林权制度改革，2006年又率先推进综合配套改革。作为南方重点集体林区，福建省森林覆盖率达65.95%，居全国第一，其中集体林面积达1.224亿亩，占全省林地总面积的90%。天时地利决定了福建省在林业金融支持制度改革方面始终居于全国领先地位。

作为全国集体林改的第一个也是最重要的试点省份，福建省的林业金融制度改革是作为集体林改的配套改革举措而实施的。据了解，2004年，福建省的集体林改的典型市——永安市即针对林改后林农持有的林权证如何盘活、变现，将林木产权由资产转变为资本的现实需要，于当年5月与本市农村信用社联合开展了林权证抵押贷款工作试点，发放了全省首批林权证抵押贷款110万元，由此被认为开创了全国林权抵押贷款探索的先例。① 在此之后，福建省的林权抵押贷款工作稳步开展。截至2012年，全省累计发放各类林业贷款124.34亿元，其中林权证抵押贷款11.84亿元，林业小额贴息贷款9.21亿元（福建省林业厅，2013）。不过，和其他省份相似，福建省小额林权抵押贷款所占比例较低，不超过贷款总数的10%。②

2004年，在福建省林业厅指导下，永安市于2004年12月与国家开发银行合作开展了《永安市林业贷款信用平台建设》项目。该项目以永安市国投公司为借款主体向国家开发银行申请贷款，以市农村信用社为委托代理机构，在全市全面开展了林权证抵押贷款业务。2005年7月，永安市全面推行林权抵押贷款，此模式因此被称为林权抵押贷款的"永安模式"。

永安市在探索林权抵押贷款时，进行了多方面的创新性尝试：一是推广林农联户联保贷款。由农村信用社对联保小组成员提供免评估、免担保的林业联保贷款；二是出台贷款贴息扶持政策。通过向省、国家争取项目支持和贴息补助，为林农与林产加工企业争取到位专项贴息；三是扩大商业银行参与面。除早期进入的国家开发银行、农村信用社外，其他商业银行也陆续开展森林资源资产抵押贷款；四是成立林地林木收储中心，以解除商业银行对抵押贷款可能存在的风险的担忧。

在近年的探索和实践中，福建省大致形成了五种林权抵押贷款模式，即单户直接林权抵押贷款、联户联保林权抵押贷款、信用基础上的林权抵押贷款、协会担保林权证抵押贷款以及合作经济组织、经营大户或企业林权抵押贷款（杨云，2008）。其中大户林权抵押贷款和联户联保林权抵押贷款基本是建立在农村信用贷款基础上，贷款手续相对简单便利，贷款的金额多在数万元至二十万元之间，而大户、合作社以及林业企业的林权抵押贷款则要求经过严格的森林资源资产评估、担保等程序，贷款的额度也

---

① 其他省市如浙江等大都是在2007年发放第一笔林权抵押贷款。
② 这个信息是课题组调查员2010年7月15日在福建省林业厅访谈产业处的某调研员时所得。

相对更高。

按照国家相关政策规定,在开展林权抵押贷款过程中,符合规定的林业生产和经营项目可以享受国家财政和地方政府财政贴息政策。福建省在这方面也进行了探索。对于小户林农而言,申请小额林权抵押贷款能否获得中央和地方政府财政贴息或优惠取决于林农如何运用他们的贷款,且可能每个年度扶助的领域不一样。例如,2012年永安市的林业小额贴息贷款扶持政策对扶持对象进行了规定:该年度林业小额贷款中央财政贴息重点扶持林农个人在2011年10月至2012年9月期间发放的贷款,且从事林竹资源培育的贷款项目,包括工业原料林、竹林、经济林培育项目。随着2009年《林业贷款中央财政贴息资金管理办法》有关规定的实施,永安市也将农户个人造林小额贷款的额度提升到"当年贷款累计金额小于30(含)万元"。其他贴息政策方面则是按照中央的相关规定进行实施:贴息标准按年贴息率3%给予贴息;贴息时限最长5年(按年度申报)。不足5年的,按实际贷款期限贴息。

从林权抵押贷款政策实施效果来看,相关监测报告结果显示,福建省面临的主要问题是林权贷款审批程序复杂,普通农户获取贷款难度大。该省目前能够申请到林权抵押贷款的主要为林业大户、各类林业合作组织和林业企业,普通小户林农往往很难申请到,这主要是由于小户林农承包经营的林地面积小、银行发放这类贷款的业务成本太高。而从林农自身的申请意愿来看,据国家林业局"集体林权制度改革监测"项目组的监测调查表明,有35.05%的农户想申请林权抵押贷款,但是由于各方面原因导致普通林农申请林权抵押贷款相当困难(国家林业局"集体林权制度改革监测"项目组,2013:76)。

(二)江西省林权抵押贷款实施情况

江西省是南方集体林区重点林业省份,也是2004年仅次于福建省之后的集体林改试点省份。当年2月,江西省开始试点推进集体林改。2006年年底,江西全省基本完成以"明晰产权、分山到户"为核心内容的主体阶段的改革任务。2007年之后,该省开始推进以加强林业社会化服务、完善林木采伐管理、规范林权流转、建立支持集体林业发展的公共财政制度和推进林业投融资改革为主要内容的配套改革("集体林权制度改革监测"项目组，2012a），开始大力推进林权抵押贷款政策实施。

2005年年底，江西省首先在铜鼓县实施林权抵押贷款政策试点，试点范围随后扩大到崇义县、遂川、德兴等县。2008年，该省林权抵押贷款政策在全省全面铺开。总体而言，江西主要有五种林权抵押贷款模式，包括林权直接抵押贷款、小额贷款、担保贷款、联保贷款和林业企业贷款等（姜林、曾华峰，2009；刘家顺、张升，2009）。

根据国家相关的林权抵押贷款政策精神，江西省结合自身的情况对林权抵押贷款的用途等做了相应的改进。从《中国银行股份有限公司江西省分行江西省林业厅关于积极开展林权抵押贷款业务的意见》中可以看出。首先，江西省放宽了林权抵押贷款的用途，允许借款人将林权抵押贷款获取的资金用于生产或消费等各种合法领域，而国家规定只能限定在林业生产和服务领域，这点是江西省林业金融支持改革的一大新尝试；其次，结合林木种类、成熟程度等情况，江西省对林木抵押率设立分类标准，设定的抵押率最高可达到评估的60%，这种做法和云南省基本相似；再次，科学确定贷款期限和利率。该省规定，在贷款期限设定上，不但要与林业生产周期相匹配，而且要综合考虑贷款资金用途、林权证规定的林地使用期限、借款人还款能力等情况，"由中国银行各具体经办机构与借款人根据实际情况协商"，合理确定每笔贷款的具体期限。最后，江西省还改进了还款方式等，要求金融机构提供"灵活多样"的还款方式。

和其他省份不同，2010年6月，江西省在全国率先组建区域性的南方林业产权交易所。截至2011年，该所已完成森林资源交易金额2.05亿元，交易范围辐射到江西省周边的7个省份（自治区）。全省林权抵押贷款余额达到33亿元。其次，该省设立了省级林业担保公司。截至2011年年底，该公司累计为120家林业企业提供贷款担保，担保总额达3.89亿元。

（三）浙江省林权抵押贷款实施情况

浙江省的省情属"七山一水两分田"，该省也是国家林业局确定的深化集体林改的试点省份之一。从2006年初开始，浙江省开展了以"延长山林承包期、换发林权证、规范林权流转"为主要内容的集体林权制度改革工作，成为全国开展集体林改的先行试点省份之一，被认为是全国林改"最彻底"的省份。事实上，和20世纪80年代初期福建省林业"三定"被紧急叫停不同①，当时浙江省即紧随家庭联产承包责任制之后。根据中共中央、国务院《关于保护森林发展林业若干问题的决定》，从1981年6月起，推进以稳定山林权、划定自留山和确定林业生产责任制的林业"三定"为主要内容的林业改革，将"分田到户"翻版实施到集体林地山林上，基本形成"均山到户"格局。由于该省的林业"三定"政策实施较为彻底，并没有像福建等省份将分下去的山收回或是像有些省份持观望态度，匆匆收尾或是根本就没有分下去。2006年集体林改实施过程中，浙江省各地普遍是把林农"三定"时期承包的山林延续下去，并没有重新调整确权。但在集体林改中，浙江全省把林地承包期限统一延长到50年，即至2055年。②

和其他省份不同，浙江省民营经济发达，不仅整体经济发展水平较高，其金融体制创新也较活跃，这点同样体现在林业金融支持制度改革和发展上。浙江省的林权抵押贷款工作起步相对较早。2006年初，人民银行杭州中心支行、浙江省林业厅、省农信联社在本省5个试点地区③推动开展林权抵押贷款试点工作。2006年9月前，全省发生过森林资源资产抵押贷款业务的仅安吉、江山两县（市），共发放贷款14笔，涉及农户12户，分别以山林作抵押、期限权仅为1年。在实务操作中，农信社实际上是基于信用贷款的处置方式办理的。在此之后，浙江省开始加快推进这项工作。2007年，浙江全省共办理森林资源资产抵押贷款业务546笔，发放贷款总额9636万元。2008年4月，浙江省政府发布《关于金融服务"三农"发展的意见》，强调要进一步加快推进林权抵押贷款工作，积极稳妥地开展以森林资源资产抵押为核心的金融服务创新，完善贷款管理办法和操作规程等。《意见》强调要通过发放农民林业专业合作社贷款、农户联保贷款和小额贷款，提高林农直接贷款比例（韩国康，2010）。

---

① 福建省在开展稳定山林权、划定自留山和确定林业生产责任制的林业"三定"改革工作时，因引发了百姓乱砍滥伐现象而被紧急叫停，因此该省的林业"三定"最终没有完全贯彻落实。

② 2010年7月24日在浙江林业厅的小组访谈。

③ 5个地点分别是丽水市、安吉县、建德市、开化县以及遂昌县等。

第四章 林权抵押贷款制度改革及实施

为了发挥公共政策的导向作用，浙江省在中央林业财政贴息政策实施的基础上，其省财政每年还专门安排1000万元林权抵押贷款贴息资金用于扶持林权抵押政策实施。与此同时，该省还将贴息范围的规定进行了扩展，以从更大程度上对林权抵押贷款进行支持，并在更广的意义上盘活山林资源资产用途。《浙江省森林资源资产抵押贷款财政贴息资金管理办法》规定，林权抵押贷款项目用途可以用于"农村经济发展的生产性项目"、"农村生产设施建设项目"和"以森林为依托的农家乐等森林休闲产业项目"。林权抵押贷款贴息对象则为"以其所有者或依法享有处置权的森林资源资产做抵押品向各类银行（含农村信用社和小额贷款公司）申请贷款……"从中可以看出，浙江省的财政贴息范围比国家规定的要更广，其政策实施的意图是使贴息政策惠及更多企业和农户，将"涉林"资金用途扩展到农村经济发展的生产项目、生产设施建设项目等项目上。

2008年，浙江省扩大林权抵押贷款政策实施的覆盖面，分别选取丽水、衢州等5个地市为林权抵押贷款试点地区。这5个地市在创新林业金融支持政策时，又都陆续采取了多种配套政策。如丽水市所有县（市）都完成了林地流转平台组建工作，组建了林权管理中心、森林资源资产收储中心、林权交易中心以及森林资源资产调查评价中心等四大森林资源流转平台，并设立林权担保基金2100万元。同时，该市还出台了林权抵押贷款财政贴息政策，对执行基准利率的2万元小额林权抵押贷款按基准利率的50%给予贴息。该市在2009年、2010年建立由市、县（市、区）财政分别按照林权抵押贷款余额1‰、3‰的比例对金融机构进行奖励的制度。而衢州市则是出台了"2+1"的财政补助政策，其中"2"代表针对林农的两项补贴措施：即对2万元以下的小额林权抵押贷款由当地财政按季直接给予全额贴息，林农的林木火灾保险参保费由当地财政承担45%（其中省级财政承担65%）。"1"是指建立一项利息补助制度，对林权抵押贷款利率上浮幅度控制在30%以内的金融机构，由当地财政按贷款余额的1‰给予补贴。实际上，在浙江省，即使不属于试点范围的地区也出台了一些配套政策，以期推动林权抵押贷款政策实施。如诸暨市农村合作银行出台了《林权抵押贷款管理办法（试行）》，规定贷款利率比一般的担保、抵押贷款分别低50%和10%。按照浙江省现有的制度设计，其林权抵押贷款的基本程序如图 4—1 所示：

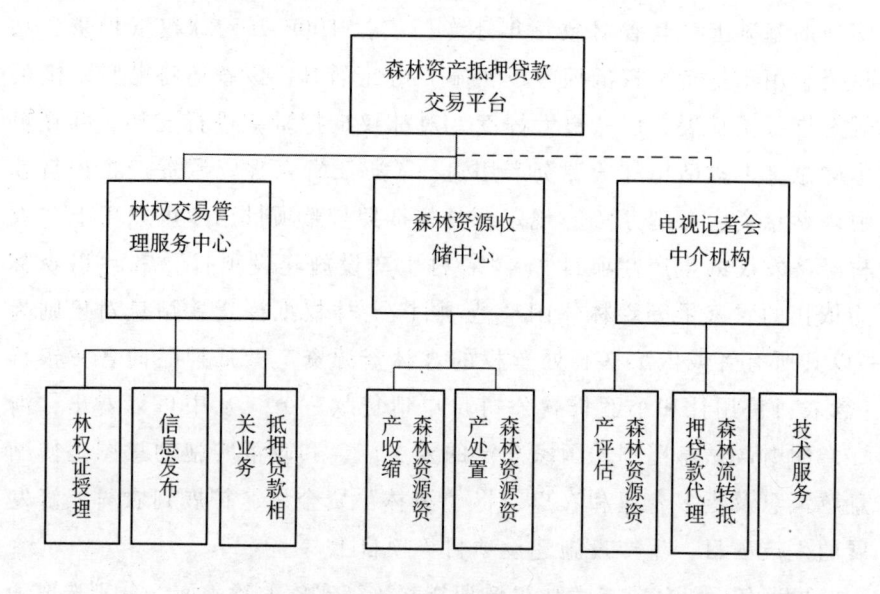

```
                    森林资产抵押贷款
                        交易平台
         ┌──────────────┼──────────────┐
    林权交易管       森林资源收        电视记者会
    理服务中心        储中心          中介机构
    ┌──┬──┬──┐      ┌────┬────┐     ┌──┬──┬──┬──┐
   林 信 关 抵       产  森  产  森    产 森 押 森 技
   权 息 业 押       收 林  处 林    评 林 贷 林 术
   证 发 相 贷       缩 资  置 资    估 资 款 流 服
   授 布   款         源     源       源 代 转 务
   理       理         资      资       资 理 抵
```

图 4—1　森林资源资产抵押贷款交易服务平台①

2014 年 10 月 10 日，浙江省委、省政府发布《关于加快推进林业改革发展全面实施五年绿化平原水乡十年建成森林浙江的意见》（浙委发〔2014〕26 号文件）（以下简称《意见》），决定进一步建立健全林业金融支持服务体系。《意见》明确提出，要深化林业金融改革，创新林业金融产品和服务，积极培育承贷主体，通过政府购买服务、银林合作，支持和引导新型农村经营主体组建资金互助社，为各类经营主体提供"林贷通"等金融服务。同时以林业产权交易所为林业金融服务平台，推进不良贷款抵押林权在农民专业合作社、互助互保组织、村民之间依约回购、流转，推进林权抵押小额贷款保证保险，发挥林业产权交易所在融资担保服务、融资交易服务和林业优质企业融资孵化服务中的作用。《意见》同时提出，要搭建林权抵押贷款平台、仓储融资平台、在线融资平台。建立和完善林权资产收储和交易平台，并探索建立林业银行。浙委发〔2014〕26 号文件为新形势下浙江省林业金融支持制度改革建设指明了新的工作方向。

---

① 图片来源：韩国康：《浙江省森林资源资产抵押贷款研究》，《林业经济》，2010 年第 4 期，第 34 页。

第四章　林权抵押贷款制度改革及实施

得益于浙江省及各地方政府出台的扶持政策,该省的林权抵押贷款也取得了较快的发展。如丽水市从 2007 年 4 月发放第一笔 11 万元林权抵押贷款开始[①],到 2009 年 6 月末,该市林权抵押贷款余额已经快速增至 3.55 亿元。2009 年,浙江省的林权抵押贷款工作即全面展开。截至 2009 年 6 月末,全省林权抵押贷款余额为 6.86 亿元,是 2006 年末贷款余额的 38 倍;同时贷款范围也不断扩大,从当初的 1 市、4 县的 5 个试点地区扩大到 29 个县(市、区)。全省参与贷款的金融机构也不断增加。除农村合作金融机构外,农业发展银行、农业银行、邮储银行等金融机构也相继开展了这一业务。

到 2012 年末,浙江全省林权抵押累计贷款规模迅速增长至 103.65 亿元,贷款余额 50.17 亿元。贷款余额在短短 3 年内增加了 7.3 倍。借款的业主(含农户、企业、农民专业合作社等)户数累计达 13 万户(国家林业局政府网,2013)。另外据全国政协经济委员会 2013 年的调研资料显示,截至 2012 年底,浙江全省有 48 个县(市、区)开展了林权抵押贷款业务,14 家金融机构参与其中,累计发放贷款 130 亿元,涉及贷款农户 13.83 万户。[②] 相关研究表明,浙江省主要采取林权小额循环贷款、林权直接抵押贷款(黄建兴等,2009;肖建中,2009)以及林权抵押担保贷款(杨丽霞等,2010)等三种主要贷款模式。而全国政协经济委员会 2013 年的调研资料则显示,浙江的贷款模式主要有林农小额循环贷款、林权直接抵押贷款、森林资源收储中心担保贷款、林权"联保本"担保贷款、"专业合作社+社员+基金"贷款等五种模式。[③]

和其他省份相比,浙江省林权抵押政策执行的最主要的亮点是推进"林权 IC 卡"信息管理化体系。以林权证信息为数据基础,统一建立森林资源资产信息数据库,实行电子信息化管理,较好地解决了林业资产评估难问题,大大提高了林权抵押贷款的实施绩效。如在浙江庆元县,林农最快半天即可获得贷款授信。

---

① 据课题组调查了解,庆元县第一笔贷款于 2007 年 4 月 11 日正式发放,贷款人是隆宫乡村民吴成德,他以自己家承包的 40 多亩林地为抵押,共申请贷款 3 万元。

② 参见 2013 年 12 月政协全国委员会经济委员会:《关于林权流转和林业金融专题调研的报告》。

③ 同上。

浙江省林权抵押贷款政策实施的另一个特点是不良贷款率较低。有资料显示，浙江省自2006年开始启动林权抵押贷款，2007年正式发放林权抵押贷款以来，截至2009年6月，全省没有发生不良贷款案例，其整体实施效果良好，林业信贷的风险较其他行业更为稳健可靠。[①] 在此之后林权抵押贷款违约率虽有所上升，但截至2011年，浙江省林权抵押贷款不良贷款发生率仅仅为0.04%（其中丽水市不良率仅为0.19%[②]），远远低于全国银行业金融机构不良贷款率2.4%的平均水平（汤晓文等，2011）。

相比其他省份，浙江省小户林农贷款占所有贷款比例明显较高。以龙泉市为例，该市2012年林权抵押贷款的抵押面积为26.2747万亩，其中农户抵押面积为16.8212万亩，贷款金额为27641万元，其中农户贷款金额17810万元，贷款农户数4152户，贷款农户占总涉林户数的8%（涉林总户数为51823户），户均贷款金额为66573元，户均每亩贷款金额1052元。正如后文要分析的，浙江省因民营经济发达，民营中小企业多，对小额信贷有旺盛的需求，这也是该省小额林权抵押贷款发放较多的原因之一。

本研究课题组调查显示，浙江省部分地区林权贷款额是按照山场林木价值的50%进行放贷，到2010年之后，基本按照60%进行放贷。不过，和其他省份相似，浙江省在推进林权抵押贷款政策执行过程中同样存在贷款期限过短等问题。实地调查显示，该省的林权抵押贷款的期限大都是以1年为主，最长只有3年。虽然浙江省各县市普遍规定可以循环贷款，但其手续却有待进一步简化。该省同样也存在贷款利率偏高、财政贴息政策覆盖面较小、集中于小额贷款（2万元以下）、低收入和贫困农户的贷款的涉及面窄而且量也不大等问题（黄建兴等，2009）。

（四）云南省林权抵押实施基本情况

云南省是我国林权抵押贷款发展最快的省份之一。作为我国四大重点林区省份，也是全国生物多样性最富集的区域，云南全省共有林业用地面

[①] 参见调查报告：《浙江省林权抵押贷款发展现状及下一步工作建议》（2009年6月）。
[②] 参见2013年12月政协全国委员会经济委员会：《关于林权流转和林业金融专题调研的报告》。

积3.71亿亩，占全省国土总面积的64.71%，居全国第二位，其中集体林面积2.74亿亩，占总林业面积的74.1%。林地面积中，商品林1.8亿亩，国家级公益林1.18亿亩，省级公益林0.6亿亩；农民人均林地面积达8亩，相当于耕地面积的近5倍。

云南省2006年启动集体林改试点，之后即推进各项林改配套改革。这个省也是林权抵押贷款开展较早也相对较好的一个省份。2007年5月，云南省林业厅与云南省农村信用联社联合下发《关于农户林权抵押小额贷款业务的指导意见》，2008年2月14日云南省农村信用联社又出台《云南省农村信用社农户林权抵押小额贷款管理办法（试行）》，在此基础上该省部分州（市）县为规范森林资源资产评估、林地林木流转及林权证抵押担保贷款，相继出台了有关规定和办法。自此之后，林权抵押贷款业务在全省逐渐铺开。例如，本研究课题组调查的景洪市2010年6月开始推进林权抵押贷款，截至当年年底已经办理抵押贷款74宗，之后推进速度进一步加快。

在云南省，一些地方级的林业贷款试点则可以推进到更早的时期。如该省华宁县林业局早在2004年就成立森林资源资产评估抵押贷款领导小组，领导小组由县林业局林政股和营林站人员组成。其中营林站具有林业规划丁级资质，开展林权抵押贷款工作，为林业企业及部分种植大户开展抵押登记，共融资2478万元。

据了解，云南省第一笔真正意义上的以林权证抵押的小额信用扶贫贴息贷款由农行云南省分行于2007年在普洱景谷县发放，首开云南省林权抵押贷款先河。在此之后的几年中，云南省的林权抵押贷款获得快速发展。在本研究课题组重点调查的5个省中，云南省的一些县（市）林权抵押贷款发展较快，有后来居上之势。如该省景谷县2007年发放第一笔林权抵押贷款之后到了2008年9月末，该县农业银行、建设银行、农村信用社等金融机构累计发放林权证抵押贷款达10.8亿元，增长可谓迅猛。

据统计，截至2010年年底，云南省16个州（市）中，共有14个州（市）6家银行金融机构开办了林权抵押贷款业务。贷款余额达49亿元，比2009初增加17.23亿元，增长54.23%；贷款户数7419户，比年初增加3634户，增长96.01%（国家林业局"集体林权制度改革监测"项目组，2012b：148）。2011年，云南省林权抵押贷款余额则突破70亿元，涉农户数和企业分别为 10287 户和 328 家，开办林权抵押贷款的金融机构也由 2010 年的 6 家，增加至 12 家（国家林业局、中国银监会调研组，2013）。

在此之后至 2012 年末，云南全省林权抵押贷款余额连续 3 年稳居全国第一，全省林权抵押贷款余额突破 100 亿元，达 114.6 亿元。与此同时，中央和省级林业建设专项资金逐年增加，国家扶持的林业贴息贷款额度连续三年突破了 10 亿元。全省办理林权抵押贷款业务的银行业金融机构已经达到 16 家。全省共有 108 个县（市、区）办理了林权抵押贷款业务，覆盖面达 81.4%。2012 年末，林权抵押贷款涉及的农户和企业数分别为 11186 户和 586 家。

到了 2013 年 9 月，云南省林权抵押贷款余额已接近 130 亿元。全省办理林权抵押贷款业务的银行业金融机构也达到了 17 家。截至 2013 年 11 月，全省办理抵押贷款业务的县（市）由 2011 年 93 个县增加到 109 个县，覆盖率达 84.49%。

云南省的林权抵押贷款之所以进展迅速，首先主要与各级党政、金融部门重视及联合推动密切相关。该省积极落实国家相关部门关于推进林权抵押贷款政策文件，并出台了一系列的实施细则，积极从缩减贷款评估手续、切实落实国家财政贴息等方面加大政策执行力度。2010 年，云南银监局出台了《云南银行业林权抵押贷款管理暂行办法》。2011 年云南省政府下发《关于加快推进林权抵押贷款工作的意见》。2012 年云南省省金融办、人民银行昆明中心支行、省林业厅、云南银监局、云南保监局五部门联发《关于进一步做好 2012 年林权抵押贷款工作的通知》《关于进一步做好云南省林权抵押贷款业务重点推进县（市）工作的通知》等文件，配合林业部门编发了《云南省林权抵押贷款简明实用手册 100 问》宣传指导手册。在同年度，云南省金融办起草并联合省委农办、人行昆明中心支行、云南银监局、云南证监局和云南保监局出台了《推进"三农"金融服务改革创新试点方案》，积极推进林权抵押贷款模式创新。与此同时，云南省林业部门联合财政部门制定了《云南省森林资源资产评估管理暂行办法》。

有了省级政府部门的重视、引导和推动，云南省各地的地方政府也积极行动起来推进林业金融工作开展。以云南省砚山县为例：该县在 2014

年1月出台的《林权抵押贷款暂行办法》对林权抵押贷款期限、林业资产评估及抵押值都进行了明确而具体的规定。《林权抵押贷款暂行办法》要求：林权抵押贷款的期限根据借款人的生产经营活动周期、信用状况、贷款用途等因素合理确定，贷款期限一般不超过10年。根据林业生产周期长的特点，各银行业金融机构应结合实际，可适当延长林权抵押贷款期限。在林业资产评估方面，砚山县规定，贷款金额在100万元（含100万元）以上的贷款项目，应委托具有森林资源资产评估资格的机构进行评估；贷款金额在100万元以下至30万元的贷款项目，可委托林业部门管理的具有丁级以上（含丁级）资质的森林资源调查规划设计、林业科研教学单位提供评估咨询服务，出具评估咨询报告。也可由银行业金融机构组织评估，出具评估报告，评估价值需获得抵押人认可。贷款金额在30万元（含30万元）以下的小额贷款项目，可由银行业金融机构与借款人共同商议确定，无须评估。砚山县《林权抵押贷款暂行办法》要求，银行业金融机构应通过参考评估价值和抵押人提供的相关证明材料，合理确定抵押物的价值和抵押率，林权抵押率最高不超过评估价值的60%。事实上，在本研究课题组调查的其他县（市），林权抵押率一般是在50%左右，很少有达到60%。

特别需要指出的是，云南省结合本省的实际情况，在创新林权抵押贷款方面开展了一些新探索。如为了推进林权抵押政策执行，云南省金融监管和金融部门还提出创新"量价分离"的森林资源资产评估方式，放宽评估条件。该省明确规定，对100万元以下贷款和1000亩以下林木林地实行免评估政策，由金融机构依据州市县林业调查机构的意见，采取内部评估方式开展抵押贷款，减轻林农和企业的融资负担；鼓励村镇银行、邮储银行试点开展林权抵押贷款，鼓励保险机构开展林权抵押贷款保证保险业务等10项措施，积极推进金融机构加大林权抵押贷款力度。

云南省林权抵押贷款政策实施成效显著，也与当地金融部门重视并支持这项工作直接相关。截至2012年，全省办理林权抵押贷款业务的银行业金融机构达16家，其中开展林权抵押贷款额度最高的是农村信用社，其次则是农行云南省分行。① 以云南省农信社为例，仅2008年至2012年9月末，农信社已累计发放林权抵押贷款2.6万笔、金额达85.86亿元。截至2012年年末，云南全省农村信用社共有16个州（市）103个县（市）级联社开办了林权抵押贷款业务。林权抵押贷款余额户数10611户②，贷款余额43.37亿元③，占全省林权贷款余额的50%左右。在2008年至2010年间，农信社就陆续下发了《省联社、省林业厅关于农户林权抵押小额贷款业务的指导意见》《云南省农村信用社农户林权抵押小额贷款管理办法》《云南省农村信用社法人客户林权抵押贷款管理办法》、《云南省农村信用社农户林权抵押小额贷款管理办法》等文件，推进制度建设和信贷产品创新，改进信贷服务模式，不断强化对林权抵押贷款业务的督促指导。农信社除采用林权抵押方式外，还把成熟的贷款品种——小额农户信用贷款、农户联保和其他担保方式有机结合、共同实施，扩大了林农、林企的担保范围。与此同时，云南省农信社还放宽贷款用途，贷款期限由最初的不超过5年调整到不超过10年。并根据林种、经济价值、林木生长周期、林木的熟化程度合理分类确定了40%、55%、60%三类档次森林资源抵押率。此外，云南农信社还对林权抵押贷款利率实行优惠政策，在现行同类、同期、同档次贷款利率的基础上给予较大优惠。

云南省林业金融支持制度的创新，大大降低了林权抵押成本。总体而言，和其他省份相比，云南省的林权抵押贷款政策实施有四个主要特点：一是政府重视引导，金融部门配合支持。该省的林权抵押贷款进展迅猛，主要反映在贷款总量、经办金融机构、县（市）覆盖面以及受益农户或企业数量剧增等方面。与此同时，云南省政府对于林权抵押贷款的补贴力度也较大，贷款率最高可达评估价值的60%；二是办理抵押贷款的成本较低、评估等手续相对简单、贷款额度大、贷款期限较长以及贷款率较高。该省规定，"百姓贷款"（主要指小户林业经营者）的30万元以下的贷款期限可以长达10年。超过30万的林权抵押贷款可以延续到15—20

---

① 截至2012年末，农行云南省分行林权抵押贷款余额为14.89亿元。其中企业50户，贷款余额12.36亿元；农户619户，贷款余额2.5亿元。

② 其中企业332户，农户10279户。

③ 其中企业18.31亿元，农户25.06亿元。

年,且30万以下的林权抵押贷款无须评估。[①] 不过,本课题组实地调查结果显示,目前实际贷款期限最长不超过5年。但也有个别例外,如丽江市华坪县,当地发放的贷款期限最长期限已达8年(中国人民银行丽江中心支行课题组,2010);三是林权抵押贷款的亩均贷款金额差异较大。国家林业局"集体林权制度改革监测"项目组对云南省抽样调查发现,农户用于抵押的林地,普遍是栽种10—15年用材林或经济林的林地,受树种、树龄、地域等影响,亩均贷款差异较大,其中最低亩均贷款143元,最高亩均贷款5000元。另外,贷款利率的差异也比较大,最低为5%,最高11%,平均贷款利率为8.99%。贷款年限为1—3年,贷款申请时间最短3天,最长要3个月(国家林业局"集体林权制度改革监测"项目组,2013:186);四是不同于福建省经济林抵押贷款工作难以实施,云南省经济林也可以作为抵押物且抵押面积增长迅速,而且该省还进行了观赏苗木抵押贷款"破冰"尝试。

根据云南省的规定,经济林的贷款额度不能超过评估值的50%。政府对经济林抵押贷款有财政贴息,政府政策贴息的条件是:必须是林农,贷款必须用于林农种植、林农林业小额贴息贷款,贴息贷款最高额度为30万元,年利率每年国家给予5%贴息(国家贴息政策是3%),银行利率是8%,因此林农实际贷款利率为3%—4%(利率以农村信用社为准)。云南省南涧县的林农就已经用经济林进行林权抵押贷款。截至2012年6月末,南涧县全县已核发经济林木(果)权证18210本,经济林木(果)抵押贷款覆盖8个乡镇,获得贷款的企业及农户共413户。累计发放贷款5205万元。据本研究课题组调查了解[②],2012年该县林农利用果权证贷款规模达2000万元左右。云南省2011年共有9800万元的财政贴息指标,其中仅南涧县就占了2000万元。

另外,云南省华宁县大力发展经济林抵押贷款。从2004年至2012年7月底期间,该县林权抵押融资共完成宗地数325宗,评估面积29563.5亩,融资金额7908.9万元。其中经济林就占到181宗,评估面积19626.3

---

① 虽然后来国家政策规定,林权抵押贷款值30万元以下不须评估,但云南省在此之前就已经这么做了。
② 2012年7月15日云南南涧林业局C.Z.R.访谈。

亩，融资 6414.1 万元，用材林 144 宗，评估面积 9933.85 亩，融资 1191.5 万元。可见该县经济林抵押数额和比重较大。

  云南省林权抵押贷款取得的快速进展也与云南省特殊的林业产业生态有很大关系。由于地处热带和亚热带，云南省大量种植橡胶、核桃、咖啡等经济价值高的经济林，其投入产出率、林地经营的经济价值比普通商品林高得多。相比之下，金融部门发放林权抵押贷款支持相关产业发展所面临的风险也大大降低。事实上，云南省的大部分林权抵押贷款也是投放于相关经济林种植和加工的产业链中。以云南省农信社发放的贷款为例，仅在 2011 年，农信社在云南全省就发放橡胶林权抵押贷款近 7.6 亿元，支持橡胶种植、加工、销售和林权市场建立。再如，德宏后谷咖啡有限公司是云南省一家产业化公司，该公司在农信社贷款支持下得到了快速发展，带动农户 4 万余户、20 万人从事咖啡种植。[①]

  类似的情况在海南省也存在。该省也因橡胶种植业发达，推动了林权抵押贷款的快速发展。本研究课题组实地调查显示，总体而言，林业经营经济效益越凸显的地方，林权抵押贷款开展的进度就相对较好。如福建的永安市、尤溪县，浙江的安吉县、庆元县，江西的崇义县等地林权抵押贷款开展较好，与当地的林业产业较为发达有密切关联。

  虽然云南省的林权抵押贷款发展快，而且林权贷款余额较其他省份都比较多，参与农户也很多，可以用于抵押贷款的林木种类也较多，改革绩效尤为突出。不过，本研究课题组在云南省景洪市的实地调查中也发现，虽然云南省林权抵押贷款政策执行力度较大，林权抵押贷款的进展较快，节省了抵押贷款的成本，但是由于地方政府在执行林权抵押贷款政策时对贷款程序和工作环节的过度节略，包括对林业资产评估的简化甚至是不规范评估，担保程序也较为简单，这就使得该省林权抵押贷款存在的隐患较多。对此我们在后面将作进一步的分析。

  在本研究课题组重点调查的 5 个省中，湖南省属于林权抵押贷款政策实施稍缓的省份，但该省也有自己的亮点。为了推动林权抵押贷款政策实施，湖南省依托农村金融服务中心和林权信息平台，协调相关金融部门全

---

① 《聚焦林权抵押贷款 云南模式备受关注》，《时代金融》，2013 年 4 月 19 日报道，转引自 http：//finance.sina.com.cn/money/bank/bank_ hydt/20130419/202615211536.shtml。

面启动林业小额循环、林权证抵押和林权担保三种贷款业务，并对贷款实行目标绩效考虑。湖南省各级政府和银行主管部门每年下达贷款任务，实行目标考核，完成任务的由县（市、区）政府分别给相关银行按抵押贷款余额的3‰奖励。同时，湖南省还规定，以"公司+基地+农户"的经营形式进行营造林或林产品加工的，优先纳入中央财政贴息项目。用于营造林的小额贷款，由县财政给予3%的贴息，贴息期限为3年；不足3年的，按实际贷款期限贴息。①

二　县（市）级视角下的林权抵押贷款实施情况

前文对福建、江西、浙江和云南四省的林权抵押贷款发展情况作了一个简要的叙述。为了进一步了解林权抵押贷款制度实施情况，接下来本章以县（市）为中观研究场域，对林权抵押贷款政策的实施情况作进一步的分析。

县（市）级地方政府在贯彻执行国家林权抵押贷款政策时处于非常重要的地位。首先，不同的县（市）会根据本地的实际情况，对林权抵押贷款的操作程序作出详细而明确的规定。

如云南省景洪市制定的《景洪市林权抵押贷款管理办法》规定，本市林权抵押的贷款流程大致经过以下几个步骤：首先是借款人向银行部门提交书面借款申请和拟抵押林权的《林权证》，经银行部门审批同意后，书面委托森林资源资产评估机构进行林权资产评估，然后借款人持林权资产评估书与银行部门签订借款合同、抵押合同；其次借款人将有关资料送交市林业局林权登记管理机构，经审核无误后，由市林业局林权登记管理机构核发《林业他项权证》；最后银行部门收到《林业他项权证》等有关资料后，依照合同发放贷款。

接下来的流程是凭借款人抵押申请书、林权证和其他相关资料，经审核符合登记条件的，应当于受理登记申请材料后15个工作日内办理完毕登记手续，同时建立森林资源资产抵押贷款登记备案制度，以备查阅。对

---

① 根据2010年12月3日怀化市委、市政府向国家林业局林改小组黄建兴副组长的工作汇报资料整理。

符合抵押登记条件的，市林业局森林资源资产抵押登记部门应在《林权证》的"注记"栏内载明抵押登记的主要内容，经办人签字、加盖公章，发给抵押人《林业他项权证》；林权证原件交市林业局森林资源资产抵押登记部门保存；抵押人持林权证复印件备查。对不符合抵押登记条件的，书面通知申请人不予登记并退回申请材料。

借款人还清全部贷款本息时，则林权抵押终止。抵押合同期满或者抵押人与抵押权人协商同意提前解除抵押合同的，双方应当在15个工作日内，持抵押合同或者解除合同协议《林业他项权证》向原登记机关办理注销登记，林权证原件返还抵押人。如果抵押人与抵押权人协商同意延长抵押期限的，双方应当在抵押合同期满之前1个月内，向原登记机关申请办理续期登记。抵押权人在提供抵押人未履行合同义务有效证明的情况下，也可单方向原登记申请办理续期手续，续期不限。

《景洪市林权抵押贷款管理办法》还专门针对可能的违约责任进行了明确规定：借款人到期不能偿还贷款本息的，贷款或抵押权人有权采取招标、拍卖、变卖等方式依法处理其抵押的林权，用变卖的森林资源活立木的价款优先受偿，市林业主管部门应协助双方办理相关手续和处置抵押的林权。

据2013年国家林业局华中师范大学林改研究基地"中国林改百村跟踪观察项目"组对全国13个省32个县（市）的调查结果显示，样本县（市）已经发放的林权抵押贷款累计达71.36亿元，抵押山林面积513万亩，平均每个县（市）贷款达2.23亿元，抵押山林面积16.03万亩，平均每亩山林抵押值为1391.03元。在该项目组调查的32个样本县（市）中，贷款最多的县是浙江庆元县，累计贷款达8.59亿元，最少的县是贵州省锦屏县。至2013年7月，该县全县只发放了3起林权抵押贷款，金额共300多万元。这3起贷款都未经林业部门登记，而是由借款人直接和银行直接协商。此外还有4个县（市）截至2013年7月尚没有开展此项业务。其中河南省内乡县的林权抵押贷款政策尚未实施，主要原因是市级政策尚未制定，银行也不积极，评估机构也缺乏；再者，本县境内90%以上的林地是荒山，没有多少经济价值。该项目组的调查结果还显示，规模经营主体（主要是林业企业、林地经营大户）是林权抵押贷款的主体。如截至2013年7月，广东始兴县的林权抵押贷款总共才有35宗左右，但

第四章 林权抵押贷款制度改革及实施

贷款总额达 1.74 亿元，平均每宗贷款 497 万元（贺东航、朱冬亮等，2014）。

和国家林业局百村跟踪调查项目组的调查结果相同，本研究课题组调查显示，林业经营大户（大部分承包经营林地的面积在 500 亩以上）、林业专业合作社和林业公司始终是林权抵押贷款的主体。在本研究课题组重点调查的 9 个样本县（市）中，除了江西铜鼓县、崇义县等之外，其余县（市）开展林权抵押贷款大都起始于 2007 年之后。截至 2013 年，每个县都已经开展此项业务。其中浙江庆元县、安吉县，江西的崇义县，福建尤溪县、顺昌县，云南景洪市都是林权抵押贷款进展较好的县。实践表明，林业经济越发达、林地经营绩效越高的地区，林权抵押贷款也就越多。截至 2012 年 7 月，课题组重点调查的 9 个样本县（市）发放的林权抵押贷款累计达 41.2 亿元，平均每个县（市）贷款达 4.58 亿元，抵押山林面积累计达 28.61 万亩，平均每亩山林抵押值为 14400.5592 元左右。①

在福建将乐县，为解决本县林业企业和林业合作社发展资金短缺的困难，2009 年 4 月，这个县由林业局、林业总公司组建成立了"鑫绿林业担保有限公司"，利用林权抵押的方式为各类林业经营者提供贷款担保。截至 2013 年 8 月，该县已办理 875 宗，总面积 67 万亩，金额 12.09 亿元的林权证抵押贷款登记。其中担保公司累计提供贷款担保 409 笔，提供贷款担保金额 3.14 亿元。算起来，平均每笔贷款金额达 76.8 万元。以本县万安镇万安村造林大户 H. Y. S. 为例，由于该农户承包经营杉木林 1000 多亩，他用这些山林抵押贷款贷了 120 万元，年利率差不多是 1 分。不过，因利息太高，该大户只贷了 1 年，即不再重新申请贷款。

而在浙江省安吉县，截至 2013 年 7 月，全县共有 20 家股份制合作社。它们以林地承包经营权作价出资，由合作社法人集中经营，使传统林地承包经营获得了更高层次的运转平台和空间。如安吉"长丰毛竹股份制合作社"将"名下"1500 亩竹林作为资产抵押，一次性获得贷款 300

---

① 本课题调查选点县（市）贷款额度和抵押山林面积之所以比国家林业局"中国林改百村跟踪观察项目"组调查选点县（市）更高，主要原因本课题选定的调查点大多是林权抵押贷款的试点和典型县（市）。

万元。据统计，截至2012年年底，安吉县有农村信用联社、邮政储蓄银行、村镇交通银行、农发银行等金融机构开展了林权证抵押贷款业务，累计发放林权抵押贷款348笔，贷款金额达5.48亿元，抵押登记面积12.17万亩，盘活森林资产5.48亿元，单笔贷款额度达到了157.5万元。

在本研究课题组重点调查的9个县（市）中，以林权评估值计算，平均每个县（市）的贷款比例为47.9%，最低的只占林木实物资产评估值的30%，平均在50%左右。由于大部分贷款是针对林业企业或者大户，因此有的县（市）贷款比例最高的可占山场评估价值的60%。必须特别指出的是，各地普遍只计算山林中竹木现有市场价值，未考虑其生态、旅游等其他经济价值。

本研究课题组抽样入户（包括企业、专业合作社和林农）调查显示，当前林权抵押贷款的月利率最低为6.89‰（含政府贴息3‰），最高则达到1.2‰，平均年利率为10%，其中约有62%的贷款者享受财政贴息。[①]参与贷款的大多是农村信用联社、农业银行及一些地方金融机构。虽然2009年5月中国人民银行、财政部、银监会、保监会、国家林业局等国家五部门联合发布《关于做好集体林权制度改革与林业发展金融服务工作的指导意见》（银发〔2009〕170号）和2013年7月18日中国银监会、国家林业局联合发布《关于林权抵押贷款的实施意见》（银监发〔2013〕32号）都作出规定，林业贷款的期限最长可为10年甚至更长时间，但金融机构实际发放贷款的期限大多数只有1年，最长的也很少超过3年。不过，大多数被调查的县（市）规定，贷款申请人可连续即还即贷，即可以申请循环贷款。但业主每次贷款都必须重新缴纳评估费、担保费等。这种做法虽然手续便利，但却加重了贷款者的经济负担。

从贷款的信用来看，截至2013年，林权抵押贷款的总体信用度较好，违约率较低。实践证明，林权抵押贷款中存在的违约风险总体上比预想的要低得多。在本研究课题组重点调查的9个样本县（市）中，发生贷款违约的有7个县（市）。不过，整体违约率仍控制在2%以内。以发放小额林权贷款最多的浙江庆元县为例，据了解，该县从2007年发放第一笔贷款到2010年10月一共有9起不良贷款，涉及总贷款本金31.3万元。

---

① 如江西省崇义县截至2013年，全县累计发放林业贷款贴息1592.4万元。

第四章　林权抵押贷款制度改革及实施

测算下来，该县不良贷款率三年平均只有 0.15%。截至 2011 年 7 月本研究课题组在此调查时，有一起贷款额度 1 万元的，银行部门正准备起诉借款人，还判决一起额度为 7 万元的，调解有两起共 8 万元，其他则是有关部门刚准备起诉违约者就把款还掉了。相比发放的贷款，庆元县不良贷款率算是很低的。①

不过，最近一两年，一些林业企业违约金额明显增加，这主要与社会整体宏观经济发展处于下行通道有关。如福建将乐县、广东始兴县等地发生了个别的林权骗贷现象。如本研究课题组在 2014 年 8 月初的最近一次回访中发现，将乐县当地有一个林业企业负责人涉嫌串通林业局林权登记管理中心工作人员，以林权证重复抵押的方式，骗取银行贷款 1000 多万元。由于其企业经营不善而破产，无力还贷而案发。该县林业局林权登记中心负责人因此而被检察机关调查。这个案子的曝光给当地的林权抵押贷款工作开展蒙上了一层阴影。

下面我们再以本研究课题组调查的江西、福建、浙江等省的县、市为例，看看县（市）级林权抵押贷款政策实施和执行的基本情况。

1. 林业规模经营主体贷款分析

前文已经提到，在本研究课题组调查的县（市）中，大部分县（市）的林权抵押贷款是发放给了包括林业企业、林业专业合作社和林地经营大户在内的各类规模经营主体。江西铜鼓县、崇义县、资溪县和福建顺昌县、将乐县等林权抵押贷款实施情况都有类似特点。

铜鼓县一直是江西省各项林业改革的"排头兵"。据本研究课题组负责人前期 2009 年到铜鼓县调查了解，早在 2005 年 12 月，该县即探索实施林权抵押贷款工作，据说是全国第一个开展这项改革试点的县。② 为了推进这项工作，当地有关部门首先从农村信用社取得突破，而地方县级其他银行由于无权做主，因此其他商业银行初期并没有介入这项业务。到 2007 年，该县的农行、农发行才开始介入开展林权抵押贷款。截至 2009 年 6 月底，全县已有 1011 户（包括企业、林场）申请林权抵押贷款，共办理贷款登记 1.26 亿元，其中仅当地一家名为"绿海公司"的林业企业

---

① 2010 年 11 月 7 日庆元县林业局 X.Z.R. 访谈。
② 事实上，福建永安市在 2004 年即发放了第一笔林权抵押贷款。

就贷款1200万元，另一家企业"华辉公司"也贷款800万元，总计拉动了整个林业投资约3亿多元。铜鼓县贷款额度一般是占抵押山林评估价的50%—60%。贷款期限则是1—3年，主要是1年居多。在贷款利率方面，2009年，铜鼓县农村信用社贷款年利率是6%，农行是5%，发行是2%。但发行是政策性银行，贷款条件很严。为此，铜鼓县林业局曾经和银行商谈，希望降低贷款利率，以减轻贷款者的负担。[①]

不过，村级调查显示，铜鼓县很多村庄真正办理林权抵押贷款的比较少。其中，在三溪村调研时，该村时任村书记Q.S.J.介绍，本村的林权抵押贷款仅有3种。一般村民会采取信用贷款，额度最高可达3万元，最低3000元，大部分村民会采取手续便利的小额信用小额贷款，而不会去申请程序繁琐的小额林权抵押贷款。[②]

崇义县也是江西省林权抵押贷款开展较早也较好的县。仅2007—2008年两年间，该县就为林农承办林权抵押贷款登记山林总面积8.8万亩。其中仅农村信用合作社就发放贷款122笔，总金额达7389万元。如果以县为单位排列，崇义县位居江西全省首位。截至2012年年底，该县已经促成农信社、农行、工商银行、中国人民银行等7个金融部门共同开展林权证抵押贷款业务，形成了多个金融部门竞争的格局，有效降低了林业经营者的信贷成本。截至2014年7月，崇义县全县累计发放林权抵押贷款7.85亿元，抵押森林面积65.26万亩，涉及单位和个人共1049家，贷款余额为3.45亿元，抵押森林面积21.13万亩，涉及单位和个人共408家，其中农村信用社林权抵押贷款余额为2.6亿元，占全县林权抵押贷款余额的75.4%。

由于实行财政贴息政策，崇义县的贷款利率由2008年月息9.36‰降至2013年的5.31‰。在抵押率方面，崇义县对贷款额度与经贷款人认定的抵押物评估价值的比率进行了分类规定：其中5年以下（含未成林造林地）的林木抵押不得超过20%；6—10年的林木抵押不得超过40%；11—19年的林木抵押不得超过50%；20年以上的林木抵押不得超过60%。与此同时，崇义县还尽力减少小户林农申请贷款的手续。如在该县

[①] 2009年7月31日访谈江西省铜鼓县林业局林业产权交易中心W主任。
[②] 2012年9月9日访谈江西铜鼓三溪村村民Q.S.J.。

铅厂村，当地农户反映，农户个人申请10万元以下贷款，可不用资产抵押，只以个人信誉度为标准即可申请贷款，而村里一般农户以贷款5万元居多。如2013年，该村的时任村支书以自己承包经营的1000多亩毛竹林和杉木林为抵押，贷款31万元，年利率将近9厘，其中政府贴息3%。

为确保林权抵押贷款的安全运行，崇义县有关部门还规定，申请人在未还清金融部门贷款之前，抵押物不得再次进行流转，抵押物属杉木林、松木林、阔叶林的不得申请办理主伐手续，对已批准办理林权抵押贷款的山林，由县林权交易中心及时下发告知书给当地林业站和县林业局林政股，共同登记备案把关。

而在江西省资溪县，当地办理林权抵押贷款也大都是以林业大户或林业企业为主（抵押面积都在100亩以上，见表4—1）。例如，2012年的数据显示，该县本年度进行森林资源资产抵押贷款的农户或农场的林地面积都在百亩以上，甚至达千亩以上，仅有一户贷款额度在10万以下（参见表4—2）。同样地，据本研究课题组2013年在该县的跟踪调查，该县当年参与林权抵押贷款的林农中只有1户的林地面积在百亩以下。

表4—1　　　　　资溪县2009年森林资源抵押贷款一览表

（单位：宗；亩；万元）

单位项目	贷款银行	抵押起止时间	以森林资源抵押贷款			备注
^	^	^	宗地	面积	金额	贷款金额
合计			377	10036.50	2246.9960	944
J1公司	中国农发抚州市分行	2009.1.7—2016.8.10	36	1202.9	603.5600	270
J2个人	饶桥农村信用合作社	2009.1.12—2012.1.11	3	478.3	50.1176	20
J3公司	高阜农村信用合作社	2009.1.19—2012.1.19	58	1338.2	313.7050	100
J4个人	高阜农村信用合作社	2009.1.19—2012.1.19	84	3677.5	96.4938	30

续表

单位项目	贷款银行	抵押起止时间	以森林资源抵押贷款 宗地	面积	金额	备注 贷款金额
J5 个人	繁荣农村信用合作社	2009.2.9—2012.2.8	69	1223.4	97.8651	49
J6 公司	中国农发抚州市分行	2009.2.24—2017.2.23	108	1625.2	1003.620	450
J7 个人	嵩市农村信用合作社	2009.3.10—2012.3.9	17	365.9	72.8873	20
J8 个人	嵩市农村信用合作社	2009.3.10—2012.3.9	2	125.1	8.7472	5

资料来源：资溪县林业局，2010。

表 4—2　　资溪县 2012 年森林资源资产抵押贷款一览表

（单位：宗；亩；万元）

单位项目	贷款银行	抵押起止时间	以森林资源抵押贷款 宗地	面积	金额	备注 贷款金额
合计			40	13675.1	2481.7756	1357
J1 个人	农信社营业部	2012.8.29—2014.8.28	7	2820.7	326.5200	160
J2 个人	繁荣信用社	2012.8.24—2014.8.23	6	148.9	20.1610	12
J3 林场	农信社营业部	2012.9.4—2013.9.3	11	8120.1	1758.7557	1020
J4/5 个人	繁荣信用社	2012.9.4—2014.9.3	9	146.3	免评估	8
J6 个人	中国邮储资溪支行	2012.9.10—2014.3.10	2	1068.8	146.5685	50

第四章 林权抵押贷款制度改革及实施

续表

单位项目	贷款银行	抵押起止时间	以森林资源抵押贷款 宗地	以森林资源抵押贷款 面积	以森林资源抵押贷款 金额	备注 贷款金额
J7 个人	中国邮储资溪支行	2012.9.10—2015.9.10	1	366.8	56.6394	22
J8 个人	农信社营业部	2012.9.3—2014.9.2	4	1003.5	173.1310	85

资料来源：资溪县林业局，2013。

和本研究课题组调查的其他大部分县（市）相似，福建顺昌县申请林权抵押贷款的绝大部分也是林业经营大户或者林业企业。该县 2007 年开始实施林权抵押贷款，当年共有 5 个林地经营者申请抵押贷款，抵押林权面积 2600 亩，共 20 宗地，贷款额度是 292 万元。这 5 个贷款人均由本县一家名为"清源担保公司"担保。[①] 以此推算，每个贷款者平均抵押的山林面积是 520 亩，申请的贷款额度是 58.4 万元。在此之后，顺昌县林权抵押贷款集中度逐步提升。2012 年，该县共有 42 个林地经营主体申请抵押贷款，抵押山林面积 34742 亩（其中 90% 以上是杉木林），贷款金额 7383.9 万元，相当于每个经营主体平均抵押山林面积 827 亩，贷款额度为 175.8 万元（每亩山林贷款额为 2125 元）。很显然，这样的抵押面积和贷款规模，绝不是普通农户，而主要是林地规模经营主体。相关数据显示，顺昌县 2013 年办理林权抵押贷款的仍是以林业大户和林业企业为主（参见表 4—3）。

表 4—3　　　　　　顺昌县 2013 年林权证抵押贷款统计表

（单位：亩；万元；宗）

抵押人情况	抵押权人	抵押面积	贷款金额	宗地数	抵押登记时间	抵押期限
D1	邮政储蓄顺昌县支行	153	50	1	2013.3.15	2013.3.1—2016.3.15

[①] 与本研究课题组调查的其他大部分县（市）不同，顺昌县林业局并没有设立或者合股设立林业担保机构。

续表

抵押人情况	抵押权人	抵押面积	贷款金额	宗地数	抵押登记时间	抵押期限
D2	顺昌信用联社	1233	500	3	2012.4.12	2012.4.12—2013.10.12
D3	顺昌信用联社	1233	500	3	2013.4.24	2013.4.24—2016.4.23
D4（公司）	顺昌信用联社	1526	481.51	7	2013.4.25	2013.4.25—2016.4.25
D5（公司）	顺昌信用联社	57	18.49	1	2013.4.25	2013.4.25—2016.4.25
D6/7	顺昌信用联社	707	300	8	2013.4.27	2013.4.27—2016.4.25
D8	顺昌信用联社	510	200	6	2013.4.28	2013.4.28—2015.4.28
D9	顺昌信用联社	167	50	3	2013.5.10	2013.5.10—2016.5.9
D10/11	顺昌信用联社	141	60	4	2013.5.13	2013.5.13—2015.5.13
D12	顺昌信用联社	246	30	1	2013.5.13	2013.5.13—2014.5.12
D13	邮政储蓄顺昌县支行	194	55	4	2013.5.16	2013.5.16—2016.5.15
D14/15	顺昌信用联社	456	80	2	2013.5.20	2013.5.17—2016.5.17
D16	顺昌信用联社	245	90	1	2013.5.21	2013.5.21—2014.5.21
D17	顺昌信用联社	130	120	1	2013.5.23	2013.5.23—2014.4.1
D18	顺昌信用联社	242	60	1	2013.5.23	2013.5.23—2016.5.22
D19	顺昌信用联社	79	20	1	2013.5.29	2013.5.29—2014.5.29
D20	顺昌信用联社	1068	500	6	2013.5.29	2013.5.29—2013.12.30
D21	顺昌信用联社	362	150	6	2013.6.20	2013.6.19—2014.6.18
D22	顺昌信用联社	156	50	1	2013.6.26	2013.6.26—2014.6.24
D23/24	顺昌信用联社	83	20	1	2013.6.26	2013.6.26—2014.6.25
D25	顺昌信用联社	790	240	2	2013.6.26	2013.6.26—2014.6.26
D26/27	顺昌信用联社	193	50	2	2013.6.27	2013.6.27—2016.6.26
D28	顺昌信用联社	129	50	1	2013.7.5	2013.7.5—2015.7.2
D29	顺昌信用联社	118	50	1	2013.7.9	2013.7.9—2014.7.8
D30/31	顺昌信用联社	484	200	5	2013.7.23	2013.7.23—2015.7.22

第四章　林权抵押贷款制度改革及实施

续表

抵押人情况	抵押权人	抵押面积	贷款金额	宗地数	抵押登记时间	抵押期限
D32	顺昌信用联社	455	180	3	2013.7.23	2013.7.23—2014.7.22
D33/34	顺昌信用联社	152	50	3	2013.7.26	2013.7.26—2016.7.26

资料来源：顺昌县林业局，2013。

本研究课题组村级调查也显示，顺昌县发放的每笔林权林权抵押贷款至少在二三十万元以上，这个贷款额度显然也不是普通林农。据了解，该县平均每个林农承包的集体林地面积大约是10亩，一户林农平均承包的林地面积不超过50亩，按照该县平均贷款额度占林木评估价的42.5%—50%测算，普通林农贷款即使以全家所有的山林抵押，其贷款额度也不会超过8万元。

据顺昌县林业局林改办负责人反映，本县办理林权抵押贷款的金融部门主要是农村信用联社。2012年下半年后，邮政储蓄银行也开始介入林权抵押贷款业务，当年该行共发放5笔林权抵押贷款，金额为360万元。该县一般的林权抵押贷款期限为1年，最长也只有3年。在贷款利率方面，2013年，农村信用社月利率是0.948%，年利率则是11.38%。对于一般的林农而言，他们很难申请到政府财政贴息。因此，这个贷款利率是偏高的。

顺昌县金融机构发放林权抵押贷款，大都要求借款人提供资产评估报告，而该县有包括武夷评估机构在内的多家资产评估机构从事此项业务。和其他被调查的多数县、市林业局自己设立评估机构不同，顺昌的评估机构是独立的中介机构，和该县的林业局无任何关系。在2007—2009年之间，顺昌县金融机构还要求林权抵押贷款人进行担保。不过，2011年之后金融部门则不要求进行资产担保，除非贷款金额特别大。

2009年6月8日，顺昌县出台《关于贯彻落实县政府鼓励扶持林业股份合作经营的实施意见》，从四个方面扶持林业专业合作社发展，具体包括：指导合作社建章立制；对有固定经营办公场所，进行工商注册登记，相对集中连片的森林经营面积达1000亩以上的新建林业股份专业合作社，县林业局给予1000元的创建资金补助；对合作社林业生产优先进行项目申报、融资及贴息安排，并进行采伐限额单独编制或优先安排采伐指标；对林业专业合作社营造阔叶树种经林业部门验收合格的每亩给予60元苗木款补助；对新开竹山机耕路符合林业部门规划设计的，经林业部门验收合格给予每公里2000元补助；同时，对林业股份专业合作社在技术推广、品牌创建等方面给予支持。在福建省长汀县，当地政府按照50斤/亩标准给予毛竹合作社化肥补助，同时优先按照7000元/千米标准扶助合作社进行林道建设。

2. 小额林权抵押贷款分析

虽然小额林权抵押贷款不是整个林权抵押贷款的主流，但仍有一些县、市小额林权抵押贷款进展良好，其中尤以浙江省庆元县、龙泉市等地成效最为显著。有研究者调查显示，林权小额循环贷款这一模式在浙江丽水市非常受林农欢迎（何安华、孔祥智，2009）。以2013年6月的数据为例，丽水市林权抵押贷款发放进度月报表显示，月末林权抵押贷款总数1743笔，其中以林权小额循环贷款的就有893笔，占总数的51.2%（参见表4—4）。其中丽水市下属的龙泉市2010年小额循环贷款余额2066笔，共0.6亿元，占该市林权抵押贷款的50%，小额循环贷款已成为龙泉市林农融资的主要渠道。

表4—4 丽水市林权抵押贷款发放进度月报表（2013年6月）

（单位：万元）

银行	林权抵押贷款累放数 笔数	林权抵押贷款累放数 金额	月末林权抵押贷款总数 笔数	月末林权抵押贷款总数 余额	小额循环贷款 笔数	小额循环贷款 余额	林权直接抵押贷款 笔数	林权直接抵押贷款 余额	收储中心担保贷款 笔数	收储中心担保贷款 余额	其他机构担保贷款 笔数	其他机构担保贷款 余额
农发行			1	3300			1	3300				
信用联社	788	8837	1557	14950	870	8008	39	495	400	4544	248	1903
农行	7	1860	83	2903	20	153	2	2445			61	305
建行			2	4400			2	4400				
邮储银行	51	253	93	1065	3	15	12	43			78	1007

第四章　林权抵押贷款制度改革及实施

续表

银行	林权抵押贷款累放数		月末林权抵押贷款总数		小额循环贷款		林权直接抵押贷款		收储中心担保贷款		其他机构担保贷款	
	笔数	金额	笔数	余额	笔数	余额	笔数	余额	笔数	余额	笔数	余额
中国银行			1	500							1	500
泰隆村镇银行	6	37	6	37			6	37				
合计	852	10987	1743	27155	893	8176	62	10720	400	4544	388	3715

资料来源：丽水市林业局，2013。

浙江遂昌县也实行类似于小额循环贷款的模式，不过必须以林农间的林权相互担保为前提条件。这种小额循环贷款是建立在借款人与担保人相互信任的基础上，当地林农往往以林权互相担保，因而要求林农主体之间相互了解彼此的林地林木资产情况，而且相互监督也可以最大程度地确保林权资产安全（杨丽霞等，2010）。遂昌县在争取中央财政贴息政策的同时，还出台了地方配套贴息政策，并对小额林权抵押贷款实行政策倾斜。例如，在抵押贷款利率方面，对收入较低的农户和2万元以下的林权抵押贷款进行优惠，规定可以按照基准利率的94.5%执行，年家庭人均纯收入低于1500元的特别困难户则是全部采取财政贴息的政策照顾。

接下来我们以浙江省庆元县隆宫乡和福建泰宁县焦溪村为案例，对林农小额抵押贷款政策实施绩效进行描述和评估。

（1）浙江庆元县隆宫乡小额林权抵押贷款实施成效[①]

在本研究课题组重点调查的9个样本县（市）中，小额林权抵押贷款开展最好的是浙江庆元县。该县的林权小额抵押贷款之所以进展较好，与其所具有的天时地利因素有很大关系。庆元县位于浙江西南部，有

[①] 本节的部分内容已经作为课题组阶段性成果发表于《本土知识视阈下的农民林权抵押贷款实践——以浙江省Q县L乡为例》（《林业经济》，2012年第8期，作者为本课题负责人程玥和第一合作者朱冬亮）、《农村林木加工业内卷化效应的形成机制分析——浙江省Q县L乡调查》（《福建行政学院学报》，2013年第1期，作者为本课题第一合作者朱冬亮和其指导的博士生黄增付）两篇专题研究论文中。

"中国生态环境第一县""中国香菇第一城""中国廊桥第一乡"美誉。全县土地总面积287.4万亩,其中林业用地面积251.7万亩,森林资源极其丰富,是一个典型的"九山半水半分田"的山区县和浙江省重点林业县。庆元县也是浙江省确定的林权改革的试点县。2006年,这个县在林业"三定"和"完善林业生产责任制"工作的基础上,开展了以"延长山林承包期、明晰林业产权、落实经营主体、搞活经营机制"为主要内容,以"确权发证"为核心的山林确权延包工作。和本研究课题组调查的其他县(市)相比,庆元县主体阶段改革的确权发证工作要彻底得多,且全县集体山林分山到户率也远高于其他县(市)。据统计,主体阶段林改完成后,庆元全县共发放《林权证》47056份,发证面积242.2万亩,占全县林业用地面积的96.3%,其中:国有林15.85万亩,集体林226.55万亩。在集体林确权中,村集体统管山面积64.01万亩,统管山率28.2%;家庭承包面积162.54万亩,其中自留山65.74万亩、责任山96.8万亩,家庭承包率71.8%(其他县市一般不超过50%);自留山、责任山和统管山发放《林权证》33011户,发证到户率99.6%;责任山、自留山林地确权31884户,确权率99.8%。正是得益于该县大部分的集体山林的承包权已经相对明晰承包到户,为当地小额林权抵押贷款发展奠定了良好的基础。

近年来,庆元县充分发挥山区林业资源优势,不断完善和深化集体林权制度改革,构建林权信息化交易平台,积极探索林权抵押贷款,做好森林资产的"盘活"和"变现"工作,为当地林农创业和发展提供了资金保障和支撑,促进了林农和金融机构之间资源和资本两大生产要素的合理转化。和全国其他县(市)相比,庆元县形成了自己的创新"品牌",包括在全国率先推进林权"IC卡"信息化建设,试点实施生态公益林抵押贷款等,形成了独具庆元特色的"林改经验"。该县因此而入选全国林改典型100县和全国林业信息化示范县,为浙江全省乃至全国推进集体林改提供了重要的经验和借鉴。

虽然庆元县地处偏僻落后的闽浙交界地,其整体经济发展水平比较落后,但该县的竹木加工业却非常发达,并已经形成较为完整的产业链。2012年,全县实现林业总产值44.2亿元,占全县生产总值的60%,并被中国竹产业协会授予"中国特色竹乡"称号。全县注册笋竹加工企业有

500多家，其中规模以上企业80家，年产值亿元以上企业10家，开发出了竹筷、竹砧板、竹模板、竹炭、竹家具等系列产品。2012年，庆元县竹产业产值达21.29亿元，其中第一产业产值2.4亿元，第二产业产值18.89亿元。竹业加工业的发展，提升了当地毛竹林的市场附加值。为此，当地政府和农户都大力修建竹林便道。2002年以来，全县新建竹林道1600多公里，竹林道密度达0.4千米/100亩，受益竹林面积25万亩，年均降低生产成本达2500万元。目前，庆元县已经成为浙南闽北竹加工产业区域中心，是全国最大的竹筷、竹厨具生产基地，先后获得"中国竹制品产业基地""浙江省竹筷专业商标品牌基地"等荣誉。庆元县竹业不仅带动了本县竹产业发展，而且带动了闽北、赣东地区竹产业快速发展。截至2012年，本县竹业加工业主在福建、江西、广东等地就流转经营毛竹林10万多亩，建立跨省的毛竹产业基地（程玥、朱冬亮，2012）。

发达的竹木加工业以及微小企业众多，使得庆元县对银行小额贷款有旺盛的需求，这是当地小额林权抵押贷款非常活跃的主要原因之一。作为浙江省第一例办理小额林权抵押贷款的县，该县于2007年4月发放了第一笔林权抵押贷款。当年该县全年共办理林权抵押贷款352.8万元，2008年增加到3997万元，2009年进一步增加到6200万元，2010年则首次突破了1亿元。截至2013年7月，庆元县林权抵押贷款工作已覆盖到全县20个乡镇，抵押林种扩大到经济林、用材林和生态公益林，贷款时限从1年延伸至2—3年。值得一提的是，庆元县还组建了全省第一个林农抵押贷款担保合作社。

特别需要指出的是，由于庆元县生态环境优良，享有"中国生态第一县"的美誉。截至2012年年底，全县已建成生态公益林127.3179万亩，占林业用地面积的50.58%（其中国家级公益林17.4226万亩，省级公益林109.8953万亩，涉及全县20个乡镇284个行政村、15942户、2个国有林场、1个自然保护区）。为了盘活这些生态公益林资源，该县正在尝试实施生态公益林抵押贷款试点，试图突破国家"生态公益林不能抵押贷款"的政策限制。[1]

---

[1] 按照国家相关政策规定，生态公益林不能抵押贷款，但庆元县因很多林农的商品林被新划为生态林，因此想在这方面进行尝试。

截至 2013 年，庆元县累计贷款达 8.68 亿元，其中小额林权贷款受益面共有 4284 户林农，惠及全县 2.3 万多林农（参见表 4—5）。① 根据测算，庆元县办理了林权抵押贷款的林农平均每户贷款额度为 10.5 万元。事实上，当地小额贷款的运作机制比较灵活，大部分的农户是采取联合形式贷款（亲友间的林权证合在一起贷款），由合作社、专业担保公司或者村委会提供贷款担保，贷款的手续也较为简捷便利。

表 4—5　　2007—2013 年庆元县林权抵押贷款分年度统计表

（单位：笔；万元）

年度 数量	2007	2008	2009	2010	2011	2012	2013	合计
贷款笔数	106	610	1117	1449	2079	1823	852	8036
贷款金额	352.8	3997	6234	15492	24720	24094	10987	85876.8
平均每笔贷款额度	3.33	6.55	5.58	10.69	11.89	13.22	12.90	10.68

不过，即便如此，庆元县林权抵押贷款仍然总量小、模式单一。虽然近年来该县林权抵押贷款金额增长很快，但其总量在全县贷款比例仍然较小。2012 年，该县全县林权抵押贷款余额为 2.74 亿元，仅为全县各项贷款余额的 7%。

在推进小额林权抵押贷款政策实施过程中，庆元县形成了一整套运作机制，主要包括以下几个方面：

第一，整合成立组织机构，"高位"推动林权抵押贷款工作开展。庆元县县委、县政府成立了林权制度改革领导小组和推进森林资源流转工作领导小组，领导小组下设办公室，由林业、银行等职能部门骨干人员组成，加强了对全县集体林权制度改革工作的领导。2007 年，为加强全县林权登记发证管理工作，该县林业局正式成立了林权管理中心，中心正式编制 6 人，实际在岗 11 人。下设 20 个乡镇林改分中心，承担着全县林权确认登记、林权流转及林权抵押贷款登记、林改政策咨询等林改服务工

---

① 不过，考虑到很多单笔贷款往往是贷款者把亲友的多本《林权证》合在一起申请贷款，因此庆元县小额林权抵押贷款的受益更广。据本研究课题组推算，实际享受林权抵押贷款的林农应该在 5 万人以上。

作。同时，庆元县以列入全省林权服务管理建设试点县为契机，在县级林权管理服务中心建立综合性服务平台，新设立了林权登记、财政贴息资金管理、林权信息化建设管理等办公室，建立了专门林权档案室。在醒目位置公布服务内容、办事程序、业务流程、承诺时限等。庆元县小额林权抵押贷款工作进展顺利，与当地政府部门的高度重视及高效的林权抵押贷款服务体系有很大关系。

第二，制定政策，完善制度。庆元县县委、县政府把集体林改工作当作推进六大农民增收任务的"引擎工程"来抓。2008年9月，该县在全（丽水）市率先召开深化集体林权制度改革工作推进会，出台《中共庆元县委庆元县人民政府关于进一步深化集体林权制度改革工作的实施意见》《关于推进森林资源流转工作的实施意见》及林权登记、林权抵押贷款、森林资源收储、财政贴息、森林保险、生态公益林补偿、林业双增等改革相关文件。并建立考核机制，每年与各乡镇、部门签订责任状，层层落实责任，形成乡镇、部门分工负责、相互协助、共同推进的工作机制。

不仅如此，庆元县还建立林业公共财政扶持机制。2008年以来，该县林业部门根据全省统一部署，暂缓征收育林基金、更新改造资金，将其全额返还给林业生产经营者。林业基层管理单位人员、工作经费全部纳入地方财政预算。全县每年应收的1000多万元"两金"，由财政全额转移支付。目前，全县已实现了从采伐到销售的"零"收费。减免的税费惠及全县广大林农，极大地调动了林农投入林业发展林业的积极性。[①]

2007年以来，为快速推进林权抵押贷款等工作，庆元县还依托林业局林业调查规划设计，建立了森林资产评估机构，制定了《庆元县森林资源资产评估暂行管理办法》，为全县林农提供资产评估服务。不仅如此，该县还专门成立了"和兴林权抵押担保有限公司"（挂靠在县林业局），累计为全县林农、林业企业提供林权抵押贷款担保40441万元。截至2013年7月，全县共有各类担保公司8家，其中以"和兴公司"为主。

第三，注重引导，促进林业合作组织发展。庆元县在组建流转服务机

[①] 除了庆元县之外，课题组在其他省份的调查表明，各县（市）平均每立方米木材征收的各种税费仍达到100元左右。

构、完善流转政策、规范流转程序的同时，还积极探索林业管理和服务工作新路子，引导创新林地流转方式，积极培育林业新型经营主体，组建各类专业协会和林业合作经济组织。截至2012年年底，庆元全县已成立了具有法人资格的国、乡林业合作组织5个，一般合作组织13个，合作经营面积达33万多亩，占全县林地面积的9.53%；活立木蓄积量300多万立方米，占全县活立木蓄积量的36%。自20世纪90年代以来，庆元县有部分农户及工商业主加大林业投入规模，大力发展锥栗、甜桔柚和毛竹等经济作物，非公有制林业经济逐渐成为林业发展的主要组成部分。截至2012年年底，庆元全县共成立非公有制经济合作组织16个，经营山地面积2.6万多亩，有效化解了实行林业生产家庭承包制后生产规模偏小，基础设施建设难度大，先进实用技术推广难，经营水平提高慢等问题。

第四，创新林权"IC卡"，开展林权信息化建设。庆元县是本研究课题组调查的所有县（市）中，林业信息化建设水平最高的县。该县把林权信息化建设纳入林改的基本工作内容之一。林权信息化管理系统的建立，对提高林权管理质量，规范山林地籍档案资料，建立现代林业管理制度等都有深远的意义。作为浙江全省第一批林权信息化建设县，庆元县于2008年7月正式启动林权信息化建设工作，并自我加压，在省厅要求勘界到村庄的基础上，主动做到勘界调查到户。截至2012年年底，已完成全县345个行政村、两个国有林场251.7万亩山林所有权、山林使用权勘界任务和森林资源调查评估工作，完成全县地形图勾绘、计算机制作及森林资源资产调查数据录入，林权信息建档3.1892万户，建档率97.4%。根据该县林业局评估，全县的林业资产价值达32.4亿元。基本实现了"人、地、证"相符，"图、表、册"相符的现代林业信息管理目标。正是因为建立了较为完整的林权地籍信息库、农户森林资源资产信息库，进一步明晰了产权，才为发放林权抵押贷款、授信和建立林权抵押信用证制度提供了可靠的依据，也为森林资源可持续经营及动态监测探索了新方法。2013年2月，庆元县成功入选为全国林业信息化示范县。

由于庆元县的毛竹加工业以其所属的隆宫乡最为发达，因此该乡的小额林权抵押贷款实施也最具代表性。隆宫乡地处闽浙交界处，2012年全乡总人口7294人，有毛竹林46800亩，全乡毛竹立竹量611.8万株，人均毛竹面积6亩。集体林改前后，当地农户利用周边县市丰富的毛竹资源

第四章 林权抵押贷款制度改革及实施

以及庆元县发达的毛竹加工产业链,逐步发展形成规模化的家庭加工业,并构成全县毛竹加工产业链的底端部分。据统计,截至2011年8月,隆宫乡全乡家庭作坊多达260家,主要集中在乡政府所在地的L村和Z村。其中L村全村人口1999人(2012年年底数字);Z村位于连接庆元县城和隆宫乡的公路线附近,全村人口773人。两村家庭毛竹加工发达,家庭作坊最多时达到近300家,现在仍有260多家,主要生产筷坯、坐垫等竹制产品或者半成品。作为小额林权抵押贷款所占比例较多的村庄,L村、Z村当地村民申请的贷款主要用于发展家庭毛竹加工业。

据了解,2012年,隆宫乡家庭毛竹加工作坊平均每家家庭毛竹加工作坊从业人员在2—10人,总从业人员达1400人。这260家作坊主要加工筷坯、竹砧板、竹垫条等坯料,产品销往县城或本乡的半成品、成品加工企业。据本研究课题组实地调查了解,这些家庭作坊式的加工企业基本上没有到工商局正式注册,也不缴纳税收。平均每家作坊购置几台加工机械,总投资数万元不等,但每年会给户主带来5万—10万元的纯收入,是当地农户增收的主要渠道。

在集体林改之前,由于融资困难、林木交易限制与市场需求小等因素,隆宫乡家庭加工作坊数量和从业人数均远低于当前。集体林权制度改革实施之后,得益于林木交易税费的降低和交易市场的放开,尤其是林权抵押贷款的实施,使得当地的林业发展具备了便利的外部环境,家庭毛竹加工业也雨后春笋般发展起来,短短几年内发展形成今天的规模。[1]

发达的毛竹加工业为小额林权抵押贷款提供了丰厚的需求基础。2007

---

[1] 不过,隆宫乡的家庭作坊在经营中也存在不少问题。最突出的是,这种家庭作坊式的毛竹加工经营规模小而分散,技术低端,难以实现生产资料的优化配置;产品利润低,无品牌,处于盈利链的最底端;经营者盲目跟风与恶性竞争,缺乏统一规制。作为庆元县毛竹加工业产业链的底端组成部分,其生存发展仰赖于上游产业链的发展。在经历了新一轮扩张后,隆宫乡竹木产业虽然在作坊数量和就业人数上猛增,但其边际效益并未提高,处于高度重复生产阶段,甚至于出现了吉尔茨和黄宗智所谓的"内卷化"或"过密化"特征。特别说明一下,"内卷化"(agricultural involution)理论最早由人类学家格尔茨(Clifford Geertz)提出,它是指小农生产的投入—产出比率呈现出边际递减的状态。格尔茨认为:这是小农在面临生态环境和人口压力的情况下,不得不作出的选择(Clifford Geertz, 1965, *Agricultural Involution – The Process of Ecological Change*, Los Angeles: University of California Press.);黄宗智把"内卷化"引申为在有限的土地上投入大量劳动力来获得产量增长,即单位劳动边际效益递减的方式,也就是无发展的增长,又称"过密化"(参见黄宗智,1986,161—162)。

年 4 月,庆元县在隆宫乡进行林权抵押贷款试点,率先发放了全省第一笔林权抵押贷款。2008 年 12 月,庆元县以隆宫乡为试点实施林权信息化建设,对村、村民小组林地所有权界和农户使用权边界进行勘测,对每户承包的森林资源资产进行实地调查评估,建立农户森林资源资产信息数据库,向农户发放了《庆元县森林资源资产信息卡》。① 信息卡上储存有该农户所拥有毛竹林地的四至、面积、树种、蓄积量、立地条件综合评价、核定资产价值等有关信息。统计资料显示,截至 2011 年 6 月,隆宫乡已经分阶段向 2300 多农户下发了储存林地资产价值等资料的"林权 IC 卡"。有关金融部门累计发放小额林权抵押贷款达 7435 万元,涉及抵押林地 4 万多亩,共有 1106 户农户先后获得了贷款,平均每户获得贷款 6.7 万元。不过,需要特别说明的是,由于很多申请这种贷款的贷款人是 L 村、Z 村从事毛竹加工业的大户或者企业主,而他们往往把家族的兄弟姐妹甚至其他亲友家庭的林权证搜集在一起去评估并组合起来申请贷款,实际抵押贷款的林农户数高于统计数字。只不过,真正享有贷款利益的也是这些大户或者毛竹经营业主。

调查表明,当前庆元县隆宫乡由银行、信用社等金融机构参与的小额林权抵押贷款政策实施过程中也存在一些不容忽视的问题。主要表现在以下几个方面:

第一,贷款受益林农所占比例仍然较少。统计资料显示,虽然隆宫乡累计有 1100 多户农户获得了小额林权抵押贷款,但已贷款农户主要集中在乡政府所在地及周边的村庄,这些村庄恰恰是毛竹加工业较为集中的村庄,而其他偏远村庄贷款农户相对少得多。之所以会出现这个情形,首先与林权抵押贷款信息不对称有关系。和毛竹加工业发达的 L 村、Z 村相比,L 乡其他村庄因为地理位置相对封闭和信息流通不畅,当地林农及村干部对林权价值、林业信贷政策服务等信息都缺乏足够的认识和了解,加上政策排斥、资本排斥、知识排斥等建构性排斥与工具性排斥的存在(程玥、朱冬亮,2012),使得隆宫乡的林权抵押贷款政策的受益人往往是那些对信息较为了解的林地经营大户及从事毛竹加工业的企业主,而大部分普通林农却因对信息的不充分了解而无法获得相应的林权抵押贷款支

---

① 通常简称林权"IC"卡。

持服务。

第二，小额林权抵押贷款的总体借贷成本仍然偏高。2012年，庆元县农村信用社发放的小额林权抵押贷款的年利率一般是6%—7%，并可在基准利率的基础上浮70%，最高时上浮100%。此外，借贷农户需按拟抵押物的评估价值支付0.3%的评估费和0.2%的担保费，另需支付0.35%的保险费用，使最终贷款成本与当地民间借贷利率相差无几，影响了林农办理林权抵押贷款的积极性。

第三，林权抵押贷款的资金用途受到严格限制。按照庆元县林权抵押贷款实施政策规定，以林权抵押的借款人所获得的贷款须用于林业生产或林业经营，这一硬性规定未考虑家庭承包林地少而分散、不利规模投资的特点。近年来，不少研究表明，我国农民的借贷需求结构没有发生根本性变化，非生产性借贷仍然是最主要的融资需求（周立，2005）。就农户来说，他们贷款往往为购买房屋、子女结婚等生活性紧急事件，而非为林业生产经营去贷款。从事专门化、规模化林业生产的农户所占比重较小，愿意以抵押贷款来培植或管护林木的农户比重则更小。本研究课题组调查显示，隆宫乡大多数农户并未通过林权抵押来获得林业经营资金，又因贷款条件限制，他们也无法通过抵押林权来获得非生产性资金。这一制度设计，使得广大林农享受不到林权抵押贷款政策带来的实际益处，而真正受益的是那些木制品加工企业主、林业大户、林场负责人等少数专业化林木生产经营者。

第四，林业管理部门存在"寻租"现象。正如有研究者所指出的，森林资源的有限性，使政府通过行政许可的方式对森林资源的利用进行控制，而制度和规则的不完善造成"寻租"空间过大（王世进，2004），这些因素也影响了林权抵押贷款政策的顺利实施。目前，隆宫乡从事林权抵押贷款的评估与担保的机构大都是庆元县林业局下属单位。借贷农户除需向信用社缴纳6%—7%的贷款利息和0.35%的保险费外，还需向林业局缴纳0.3%的评估费和0.2%的担保费。以此推算，林农平均每贷1万元，须向林业局缴纳约50元的费用。此外，林业部门将贷款周期限定为1年，农民不仅在这一短暂周期内难以利用贷款获得收益，而且归还贷款及利息后的重新借贷仍需缴纳足额手续费用，这一重复收费使林权抵押贷款政策对普通农户并无多大吸引力。本研究课题组在调查中发现的另一个现象是，农民与信用社、林业部门人员的人情关系亲疏成为决定该农户是否获得贷款及贷款数额大小的重要因素。与信用社或林业部门人员关系越近的农户越容易获得高额贷款，而与其关系相对疏远的农户则可能不得不采取"贿赂"等手段来"拉关系"，以求获得期望的贷款。

值得注意的是，在隆宫乡，除了信用社及银行部门办理林权抵押贷款之外，还有另外一套民间借贷运行机制也参与林权抵押贷款。相对于农村信用社、银行贷款等正式制度安排，在以民间借贷机制为主体的非正式林权抵押贷款制度安排中，借贷双方具有建立在地缘、血缘基础上的诸多关系，共享同一地域的日常本土知识和话语体系，并在很大程度上能够应对正式林权抵押贷款制度安排中存在的制约机制（程玥、朱冬亮，2012）。

实际上，受浙江民间信贷活跃的外部环境影响，目前隆宫乡约有数百户的农户有"私下"以自家的山林为抵押获取民间信贷资金，涉及金额达数百万元。和上文提及的正式制度层面的贷款实践相比，这种贷款完全是由借贷双方依照当地的传统民间信贷规则来协商进行，没有中介和担保，手续简便。双方主要是口头约定（少部分有书面契约）彼此的责任和义务，形式自由而灵活，因此也有不少农户通过民间林权抵押借贷来满足自身的资金需求。

庆元县隆宫乡的林权抵押贷款实践表明，具有熟人关系的农民生活在同一地域，所承包或自留林地也多分布于同一区域，因此在长期实践中，借贷双方共享一整套关于林地土壤肥力、四至范围、立竹数量、林木生长周期、林木价值等山林经营管护的本土知识，这使民间放贷人对拟抵押森林资源资产价值有着客观明确的认知。而放贷人与借贷农户从事的非农职业或"第二职业"也具有高度同质性，对其还款能力与经济收入水平也更为了解，这些信息促使民间放贷人将贷款提供给有实际还款能力的农户。同时，借贷农户群体也对民间借贷较为熟悉，这样就不容易出现前文所讨论的信息获得或信息分布不均衡现象。

从法律层面上看，林权具体包括林地所有权、林地使用权、林木所有权、林木使用权、林产品权、采伐权等，但由于农民的思维观念与行为逻辑并不经常涉及正式制度结构，而是更多地受当地社会文化机制影响。对民间借贷双方来说，对法定具体林权的详细区分并无实际意义。农户甚至极少有"林权"这一认知,也不存在拟抵押林权与具体林权之间的矛盾。作为生活在同一地域的邻居或熟人,彼此在抵押期间对抵押山林所采取的任何行动均可能被对方及时得知,双方在这一情形下极少发生冲突。此外,信用社处置欠贷农户的抵押资产时,外地人作为村庄场域之外的行动者、本村人作为借贷农户的熟人,均不敢或不愿接受抵押物,这便形成了抵押林权变现难的困境。而民间借贷对抵押林权的处置具有鲜明的创造性,他们实行"有限林权抵押"的做法。也即是,如果借贷林农无法按期还款,则放贷人始终享有山林收益,直至其偿还本金及利息后归还山林,这一做法消除了因彻底没收抵押林地所可能引发的转让或拍卖困境、农户生活困难等问题(程玥、朱冬亮,2012)。

在隆宫乡,由于借贷双方地缘、血缘与业缘等方面千丝万缕的联系,双方几乎不需支付任何成本即可获取借贷信息。事实上,在依赖本土知识建构的农村社会中,村民之间拥有一系列基于长期互动、频繁打交道形成的,对其他村民的品行、能力、人脉资源等方面较为客观、公认的评价或认知。这些"他人档案"使民间林权抵押贷款机制省去了信用社放款时所必需的申请、审核、评估等风险保障流程及费用,并能够及时对可能出现的风险进行预防与调节。一旦发生本息无法按时归还或抵押物出现自然灾害等风险,放贷人又能灵活地通过调节利率、接受拟抵押物替代物或其它形式的补偿来尽力减弱或消弭风险。在由熟人关系组成的农村,声誉或信用是农民极为看重的社会资本,它需要长期社会交往才能建立起来,而农村社会中存在的基于传统民间惯例的集体惩罚机制,将使拖欠贷款者面临被村庄"熟人圈"集体排斥的压力,并进一步使其个人甚至家庭信誉受到影响。

前文已经提到,农民对非生产性融资的需求远大于对生产性融资的需求,但是这一没有经营性的贷款使用途径并不为信用社等放贷机构认可。由于农民无法从信用社、银行等金融机构获取消费性资金时,只好诉诸于民间放贷人。民间借贷的利息尽管高于正式金融部门,但由于免去了各种手续费用与限制条件等,事实上农民通过两种途径所承担的贷款成本几乎相差无几。在这种条件下,农民更倾向于采取便利的非正式渠道来获得资金。在民间借贷机制中,林权抵押贷款和其他形式的抵押贷款并无区别。放贷人对贷款用途基本不作限制,这是因为在农民观念中,林业生产经营与子女结婚、建房、看病买药等其他活动均是日常家庭生活的一部分，农民并无将其作特殊对待的心理。这与正式林权抵押贷款政策产生的结果截然不同。

不过，和正式制度的林权抵押贷款机制相比，属于非正式制度领域的民间林权抵押借贷虽然能克服正式制度安排中存在的制约因素，但其本身也存在明显缺陷。就整体而言，民间借贷的主要问题是相关法规和监管缺位导致的高利贷化、风险扩大化（杨丽艳，2012）。此外，民间借贷也存在政策限制、经营无序、周期短等客观缺陷（周立，2007）。隆宫乡民间林权抵押借贷除具有以上普遍性不足外，还存在借贷行为受到借贷双方关系影响、贷款数额由双方关系亲疏决定，这一特征体现了该乡民间借贷并非完全以盈利为目的，而是具备了一定共同体内部或熟人之间的资金互助性质。可以说，民间借贷的诸多不足同样导致农民无法过于依赖这一渠道贷款，抑制了农村资金需求。因此，如何在小额林权抵押贷款机制运作中实现正式制度与非正式制度的协调与均衡，特别是把农村本土性知识纳入其中，这点是现行林权抵押贷款制度安排中值得重视和思考的一个问题。

（2）福建泰宁县焦溪村小额林权抵押贷款案例分析

对于普通的林农而言，他们最为关心的是能让他们直接受益的小额林权抵押贷款。福建省以农村信用为基础的林权抵押贷款，尤其是小额林权抵押贷款在某些试点县市有了初步的进展。例如，福建省泰宁县的焦溪村就是其中一个典型的例子。作为泰宁县选定的6个小额林权抵押贷款试点村之一，焦溪村2007年开展试点。据了解，截至2008年3月26日，全村共有4户农户贷款，共贷款8万元。

按照泰宁县的相关政策规定：凡在本县行政区域范围内，拥有全国统一式样《林权证》，从事森林资源培育、经营活动的林农，均为林业小额贴息贷款的对象；林业小额贴息贷款原则上用于林业生产经营和新农村建设项目，不得挤占或挪作他用；贷款额度控制在2万元以下，不须评估；县农村信用社以小额贷款利率发放贷款，林业部门按月息3‰给予贴息，财政部门根据审核后的贷款花名册及林业局收据，拨付贴息资金；贴息由林业局直接贴补支付给林农。

按照泰宁县原先的规定，林农林权抵押贷款的期限为1年，后延长到2年。在贷款期间，林农必须要有抵押物，例如用材林、毛竹林和经济林等森林资源资产都可以作为抵押物。对信誉良好的信用村（镇），可开始探索荒山荒地抵押。抵押贷款合同生效后，由县信用联社授权基层信用社及时审批，后者再向林农发放贷款。贷款期限届满，还清本息，由林业部门支付林业贴息。贷款期限届满不能还本付息的，不再享受林业小额贴息贷款的优惠政策，并由农信社对抵押物按法律程序予以处置。

焦溪村实行小额贴息免评估政策。林农可以以林权证作为信用户或信用村的重要凭证，在办理小额贷款时可以免予评估。对于非信用户或非信用村则是由当地林业部门和金融机构基于造林成本一起确定林木的评估价值。

泰宁县规定，林权抵押贷款的具体办理操作流程大概为：农户申请→填写森林资源资产抵押登记申请书→审核、办理抵押登记手续→签订抵押贷款合同→签发森林资源资产抵押登记证→发放贷款。在办理贷款时，林农即贷款申请人按照要求，必须向农信社提供《森林资源资产抵押登记申请书》、居民身份证复印件和林权证，与农信社签订林权抵押贷款合同。

据当地林农反映，焦溪村试点实施的林业小额贴息贷款政策效果良好。一是解决了林业发展资金"瓶颈"问题。4户林农贷款分别主要用于竹山道路改造、用材林基地建设，雷公藤、锥栗种植和农业生产。本村的一户林农种植药材，由于受资金制约，无法进一步扩大规模，开展小额贴息贷款后，他顺利地从信用社办理了贷款，并利用贷款资金发展雷公藤及其他药材种植60多亩；二是小额抵押贷款显现了林权证的内在价值。林业小额贴息贷款让林农手中的《林权证》活了起来，使山上的活立木变成了有价值的抵押物。有一户贷款的林农说：

> 林子在山上长，不要砍掉，就可以在银行换到钱，这样把山上的林木"死资源"变为"活资金"，这是一个好的办法。[①]

不过，泰宁县的小额林权抵押贷款政策也存在许多不足之处。据该村村民反映，这项政策目前知道的人不多，还有一个就是贷款的额度太小，

---

① 2008年3月25日访谈泰宁县焦溪村 L. Z. R.（连任两届村主任）。

只有2万元;二是贷款的期限太短,只有1—2年;三是如果要用贷款造林,而家里没有山林作为抵押,那么在最需要造林资金的时候就贷不到款,因为没有林权证抵押物,自然贷不到款;四是政策规定手续说是在一个工作日可以办完,但事实上真正办完往往还是需要花费几天时间。

虽然焦溪村这个试点村只有4户农户进行了林权贷款,看似"比例太低",但本研究课题调查员在全国多个省份的许多村庄的实地调研中也发现,真正有林农申请小额林权抵押贷款的村庄并不多见。截至2013年,在本研究课题组重点调查的24个村中,有10个村没有林农申请林权抵押贷款,其余村有申请林权抵押贷款的也只有几户,很少有超过5户的。当然,导致林农小额林权抵押贷款发展缓慢的原因是多方面的。在实际操作中,如果普通林农以自家承包经营的几亩、十几亩或者数十亩的山林为抵押申请贷款,对于金融部门而言,这类小额林权抵押贷款显然缺乏规模效益,故而办理的积极性始终不高。对于普通的小户林农而言,林权抵押贷款不仅涉及繁琐的贷款程序,而且贷款的利率也较高,一般农户对此望而生畏。再者,由于目前各地已经广泛开展各种农村小额信贷,农户可以以村干部担保或者多户联保的方式获取3万—5万元的信用贷款,客观上形成对小额林权抵押贷款的替代。如福建顺昌县金融部门近几年开展农户小额信用贷款。某个农户只需找另外1户农户担保,最高即可从信用社贷款3万元,年利率是9厘多。浙江省安吉县当地金融机构所提供的"诚信彩虹"小额信用贷款,最高贷款额度可达6万元,而且贷款的程序非常简便,只要户主提供自己的身份证(和夫妻的结婚证)即可申请,且贷款资金用途不受限制。

实际上,类似林权抵押贷款这样的政策,真正受益的主要是那些林地流转经营大户、林业合作社或者是林业产业化企业,一般农户获益较少。这是本研究一再呈现的。正如福建省林业厅一位负责人曾经反映的:

> (林权抵押贷款)很明确的一个特点是做大宗的,小宗的不做。林权抵押贷款已经常态化,搞了7—8年。大部分的银行已经接受这个林地贷款。做的最多的是农业银行和农业发展银行……但是抵押率低,大面积的有人愿意做,小面积的林农抵押贷款难。林业大户和林业企业比较多。全省小户林农的贷款不到10%。1000亩以下的抵押

可能都很少。抵押率由各个银行自己定，抵押率偏低是林权抵押贷款的主要问题。最低的只有按照评估值的 30% 来进行评估，最高的也只有 50% 左右。林木的价值不确定因素较多。[1]

三 林权抵押贷款与林业产业发展

林权抵押贷款政策实施产生的最大一个效益就是大力促进了林业产业的发展。由于获得贷款的绝大部分是林业企业、林业专业合作组织或者林地承包经营大户，林权抵押贷款极大地盘活了这些市场化经营者的资源资产，增强了其资本存量，进而为林业产业的发展提供了更好的市场环境。本研究课题组调查显示，截至 2012 年，9 个重点调查的样本县（市）中，平均林业产值达 36.79 亿元，其中最高的是浙江安吉县达 120 亿元。另外，浙江庆元县和福建将乐县分别拥有 1 家林业上市公司。而在湖南怀化市，自 2007 年启动集体林改以来，该市各有关金融机构累计发放森林资源资产抵押贷款达 1.2 亿元。同时，这个市还积极引导大企业、大财团大量收购现有中幼林的产权或股权，推进林业滚动开发。截至 2010 年，全市仅"泰格林纸"、"嘉汉集团"等大型林业企业就投资 4 亿多元，收购青山达 40 多万亩。[2] 而在福建长汀县，该县不少林业企业和林地经营大户以林权抵押贷款方式获取资金，用于水土流失治理和现代林业产业发展。自 2007 至 2012 年，该县共有 16 家林业企业和 39 户林农以林权证抵押面积 26 万亩、抵押金额 2.89 亿元。包括南方林业公司（上市公司）在该县以林权证抵押贷款 3000 万元，用于发展 3 万亩的速生丰产林基地建设。

再以云南省为例，2012 年，全省林业总产值达到了 1587.49 亿元。相比 2005 年以前，增长率达 567.6%（云南省林改办，2010）。而浙江省的林业总产值也从 2006 年末的 1217.6 亿元增长到 2011 年的 3154.8 亿元，年均增长 15.1%。该省以占全国 2.18% 的林地面积创造了占全国

---

[1] 2010 年 7 月 15 日福建林业厅 L.D.Y. 访谈。

[2] 根据 2010 年 12 月 3 日怀化市委、市政府向国家林业局林改小组黄建兴副组长的工作汇报资料整理。

11.15%的林业总产值,实现了从森林资源小省向林业产业大省的跨越(浙江林业网,2009)。不仅如此,浙江省林业产业对农民增收的贡献也很大,并且呈现加大的趋势。例如,2011年浙江农民增收中1/4来自林业产业。2011年,浙江全省农村居民人均林业纯收入2261元,人均林业纯收入占农村居民人均纯收入的16%,林业增收对农民收入增长的贡献率为25.7%,即2011年农民增加的收入中,1/4来自林业产业。在一些重点林区县,林业更是农民增收的主力军。2011年浙江省9个重点林区县的人均林业纯收入达5472元,同比增加1954元,增长率为21.3%,占农民人均纯收入的54%,比上年增加2.5个百分点,农民增加的收入中59%来自林业的增收(浙江林业网,2012)。

本研究课题组调查还发现,近年来不少地方均把发展油茶作为林业产业化发展方向,介入这个领地的很多业主都是村庄社区外的工商资本投资商。在福建尤溪县、江西铜鼓县、浙江庆元县、湖北京山县与安徽绩溪县、休宁县等地都把发展油茶种植业作为重点产业加以扶持。如福建尤溪县现有油茶林种植面积22.28万亩,2008年至2012年该县共完成油茶新植24530亩,完成低产林改造32500亩。该县也因此被列为全国100个油茶产业发展重点县之一。2009年1月,中国经济林协会授予尤溪县"中国油茶之乡"称号。而在江西省,其省政府制定了《关于加快油茶产业发展的意见》,并从2010年起省财政拨付500万元作为油茶产业发展专项资金,扶持油茶产业的发展("集体林权制度改革监测"项目组,2012)。在福建长汀县,当地有一家林业企业以林权证抵押贷款7800万元,用于发展1.3万亩的新植油茶产业和2.5万亩的速生丰产林基地建设。在浙江省庆元县,该县准备推进油茶示范基地建设任务,2012年新建油茶基地2067亩。同时,该县引进台州工商资本成立了庆康油茶种植合作社,拟在该县投资发展油茶2万亩。不过,各地大力推进油茶种植,也可能因资本过于集中,未来可能导致潜在的产能过剩。此外,个别地方似乎有套取国家项目扶持资金的嫌疑。

在云南省,当地政府则把大力发展核桃种植作为林业主导产业。该省目前已经发展核桃种植1000万多亩,并计划扩种至4000万亩,使之成为云南省的最大林业产业。近几年,云南省每年拨出1亿元资金,按照每亩30元的标准提供核桃种苗补贴。该省计划每年种植核桃300万亩以上。

第四章 林权抵押贷款制度改革及实施

核桃适宜生长于海拔1600—2300米之间的山区,这点与云南省的生态环境较为适宜。不过2010年年初前后的特大旱灾给云南省的林业生产特别是核桃种植业造成很大的损失,很多核桃树苗枯死。这种特大的自然灾害也给当地的森林保险的发展蒙上一层阴影。

事实上,随着近年来林业经营潜力的逐步显现,林业已经逐步成为各类市场资本关注和投资的新领域,其结果不仅加快了林地林木的流转,同时也使得林地林木的价值被逐步发掘出来。大量工商资本进入林地流转经营市场,其最明显的效应是使得林地租金价格明显上升。本研究课题组重点调查的9个样本县(市)的每亩采伐迹地招投标价格已经从林改初期的平均5元上升到目前的20.9元。最高的县平均达到了50元。例如,江西崇义县全县村集体的林地林木统一到县林权管理服务中心流转,大大提升了林地林木流转价格。从2004年实施林改至2013年,该县的成熟杉木林转让价格由林改前的600元/亩上升至4300元/亩,最高超过了13000元/亩;毛竹林由年租金18元/亩上升至86元/亩,最高达135元/亩。采伐迹地则从50元/亩上升至960元/亩,最高达1760元/亩,且往往要求租赁林地者必须一次性支付所有租金。而近年来该县有一些原本经营矿山的业主开始把自己的资本转向山林经营,该县有个村在2012年的采伐迹地竞标中,竟然出现每亩年租金达396元的最高值(双方约定是租金1年一付)。[①] 而在福建顺昌县,因当地立地条件好,截至2013年,该县的每亩采伐迹地25—30年租金的招投标价格平均已经达到1200—1800元左右(每年每亩租金是48—72元),最高的已经超过100元/亩。即使在立地条件不被看好的河南省内乡县,其林地价值也逐步显现。该县余关乡独树村2008年成立合作社,该社租赁了两三万亩林地,租期是50年,流转价格林改前50元/亩,林改后涨到200元/亩,上涨了3倍(贺东航、朱冬亮等,2014)。

林权抵押贷款政策的实施,在客观上催生了一些新型林业经营主体。这其中最明显的就是各地林业专业合作社注册数量明显增加。例如,浙江省安吉县规定,凡是农民注册合作社,县财政即按照每个合作社5万元标

[①] 和福建省不同的是,江西省明确提出,属于国家林木税费减免的让利中,必须把其中的30.24%返还给农户,剩下的返还给经营者。如在崇义县,每亩山林的让利款折算为85.6元。

准给予资金扶持。在本研究课题组重点调查的9个县（市）中，平均每个县（市）有林业专业合作社40.8个。而村级调查则显示，平均每村成立的合作社有0.91个，入社户数平均为69.50户，占样本村平均总户数的18.2%。这些合作社往往与经济林经营、苗木花卉种植及林下经济等林业产业经营有关。

本研究课题组的村级调查还显示，近年来不同地方的村庄，结合自身特点，积极探索不同形式的林业集约经营组织形式。主要包括组建各类集体或者家庭合作林场，如福建沙县、将乐县、顺昌县，广东始兴县等地都组建各类股份合作林场。以沙县为例，目前全县单户经营林地面积逐年缩小，而采取规模集约经营的面积逐年增加。2014年7月县林业局调查统计显示，全县采取行政村股份林场经营模式的林地约占总改革面积的9%，采取村民小组股份林场经营模式的约占24%，而采取家庭联户或户经营的约占46.5%。而在福建将乐县，近年来该县每年"预期均山"林地面积都在1万亩以上，这部分林地大部分采取股份合作形式进行确权经营。不仅如此，近年来，各地积极组建各类林业协会组织，以便搞好现代林业服务。如将乐县就组建了林木种苗协会、木竹行业协会。江西崇义县有"三防"协会126个，管护面积153.8万亩。

林权抵押贷款政策实施，在更广泛的意义上盘活了森林资源，实现了从林业资源→林业资产→林业资本→林业资金的资源转换。不仅如此，集体林改的实施还从更广泛的意义上盘活了森林资源，促进了森林资源向其他经营性资产转换。如在浙江省安吉县，该县倡导"不砍树也能致富"的新经营理念，利用自己毗邻杭州的地理区位优势，成功地打造出"美丽乡村"和"竹海"的旅游品牌，引导林业市场"接二（产业）连三（产业）"，积极探索新型林业经营形式，包括引导农户以林权作价出资成立股份制合作社或林业企业，直接参与林产品加工、销售及森林旅游的开发，加快推进传统林业向现代林业转型升级。例如，本县尚书干村成立了尚林毛竹股份制合作社，之后全村近200个劳动力从山上竹林生产中转移出来，到山下进企业从事非农非林产业，包括从事休闲旅游等。村里每人每年工资性收入增长2000元以上。据统计，仅安吉全县20家股份制合作社就转移劳动力5000余人。与此同时，安吉县还积极引导林业园区向林业景区转型。如有的股份制合作社在建设毛竹现代科技园区的同时引进休闲元素，以休闲观光和农事体验为主题的"农家乐"，吸引了大量城里人来园区周边度假休闲，合作社的园区已成为游客的"开心林场"。如本县山川乡富民合作社园区近几年每年接待游客都超过 3 万人，带来可观的经济效益和生态效益。

四 林权抵押贷款政策实施中存在的问题

调查显示，虽然各地都已经开展林权抵押贷款并取得了明显的成效，但这项政策在实施过程中也存在不少共性的问题：

（一）政府的政策性取向与金融部门的市场性取向冲突

积极推进林业金融支持制度改革是深化集体林改的一项重要制度变革保障。由于林权抵押贷款定位为一项惠农政策，在具体实施过程中强调公益性，这种取向和银行金融部门本质上追求的市场化取向会发生冲突。后者出于获取市场盈利的目的而开展林权抵押贷款业务，如果面临的市场风险太大或者不可控，它们就不愿意开展此项业务。而从林业经营者包括小户林农、大户林农以及林业企业的角度来看，山林资源是他们可以用于抵押的主要资产，如果不能以林权为抵押，就不能有效地从金融部门获得融资，其市场竞争地位将会因此受到严重削弱。因此，林权抵押贷款政策设计和客观的林业金融市场运行中存在一些难以协调的目标冲突。类似的问题在森林保险、森林资产评估和担保环节也同样存在。

从林权抵押贷款的需求主体来看，当前各地反映了一些具有共性特征的问题：一是林权贷款周期较短，绝大部分是 1 年，长的有 3 年，很少有超过 5 年的。[①] 与林业生产动辄十几年甚至二三十年的长周期矛盾较为突出；二是林权抵押贷款手续繁琐且融资成本高。主要表现为申请林权抵押贷款的手续相当繁琐，需耗费林农不少时间和精力；贷款利率和费用较

---

① 虽然目前各地林权抵押贷款的时间普遍只有 1 年，但在实际操作中，有的县（市）为了便利于林农，在林农还完上一期的贷款即利息之后，立即可以申请下一期的贷款。对于金融部门而言，这也是大大降低了其市场风险，且给林农贷款提供了方便。

高。如果没有政府财政贴息，目前各地的林权抵押贷款大部分利率在 8%—10% 之间，有的甚至达 10% 以上。如果再算上担保费、评估费等，融资成本最高的可达近 15%。这个利率已经接近于各地民间借贷的利率；三是森林资源评估与林农的期望值差距太大。评估公司评估出资的林权价值过低，只计算竹木材用价值，未考虑其生态、旅游价值。再者，贷款在 100 万元以上的项目只能委托省级有资质的评估机构开展评估，涉及森林资源评估费用太高，而且每次贷款都必须经过评估，增加贷款成本。金融机构对评估报告的认可度低，对林权融资授信额度偏低，一般为 30%—40%。

就林权抵押贷款的政策设计而言，该政策尤其不利于从事细碎化林地经营的小户林农融资造林。按照制度设计，林农贷款必须以林木资产也就是山林资产作为抵押，方可贷到款项。而事实上，林农最可能需要资金的时候是造林阶段，这个时候是没有林木资产用于抵押的。他们要么不得不以其他没有砍伐的山林为抵押，要么寻求别的融资渠道。特别是当林农对自家承包的林地进行成片的主伐时，能够用于抵押贷款的山林肯定所剩无几了。如果林农是小片造林，需要的资金量很小，面对复杂繁琐的资产评估、贷款手续，再加上目前抵押贷款的利息偏高，林农觉得没有必要花这么大的精力去贷这么一点款。再者，从资产评估方和发放贷款的银行方而言，小额贷款也没有规模经济。特别是资产评估，对小户林农的一两万元至数万元的林木资产进行评估，收取的评估费尚不足以弥补其耗费的成本，自然也不情愿做这种"赔本的买卖"。

再者，有的经济相对发达的省市已经开展可以替代小额林权抵押贷款的金融产品，而且其操作简单，便民利民。例如，前文已经提到，浙江省安吉县当地金融部门就推出一种名为"诚信彩虹"的信用贷款服务。夫妻双方只需凭借结婚证和身份证就可以向当地金融部门申请总额最高可达 6 万元的贷款，而且不需任何抵押担保手续。假使仅仅用于投资造林，这笔资金已经可以基本满足小户林农的资金需求。如果需要更大额的资金，普通林农也没有更多的山林资产可供抵押了。

正是基于上述原因，小额林权抵押贷款缺乏足够的市场基础。很多地方在推进这项工作时感到举步维艰，深层的原因在于现行的小额林权抵押贷款政策缺乏足够的操作性和适用性。调查中还发现，真正有进行小额林权抵押贷款的林农只占很小的比例。很多村甚至至今根本无人申请小额贷款。

例如，在四川大邑县花水湾镇，截至 2010 年 7 月，全镇办理小额林权抵押贷款的只有 2 户，而且这 2 户林农还是被树为"典型"，是当地林业部门想方设法"动员"之后才办理抵押贷款的，其整个贷款的服务性手续都是花水湾镇林业站帮他们代为办理。在该县，有几位大户也先后办理了林权抵押贷款，其中一位大户反映其中的整个程序太繁琐太冗长了，以致他整整花费了 1 个多月来回折腾奔波好不容易才申请到 100 万元的贷款。这次贷款经历是如此艰辛，以致他表示再也不想申请林权抵押贷款了。而另外一个合作社的林农则表示，他贷了 20 多万的款，但利息太高，令他难以承受，就尽快把这些款还完了。笔者 2010 年在此展开实地调研时，本县的受访贷款户都没有享受国家的贷款贴息政策。

正如前文多次提到的，真正对林权抵押贷款感兴趣的是那些林地经营大户和林业企业。这类业主对金融资金有旺盛的需求。为了进一步拓展市场，他们急于需要更多的资金用于经营扩张。从林权抵押贷款政策的实际执行效果特别是社会效果来看，这项政策对于解决小户林农资金短缺方面基本不能发挥作用，但是对于增强林业企业的市场融资能力却可以发挥至关重要的作用，后者通过林权抵押贷款获得更多的资金支持，从而强化其市场竞争力。站在饱受市场资本排斥的普通林农立场而言，林权抵押贷款政策实际上使得他们的处境变得更为微妙和脆弱。特别是在林地大规模流转拍卖的市场竞争中，掌握了雄厚资本的大户和林业企业，能轻易地击败小户林农分散的弱小资本，形成一种特定的"资本剥夺"机制，并导致林农的"失山失地"。

不仅如此，有的地方政府包括林业管理部门和金融机构对开展林权抵押也存有抵触情形。当初福建省在推进林权抵押贷款时，金融部门对此不理解也不支持。福建省林业厅相关机构负责人回忆了当时推动林权抵押贷款的艰难情形，并谈到当时林权抵押贷款政策实施中存在的一些"乱象"：

> 我们省的金融部门在开展林权抵押贷款方面，经历了一个从不接受到接受、从少量的银行接受到大部分银行都接受林权抵押贷款的过

程。但即便如此,小额贷款这块至今仍然难有大的突破。在我们省,早些年,发放林权抵押最多的是农业银行和农业开发银行。发放贷款的额度最低只按照评估值的30%来进行评估,最高的也只有50%左右。而且银行一直担心评估机构乱评估,双方没有建立足够的信任机制。在抵押贷款的利率方面,农开行的利率相对比较低。事实上,在2010年之前,我们省没有对银行发放林权抵押贷款的利率进行专门的规定。利率由银行自己决定。即使是同一家银行,它们也会根据贷款企业的信誉度不同而实行不同的利率。①

事实上,2013年9月本研究课题组成员在湖北省恩施市龙马镇调查时发现,全镇申请林权抵押贷款的只有3户,每户是5万元,完全是政府政策行为的产物。最令人担心的是,这3户贷款农户中,其中有2户已经有2年多没有还款,而约定的贷款期限是1年。由于龙马镇目前只有信用社一个金融机构发放信用贷款,而信用社社长自己认为,林权抵押贷款是无效抵押物。现在他们思考的是如何追回已经违约的2户林农的林权抵押贷款,但社长本人似乎是对此感到束手无策。因此,他表示,以后再也不会发放林权抵押贷款。②

在湖南省靖州县,截至2011年7月,该县共办理了88宗地,总面积为1.2万亩的林权抵押贷款,贷款金额为1200万元。根据靖州县林业局林改办负责人的反映,本县林业局不具备林业资产评估资质,因此林权抵押贷款中涉及的林业资产评估必须由靖州县所属的怀化市林业局的林调队来承担评估工作,而靖州县林业局只负责对涉及的山林抵押物进行登记和监管,包括确保抵押贷款的合法性及真实性,监管抵押后的山林资产,并协助处理抵押物。由于本县财政非常困难,因此所有的林权抵押贷款均没有政府财政贴息。由于本县的林权抵押贷款利息高达13%,加上本县小额信用贷款体制还没有建立,因此林农小额贷款也基

---

① 2010年7月14日访谈福建省林业厅政策法规处 W. X. J. 处长。
② 本研究课题组在那次调查中发现,当地信用社发放的小额信用贷款的违约率较高,已经超过正常的风险控制水平,因此,龙马镇农村信用社社长表示,2013年已经大幅度降低了小额信用贷款的额度。

本没有开展起来。① 类似的情况在湖南新晃县也有反映。如该县洞坪乡大坪村林业大户 P. J. B. 在接受本研究课题组调查员访谈时表示，他本人曾申请过林权抵押贷款，但利息过高，年利率 13%，造成本人最终放弃贷款造林想法。P. J. B. 是当地的造林大户，在 2011 年前的数年中，个人造林面积达 1000 亩。②

由于林权抵押贷款的信息化建设滞后，因此，靖州县林业局林改办的负责人认为，当务之急是建立林权抵押贷款的信息平台，以便反映山林抵押过程中的采伐情况、管护情况和借贷人贷款偿还情况。同时，也要尽快把本县的资产评估队伍建立起来，并建立林业抵押贷款金融风险的应急处理机制。

（二）抵押的林权主体混乱

按照现行的林权抵押贷款政策制度设计，业主能够抵押的林权实际上只是林地上附着的山林林木资产，评估部门评估的也是这部分资产，至于林地所有权依然属于集体所有，不可能进行抵押，而林地的承包权也仍然归林地承包者所有。在实际运作过程中，有的经营者通过林权流转从小户林农手中获得大面积的林地承包经营权，但经营者自身并没有获得完全授权的林权证，而出让林地承包经营权的小户林农仍然手持原始的林权证，只是在林权证的"备注"栏目中注明宗地的流转情况。这样就出现了"一山二主"的情况。一旦受让林地的承包方以自己所承包的林权为抵押

---

① 靖州县林业局林改办负责人反映，该县的育林金征收标准从林改前的 20% 下降至林改后的 10%，减轻了林农负担，但却使得林业局"收入"减少。2008 年至 2010 年，全县共征收育林基金 8023 万元，其中 2008 年为 3581 万元，2009 年为 2053 万元，2010 年为 2389 万元。2007 年以来，累计向林农让利达 1680 万元。与此相伴随是全县林木采伐指标也逐年下降，如 2010 年全县采伐指标是 20 万立方米左右，2011 年下降到 15 万立方米。靖州县林业局育林基金收入每年少了 1000 万元，而政府对此给予的财政转移支付只有 728 万元，由此产生了数百万元的缺口，因此当地连林业局工作人员的工资发放都成了问题。由于当地财政困难，在以往，林业税费收起来之后是用来养人的，育林基金实质上是"育人金"，是给林业局员工发工资的。上级转移支付不足，只转移支付 728 万元，而该县仅发工资就要 1300 万元，维持整个林业系统队伍要 2000 万元。因此，林改之后，林业局自身出现了"收支危机"（2011 年 9 月 7 日访谈靖州县林业局林改办主任 X. C. Z.）。相比之下，地方财力雄厚的浙江省有不少县市已经完全免除了育林基金，即使是如庆元县这样的落后的县，也不再征收育林基金。

② 2010 年 7 月 13 日本研究负责人访谈新晃县洞坪乡大坪村林业大户 P. J. B.。

去申请贷款，在法律上将会面临一些困境。

如靖州县林业局林改办负责人就针对集体林改后仍然存在的集体林权实践中的产权混乱现象，提出了自己疑问：

访问者：你认为林权抵押贷款政策实施中还有什么问题？

谢：林权抵押贷款的事情现在银行不愿意搞。我们（林业局）自己也不想搞。它这个制度规定的有点不符合实际，因为，搞抵押的是林木所有权人，因为林权证是包括林木所有权、林木使用权、林地使用权、林地所有权，它这四个所有权是可以分开的，分别属于四个不同的主体。它规定，在搞林木资产抵押的时候，必须连林地使用权同时抵押，但是在林木所有权和林木使用权与林地使用权分开的时候这个抵押是不可能操作的。①

访问者：大部分的抵押是林木所有权人抵押？

谢：对对。但是它规定林地使用权和林木所有权同时抵押才能把贷款贷出去。现在按照这个操作变得很难了。无法操作。就好像我拿有林木所有权证，你有林地使用权证，它是银行，我拿林木所有权证去贷款，它规定你的林地使用权证要拿过来抵押，但是这个抵押和你没关系，你愿不愿意拿？你肯定不愿意。让你林地使用权证拿出来和我承担风险，你愿不愿意，肯定不愿意啊，没关系的。但是它规定要两权合一。

国家林业局规定，林地可以流转，但是林地使用权不做登记。那么，那个林地使用权还是属于林农。它这样规定的目的是防止那个农民失山失地，但是到了贷款它又说不过去了。是不是啊，林农有林地使用权，（要）贷款的人有林木所有权，你去找他（林农）要，他（林农）不可能给你的，不可能。②

（三）抵押程序中存在监管漏洞

由于林权抵押贷款是近年来才出现的新生事物，相关的配套服务体系

---

① 我国《物权法》第一百八十四条规定"耕地、宅基地、自留地、自留山等集体所有的土地使用权不得作为抵押"。

② 2011 年 9 月 9 日访谈靖州县林业局林改办主任 X. C. Z.。

第四章　林权抵押贷款制度改革及实施

远没有建立健全,这点是阻碍林权抵押贷款顺利开展的一大瓶颈。开展林权抵押贷款,需要林业管理部门、金融保险部门、担保机构以及林木资产评估中介机构的紧密衔接与配合。一旦哪个环节衔接不上,就可能影响整个林权抵押贷款流程的健康运作。而站在林业管理部门的角度来看,很多地方的林业管理部门都反映了一个深层的林权抵押贷款的政策实施机制的问题,即林业局作为一个职能部门,是否能够真正履行林权抵押贷款政策设计中的"监管"职责。在开展林权抵押贷款中,有可能出现金融部门和林业部门评估机构工作人员串通一气,人为抬高林木资产评估标准,然后再通过抵押贷款骗取国家的金融资产。一旦出现这种情况,将可能导致国有金融资产的重大流失。如靖州县林业局林改办负责人就表达了自己的这种担忧:

> 我认为,现在林权抵押贷款实施中首先面临的是制度问题。林业部门怕承担责任,制度不健全,林业部门不知道怎样去操作。再说,作为县林业局,我们承担抵押登记管理机构是否合适?所以,我们县的林权抵押,还在一个摸索期,试点阶段。一个是银行,它的思想,它还考虑到风险比较多。作为林业部门,它认为制度、相关的配套制度不健全。林业部门它的这个抵押登记的职责不是非常明确。我就是搞这个抵押,我就觉得这个抵押条款职责不明确。抵押登记它规定怎么怎么搞的,抵押的比例多大是不是林业局可以说了算。就说你超过了,我是不是就可以不给你做抵押登记,我是不是能说了算,相关规定它没有说。它只是对抵押登记的合法、规定说得很含糊,很原则性,它没有说的很具体。像我就碰到过这种问题啊,像我就碰到过一起(林权抵押贷款申请案例)啊,他明显就抵押的价值远远超过了抵押物,但它银行愿意贷款给他,银行它愿意给他登记就是了。比如,山上的(树)可能值60万,但是(银行)贷60万给他?但是你没有这个权力来说,是不是?我没有这个权力啊。我说你这个(贷款额度)超过了林子的价值,我可不可以不给你搞登记?这个问题我从来没碰过,是我想到的这个情况。所以这个条款的职责不是很明确。这个问题(怀化)市里面来搞(调查)我也是这么说,职责不明确你必须清楚。这个抵押登记管理机关你必须清楚,我不是说登

记了一下就了事了。我有哪些审批权，你是不是登记一下就可以了，什么都不要管了，这个我认为要说清楚。而且我感觉银行这块因为我原来没接触过，至少给我的感觉，银行作为抵押人和抵押权的关系太暧昧了，不是很单纯的，（它们）相互之间，反正国家的钱又不是自己的钱，又不是拿自己的私人的钱借给别人是不是？①

（四）林业金融支持制度改革的配套措施相对滞后

林业金融支持制度改革是一个综合性的系统工程，林权抵押贷款政策实施涉及林业资产评估、林权抵押贷款担保、国家财政贴息政策等相关的配套改革举措。如果这些配套举措改革没有跟上，那么也势必会影响林权抵押贷款政策实施。

1. 国家政策贷款贴息执行不到位

林权抵押贷款贴息政策本来是一项很好的可惠及林农的政策，但是由于设计得过于谨慎，使其无法充分发挥政策效力。按照相关部门的规定，各类林业经营主体只要符合相关条件，都可以申请国家的贷款贴息，年贴息最高可达3厘（即0.3%），这样可以大幅度降低林地经营者的贷款利息负担。调查发现，很多林农尤其是小户林农对林权抵押贷款政策不甚了解，对国家贷款贴息政策更是不得而知。事实上，在不少地方，倒是林业部门的工作人员在参与造林过程中大多享受到贷款贴息政策优惠。

以湖南省为例，据不完全统计，湖南省的长沙、郴州、常德、衡阳、邵阳、湘潭、益阳、永州、岳阳、张家界、株洲等市在2010年度共发放林权抵押贷款10.7027亿元，其中林业新增贷款中央财政贴息共3210.36万元。但是享受财政贴息贷款政策实惠的绝大部分是林业企业、林木加工企业、森林旅游开发企业或者林业大户等林业规模化经营主体。相比之下，一般林农得到的政策实惠要小得多。例如，该省的郴州、衡阳、永州、岳阳、怀化、湘潭等6个市中，共发放小额林业贷款2313.7万元，其中申请财政贴息的仅有69.4万元。在怀化市，共发放小额林业贷款89.9万元，申请财政贴息的仅有2.69万元。

林权抵押贷款贴息政策在实际操作中也存在一些问题。一是贴息政策

---

① 2011年9月9日访谈靖州县林业局林改办主任X.C.Z.。

适用范围有限制。按照相关政策规定，贷款者只能把贷款用于造林或者林地经营等林业第一产业。如果贷款者用于从事林木加工业等第二、第三产业，就不能享受国家贷款贴息政策；二是贷款经过担保程序，贷款者是否还能够享受国家贴息政策，不同地方的政府在执行这一政策时存有争议。例如，浙江省就认为，2011年，未经过担保程序申请林权抵押贷款的将可能不能享受国家政策贴息。

2. 森林保险、森林资产评估体制建设相对滞后

当前，我国林权抵押贷款流程中还存在一些特别突出的问题，主要是森林保险、林木资产评估中介机构及具有相应资质的评估人才的极端缺乏，致使不少地方的银行部门仍对林权抵押贷款顾虑重重。[①] 银行方面认为，必须通过担保、保险部门的介入，才能化解或者防御林权抵押贷款中可能出现的风险，如果没有担保和保险机构的介入，银行可能不愿意开展抵押贷款业务。就目前而言，各地都已经广泛实施森林火灾的政策性保险，但这项保险并不能真正起到"保险"的作用。事实证明，凡是已经建立林权抵押贷款担保机构的县（市），其林权抵押贷款工作就开展得较为顺利。反之，这项工作就举步维艰。如果林权抵押贷款工作开展不了，所谓的国家贷款贴息也就显得毫无意义了。

对于森林保险、森林资产评估中涉及的一些具体问题，我们将在后文作进一步的详细阐述。

---

① 不过，据本研究课题组调查情况看，截至2014年之前，各地在开展林权抵押贷款过程中所面临的风险远比银行金融部门担心的要低得多。作为一种资源性的资产，林木资源本身就一直处于升值态势。一方面，长在山上的林木每年都处于自然生长状态（据估计，南方地方种植杉木，每亩山林平均每年可以自然生长 0.3—0.5 立方米的蓄积量意义上的木材，折合为当前的市场价，每亩林地每年可升值300—500元，立地条件好的甚至可以达到0.8立方米），仅此一项，其林木增值收益就远远超过该林地所承载的贷款利息（以杉木为例，如果每亩林地抵押贷款3000元，即使按照1分的高利率计算，则年利率也只有30元，只有林木升值收益的1/10）。另一方面，自集体林改至今，林木价格基本上保持上升的趋势，这其中也有另外一种收益。值得一提的是，从2015年至今，由于宏观经济下行，加上地方政府政策调整，林权抵押贷款实施中出现违约的风险也开始上升。

第五章 森林保险制度改革及实施

森林保险是林业金融支持制度改革的重要组成部分。作为林业金融支持制度改革乃至整个集体林改必不可少的举措，森林保险制度建设对于深化集体林改具有重要的意义（王华丽、陈建成，2009）。一般而言，金融部门在办理林权抵押贷款时，基本要求林权抵押者抵押的山林必须办理森林保险，否则不能申请林权抵押贷款。本研究课题组的调查显示，有些地方之所以林权抵押贷款开展进程缓慢，与森林保险发展相对滞后有很大关系。因此，实施森林保险，是推进林权抵押贷款的首要前提。本章接下来将对森林保险政策实施情况进行专题讨论。

一 森林保险政策实施

前文已经提到，在集体林改实施之前，我国部分地区曾经尝试开展森林保险业务。如本研究课题组重点调查的9个样本县（市）中，最早试点森林保险的是江西崇义县，该县在1992年就连续3年实行森林保险，后停止，林改后再恢复。全国的早期森林保险业务在2003年之前就几乎停办（冷慧卿等，2009）。而且，早期的森林保险主要是商业险，这点和林改后实施的政策性森林保险有很大的区别。

2006年，财政部、国家林业局部门开始实施政策性森林保险试点，之后逐步推广开来。在推进政策性森林保险过程中，最早开展的险种是火灾险这一单一险种。而这种保险起始于江西省。2007年6月，江西省委、省政府出台意见，明确建立政策性林业保险制度，并给予保费补贴，使该省成为全国第一个将森林保险纳入集体林改配套措施的省份。2007年10月，江西省财政厅、林业厅和江西保监局在充分调研基础上，经省政府批准联合下发《江西省林木火灾保险试点工作方案》，在全省 26 个林业重点县率先开展政策性林木火灾保险试点，并创立由地方财政给予保费补贴和逐步建立后备风险基金的地方性政策保险模式。2008 年 9 月，江西省进一步将政策性林木火灾保险的试点范围扩大到全省。

自 2008 年中央在全国推广集体林改之后，2009 年 5 月，财政部向江西省、福建省和湖南省下发了《财政部关于中央财政森林保险保费补贴试点工作有关事项的通知》，并随文下发了《中央财政森林保险保费补贴试点方案》（以下简称《方案》），明确把这 3 个省作为 2009 年度中央财政森林保险保费补贴首批试点省份。根据《方案》的规定，中央财政补贴的政策性森林保险试点遵循"试点先行、量力而行、统一原则"的思路，而选择试点地区的标准主要有三条：一是集体林改比较深入，林地经营权已落实到户，具备开展森林保险的条件；二是地方政府部门对森林保险工作重视，有积极性；三是林地面积所占比例较大，森林覆盖率位居全国前列。同时，《方案》要求省级财政在至少补贴 25% 保费的基础上，中央财政将再补贴 30% 的保费。保险责任则可从火灾、暴雨、暴风、洪水、泥石流、冰雹、霜冻、台风、暴雪、雨淞、虫灾等灾害中再选择几种。

2010 年，中央又增加了浙江、辽宁、云南 3 个省作为财政森林保险保费补贴第二批试点省份。之后，我国政策性森林保险补贴试点省份继续扩大。截至 2013 年，纳入中央财政森林保险补贴范围的包括：福建、河南、湖北、海南、重庆、贵州、陕西、山西、内蒙古、吉林、甘肃、青海等 20 个省市区。

2010 年，财政部、国家林业局下发文件，规定从 2010 年 5 月起，中央财政把公益林政策性森林保险保费补贴比例上调到了 50%，并要求地方财政至少补贴 40%，其中省级财政至少补贴 25% 的保费。在中央补贴政策的带动下，全国共有 15 个省与当地保险部门共同展开了森林保险工作。截至 2010 年年底，全国森林保险面积达 2.7 亿亩，保额 1141.7 亿元，保险费 1.8 亿元，分别比 2009 年增长了 13 倍、15 倍和 5.5 倍。其中政策性补贴 1.2 亿元，增长了 16 倍，全国平均每亩保险额 421 元，保险费率 1.6%。[①]

---

① "政策性森林保险试点支持力度有待加强"，http://hb.qq.com/a/20100625/000070.htm。

作为林业金融支持制度改革的一部分，开展森林保险是集体林改后续深化改革中需要突破的主要领域之一。和林权抵押贷款相比，作为一种政策性保险，森林保险的"惠农性"和"公共性"显得更加突出。主要表现在以下几个方面：

（1）生态公益林保险资金由政府公共财政"埋单"。就本研究课题组调查情况看，全国各地的生态公益林保险资金都是由政府公共财政支付，林农不需要支付这笔保险金，体现了生态林的公益性质。

（2）政府对商品用材林保险金进行补助。所有被调查的县（市）都对商品用材林进行补助，平均补助金额占保险费的50%以上。不过，这种补助是基于当前缴纳保险费较低水平的基础上的，而全国不同地区保费收取有很大差异。总体而言，森林保险的保险费在 0.45—3.6 元之间，其中大部分县（市）的保险费在 1—2 元之间，且商品林保险费一般高于公益林。[1] 但各地的赔付率因保险费高低及林业灾害发生概率不同，也有很大的差异。其中南方林区的生态公益林每亩赔付率大都是 400 元左右（最低是 300 元），而商品林略高，大都在 400—600 元[2]，最高的县是 800 元，赔付的保险金主要是补偿造林成本。[3]

不过，各地早期在推进森林保险时，基本上是开展森林火灾保险单一险种。从 2011 年开始，有关部门试图推进包括火灾保险、自然灾害（如冰冻灾害）险、病虫害等多险种为一体的森林综合保险。截至 2013 年，除了江西等试点省份之外，这项工作在全国很多县（市）尚未完全执行到位。

本研究课题组调查显示，自国家实施政策性森林保险至今，各地的公益林基本上由政府统一保险，而商品林投保的比例不足 50%，保费由政府和业主林农按照比例分担。在本研究课题组重点调查的 9 个样本县（市）中，包括江西崇义县、福建将乐县等少部分县实现森林保险全覆盖，由政府或者林业局统一投保。但在国家林业局林改百村监测小组

---

[1] 但也有极个别的地方森林保险费商品林低于公益林的，如 2013 年，江西资溪县商品林每亩每年保险费是 0.66 元，而公益林是 1 元。

[2] 其中公益林保额最低每亩只有 300 元，如贵州普定县就属于这种情况。

[3] 调查显示，由于劳动力价格大幅度上涨，现在的造林成本已经大幅度上升，对此本章后文还会进一步分析。

2013年调查的32个县（市）中，也有3个县截至2013年7月还没有开展此项业务（如贵州息烽县、锦屏县）（贺东航、朱冬亮等，2014）。

不过，截至2014年7月，各地一般投保的都是林业企业和大户居多，至于小户林农自己投保的概率则要低得多，只有7.5%。保险中以保综合险居多，火灾险其次。

调查显示，作为政策性色彩浓厚的制度设计，目前各地承担森林保险的主要是国有的人保财险公司，而且样本县（市）中极少有反映保险公司在该业务中有经营亏损的问题。如江西资溪县保险公司2012年只赔付了10万元，而这个县一年的保费是128万元。该县的保险公司设立了10%的免赔条款。再者，森林经营的主要风险是火灾险，各地防火意识普遍加强，火险发生的概率大大下降。如安徽休宁县因临近黄山景区，森林防火措施极为严格，近几年中几乎很少发生火灾；而浙江省庆元县全县森林保险承保率是71.8%。每亩最高赔800元。该县在2012年仅发生一起火灾，过火面积只有200—300平方米；江西崇义县最早在1992年就开始森林保险工作了，一年保费20万元，连保了10年，但保险公司从来没有理赔过，最后保险公司返还了县里10多万元。2008年开始，这个县对几乎所有的山林进行投保，最高可赔600元，但据说截至2013年7月也还没有理赔过（贺东航、朱冬亮等，2014）。

另外，据国家林业局华中师范大学林改研究基地百村跟踪监测项目组2014年调查数据显示，样本县（市）中商品林投保的比例也达到了60%，比2013年增长了12个百分点。各地保费由政府和业主林农按照比例分担。在该项目监测的36个县（市）中，包括江西崇义县与福建将乐县、长汀县等6个县（市）基本实现保险全覆盖。保险中以保综合险居多，火灾险其次。不过，调查县中，有26个县（市）设有免赔条款。如四川邻水县规定，公益林保险费率为0.2%，每亩年保费是0.8元，保额400元；商品林保险费率0.3%，每亩年保费是1.5元，保额500元。该县的森林保险责任的约定条款规定，在保险期间内，由于发生火灾、暴雨、洪水、泥石流、冰雹、霜冻、森林病虫害等造成的被保险林木的损失，保险公司负责赔偿。不过，这个县同时规定，保险公司绝对免赔面积为10亩或核损面积的10%。投保面积在100亩以下（不含100亩）的免赔额为投保面积的10%，投保面积在100亩以上的免赔额为

10亩。[1]

按照规定,生态林基本是国家或地方政府统一投保。在建设"美丽中国"的新形势下,地方政府越来越重视生态林建设。该项目组2014年的监测调查显示,样本县(市)平均每个县(市)划定的生态林天保林(包括国家级及地方级)面积为124.78万亩,占各县(市)平均总面积的39.7%。预计这个比例还可能进一步增加。有的县的生态林已经达到全县林地总面积的一半(如浙江庆元县)。[2]

二 省级森林保险实施的基本情况

在第一章我们提及,不少研究者注意到国家森林保险相关法律法规及政策在各省的执行情况有明显差异,因此省际之间森林保险的具体发展情况也各不一样。例如,冷慧卿和王珺对省级层面的森林火灾进行实证研究后发现,我国森林火灾保险的年预期受灾率具有明显的省级差异特点,从最高到较低的省(市)份分别是黑龙江、内蒙古、福建、湖南、浙江等。为此,她们建议,应该根据森林火灾受害风险的省际差异明显情况,来确定我国森林火灾保险所征收的差别费率,实现费率水平与风险水平的对等(冷慧卿、王珺,2011)。李彧挥等则以湖南、福建和江西等3个第一批政策性森林保险试点省份的农户为研究对象,测算出3省的农户对政策性森林保险的支付意愿分别为3.61元/亩、2.18元/亩和1元/亩。这说明我们有必要从省级层面对森林保险的实施进行专题分析。

(一)福建省森林保险实施进展

作为集体林改的首个试点省份,福建省的森林保险开展工作在全国起步也相对较早。2005年4月,福建省林业厅就与中国保险监督管理委员会福建监管局签署了推进福建省林业保险试点工作的备忘录,尝试开展森林保险业务。同年,中国太平洋财产保险股份公司深圳分公司也尝试在福

---

[1] 参见《集体林权制度改革实施及绩效评估——集体林权制度改革2014年监测观察报告》,贺东航、朱冬亮等,本课题负责人也以骨干成员身份参与了该项目2014年的调查研究。
[2] 同上。

建省开展森林保险业务。

2009年，福建省被列为国家森林保险补贴试点省份之后，中央财政拨付1亿元专项保险补贴资金，开始支持福建省全面推进森林保险改革。此后，福建省即制订《森林火灾保险方案》，决定统一为全省1.15亿亩林木办理火灾保险，而承办森林保险的也是福建省人保财险公司。保险金额按每亩500元，保费按1%的费率计算。其中，省财政投入5000万元，占87%，林业经营者承担750万元，占13%。该方案确定，对林业经营者承担的750万元，福建省人保财险公司予以全额减免。同时，若被保险人要求增加保险金额的，以每亩1000元为限，增加部分按2%费率办理，增加的保费由业主自行承担。①

不过，福建省在推行森林保险时也遇到了一些问题。虽然中央财政给福建省1亿元，但是由于小户林农对参与森林保险不感兴趣，因此中央财政补贴资金用不完。按照测算，如果福建省全部森林均投保森林险，共需要缴纳保费3亿多元，其中中央财政下拨了1亿元。但由于全省有不少林地经营者没有参与森林保险，因此中央财政补贴的1亿元资金尚有多余。为此，2009年当年，福建省对全省森林火灾险实行全省统保，包括生态林和商品林全部纳入其中，但这种方案只实行了一年就停止了。

在实际执行过程中，福建省各地投保的主要是森林火灾险单一险种。直到2010年福建省林业厅等相关部门下发《关于做好森林综合保险工作的通知》。该《通知》明确提出要开展"综合自然灾害险"，这意味着福建省的森林保险从过去单一的火灾保险提升到了综合保险阶段（郑杰，2011）。此后，该省的森林保险方案每年都有所变动，一年一定。

据福建省林业厅制订的《2013年森林综合保险方案》规定，本省的森林保险标的包括全省范围内的商品林、生态公益林以及未成林造林地上的树木，保险期为1年。在保险期间内，因为病虫害、洪水、冰雹、森林火灾、滑坡、台风、泥石流、暴雪、暴风、暴雨、霜冻、雨凇、干旱等灾害的发生所造成的保险林木受害损失，保险公司按照方案的赔偿标准负责赔偿。保险金额为500元/亩，保险费率为2.5‰（即每亩山林每年应缴

---

① 仝春建：《政策性森林保险试点中央财政补贴30%》，《中国保险报》，2009年5月22日。

纳 1.25 元的保费)。

和其他省(自治区、直辖市)一样,福建省有关部门也对森林保险实行政策性的补贴。其具体的财政补贴标准分为几个档次:商品林方面,投保面积低于 10000 亩(含 10000 亩)的,中央、省级、县级财政分别补贴 30%、30% 和 15%,林农自己则承担剩下的 25%。当投保面积高于 10000 亩时,中央和省级分别补贴 30%,县级财政不予补贴,剩下的 40% 由林权所有者自己承担。而在生态公益林方面,福建省规定,中央、省级、县级财政分别补贴 50%、25% 和 15%,剩下的 10% 则由林权所有者承担。但是,其中的省级以上生态公益林林权所有者承担的部分可以由地方县级财政部门从省级森林生态效益基金缴纳,也就是实行统保,林权所有者无须再缴纳 0.125 元/亩的保费。由于省级以上的生态公益林的林权所有者无须直接缴纳 0.125 元/亩的保费,而如果林木受灾林权所有者就可得到理赔金 500 元/亩,因此,福建省规定省级以上生态公益林以县为单位统一参保,商品林则由业主自愿投保。

与此同时,福建省相关政策还规定,对经营面积较大的国有林场、林业企业、林农专业合作组织和种植大户,可单独投保,实行一户一保单,保费由投保人缴纳;对经营面积较小的一般种植户,可以村或乡(镇)为单位统一参保,实行一镇(村)一保单,保费可由乡镇(村)统一收取或扣缴。

据福建省官方统计数据显示,本省森林保险在保率较高。截至 2012 年年底,全省在保森林面积 10575.63 万亩、总在保率接近 92%,其中:省级以上生态公益林 4289.82 万亩、在保率 100%,商品林 6285.81 万亩、在保率 87.18%(福建省林业厅,2013)。但是,据国家林业局"集体林权制度改革监测"项目组对相关县、市样本的调查,商品林部分参加森林保险的较少。目前,商品林的森林保险参保率相对较低。截至 2011 年年底,福建省调研样本县、市森林保险发展迅速,保险覆盖面不断扩大,森林保险覆盖达到近 70%,保险类型仍旧以政策性保险为主。相比之下,福建商品林森林保险发展缓慢,只有个别经营者由于申请林权抵押贷款时金融机构要求购买森林保险,才购买了森林综合险(国家林业局"集体林权制度改革监测"项目组,2013:78)。

如福建顺昌县于 2009 年开始建立森林防火保险制度。由县人保财险公司与林业局联合行文制定森林防火保险办法,即保额 400—600 元,保险费每年每亩 1—1.5 元,其中个人每亩只要支付保险费 0.25 元,保险面积大小不限,由林业站代办。截至 2010 年,顺昌全县已投保森林面积 10 万多亩,交保费 21 万多元、保额近 5000 万元。而将乐县也开展了森林综合保险工作,该县对境内的生态公益林及商品林全部由县财政投保,纳入森林综合保险保障范围,林地经营者自己不需缴纳保费。

(二) 江西省森林保险实施情况

江西省是全国第二个启动实施集体林改的试点省份。前文已经提到,森林火灾保险起始于江西省。早在 20 世纪 90 年代,江西就有个别县实施商业性的森林保险制度,后停止。2007 年 10 月江西省开始实施政策性森林保险,要求按照"农民保得起、政府补得起、保险公司赔得起"的原则推进政策性森林火灾保险工作。保险的理赔是保恢复林成本价(即造林价),按照每亩最高 400 元标准投保,保费是 4‰。保费按照中央承担 30%,省承担 25%,县承担 5%,农民自己承担 40% 的标准分担。每亩年保费是 1.6 元,保险公司赔付的是林地经营者造林及三年抚育的平均成本价。由此使得江西成为全国第一个将森林保险作为林权制度改革配套措施的省份。[①] 在 2007 年度中,江西先行启动 26 个县(市、区)的森林火灾保险试点,共承保森林面积 141.75 万亩,仅占全省有林面积的 1%,提供风险保障金 4.95 亿元。不过,在随后的两年中,江西省森林保险进展开始加快。2008 年江西省将参保面扩大到全省,截至 2008 年年底,全省参保林地面积达 859.13 万亩,占全省有林面积的 6%,保险金额达 29.55 亿元。

2009 年 5 月,江西省被财政部列为首批森林保险保费补贴试点的 3 个省份之一。同年 8 月 5 日,该省出台《关于进一步深化我省集体林权制度改革积极做好林业发展金融服务工作的实施意见》,明确开始实行公益林统一投保,商品林则是实行由林业经营者自愿投保的基本政策方针。其

---

① 2007 年 10 月,江西省财政厅、林业厅和江西保监局在充分调研基础上,经省政府批准联合下发《江西省林木火灾保险试点工作方案》,在全省 26 个林业重点县开展政策性林木火灾保险试点,并创立由地方财政给予保费补贴和逐步建立后备风险基金的地方性政策保险模式。

中公益林由中央和省财政出资进行统保,保额500元/亩,费率1‰。商品林推出林木综合保险和林木火灾保险两个险种供林地经营主体选择,综合保险费率为4‰,火灾保险费率1.5‰,保险金额视树种树龄情况而定,最高不超过800元/亩,各级财政共补贴保费60%,其中中央财政30%、省财政25%、县财政5%,其余保费由林地经营主体自己承担。

自2009年被列为政策性森林保险试点省份之后,江西省森林保险进一步加快。2011年,江西省林业厅、江西省财政厅、中国保险监督管理委员会江西监管局、中国人民财产保险股份有限公司江西省分公司联合发布《江西省森林保险实施方案》(以下简称《实施方案》)。《实施方案》对开展森林保险作出了新的规定,明确保险标的是"生长和管理正常的商品林、公益林",保险期限为一年一保,保险内容是"林木综合保险",即在保险期限内,因火灾、暴雨、暴风、洪水、泥石流、冰冻、冰雹、霜冻、台风、暴雪、森林病虫害造成被保险林木流失、掩埋、主干折断、倒伏或死亡的直接经济损失,保险公司负责赔偿,从而大大扩大了森林险种覆盖范围。

关于保险金额,《实施方案》明确规定,保险公司投保时是以亩为投保计量单位,保险金额为每亩保险金额与参保林木面积的乘积。具体保险金额是公益林每亩保险金额500元,而商品林每亩保险金额则按参保林木的再植成本确定。视树种树龄情况,由参保人与保险公司按每亩不超过800元保额协商确定。至于保费,《实施方案》规定分为两类,其中商品林火灾保险费率为1.5‰,综合保险费率为4‰;公益林综合保险费率由原来的4‰降低为2‰,后进一步降为1‰。

由于是实行政策性森林保险,因此如何对保费进行补贴是各省推进森林保险的重点。《实施方案》规定,按照投保则补、不保不补的原则,财政对投保林农及林业企业给予保费补贴。其中国家和省级生态公益林补贴比例100%,其中:中央财政负担50%、省财政负担50%。而商品林国家、省、县级财政共补贴比例60%,其余40%由投保人负担。

关于赔偿处理,《实施方案》有规定免赔额,其中火灾责任免赔额为:每次事故绝对免赔为10亩或核损金额的10%,两者以高者为准;投保面积在100亩以下(不含100亩)的免赔额为投保面积的10%。另外,

《实施方案》还专门规定，针对暴雨、暴风、洪水、泥石流、冰冻、冰雹、霜冻、台风、暴雪、森林病虫害责任免赔额为：每次事故绝对免赔200元或核损金额的10%，两者以高者为准。

关于具体的理赔标准，《实施方案》也对火灾损失标准作出了详细而具体的规定，共分为四类，每类的具体理赔金额各不相同，损失越大，理赔额度越高，但最高不超过800元：第一类是烧毁林木，全部损失：树冠全部烧毁，树干严重被烧，采伐后不能作为用材；第二类是烧死林木，造成部分损失：树冠2/3被烧坏，呈棕褐色，待来年无发芽，但采伐后仍有1/3可作用材；第三类是烧伤林木，造成部分损失：树冠被烧一半或1/4，树干形成层尚保一半以上未被烧坏，树根烧伤不严重，还有恢复生长的可能；第四类是未烧林木，无损失：树冠未烧，树皮未受伤害，仅外部树皮被熏黑，树根没伤害。另外，对火灾以外的森林病虫害等其他自然灾害的损失理赔，由省林业厅与人保江西分公司另行制定定损和理赔规定。

至于如何实施财政补贴，《实施方案》也明确规定：商品林实行据实补贴。市、县（区）财政部门会同林业部门对保险公司与投保人签订的保单，以及投保人交纳保费凭证等相关证明材料进行审核后，及时将中央、省、县财政应承担的保费拨付到保险经办机构；同时，应将审核保单情况、资金文件及拨付凭证复印件报送省财政厅。至于对林地分散于全省各地的林业企业而言，它们可以将企业所有林地在企业法人所在地统一向当地人保财险公司投保，县财政保费补贴部分由企业自行承担，省财政厅对相关保险凭证审核确认后，将中央和省财政应承担的保费统一拨付给人保财险江西省分公司。至于林业企业购置的林地不在本省地域范围内的，不享受保费补贴政策。

在生态公益林保险理赔的操作方式上，《实施方案》也有专门的政策规定：

（1）国家和省级公益林实行综合险保险，由省林业厅与人保财险江西省分公司签订协议，分年投保，一年一签。所需保费全部由中央和省级财政各按50%分担，保额500元/亩，费率1‰。2009年9月1日，江西省林业厅与中国人保财险江西省分公司在南昌市签订《生态公益林森林火灾统保协议》：规定从2009年9月1日至2010年8月31日，由中央和省财政投入2550万元资金对全省5100万亩生态公益林森林火灾保险实行全省统保,保险金额 500 元/亩,费率为 1‰。

《江西省森林保险实施方案》规定,国家和省级公益林林木灾害赔款由保险公司直接支付省林业厅,专项用于公益林受灾林地的造林和抚育。由省林业厅责成灾害发生市、县林业主管部门负责灾后恢复造林,经省林业厅验收合格后,将保险赔偿金拨付给所在市、县林业主管部门。与此同时,江西省还规定,为保证生态公益林保险业务可持续健康发展,提高应对巨灾能力,建立生态公益林保险巨灾风险准备金。以当年所收保费的 88% 为理赔上限。当年保费收入扣除赔付费用和保险公司业务服务费后,剩余部分全部转为生态公益林保险巨灾风险准备金,逐年滚存。保险期内生态公益林灾害保险赔款超过年收保费的 88% 时,保险公司申请动用巨灾风险准备金。

(2) 公益林采取省级统一结算,一年一结。省林业厅和人保财险江西省分公司签订公益林保险协议后,由人保财险江西省分公司向省财政提出申请,经省财政厅核实后,将中央和省财政承担的保费补贴一次性拨付给人保财险江西省分公司。

江西省自启动政策性森林保险试点以来,保险覆盖面迅速提高,保障能力逐年增强。2007 年,江西全省有 26 个县(市、区)启动森林火灾保险试点,承保森林面积 141.75 万亩,仅占全省有林面积的 1%,提供风险保障 4.95 亿元;2008 年,全省开办森林火灾保险的县(市、区)扩大到 47 个,参保林地面积达 859.13 万亩,占全省有林面积的 6%,保险金额达 29.55 亿元。而到了 2009 年 9 月,全省承保森林面积迅速增加到 5710.66 万亩,占全省有林面积的 36%,提供风险保障 274.6 亿元。截至 2011 年年底,江西全省纳入保险的森林面积进一步增长到 8713 万亩,占全省森林面积的 66.80%,保险总额达 435 亿元。

自 2007 年启动森林火灾保险试点工作以来,全省累计理赔面积 22.86 万亩,支付赔款 1490 万元,帮助林农及时恢复生产,充分显现了森林保险的保障作用。不仅如此,通过开展森林保险,林业融资风险得到分散。另外,江西省还通过开办借款林农意外伤害保险,将保险与信贷有机结合,有效保障了银行信贷资金安全,促进了贷款发放。自实施森林保险后,江西全省有 86 个县开展了林权抵押贷款业务,抵押贷款金额达 23.98 亿元,林业融资环境明显改善,其中 2009 年新增林权抵押面积

54.1万亩，金额6.46亿元。①

以江西省最早实施政策性森林保险的铜鼓县为例，据本研究负责人前期2009年7月的调查，该县是按照"农民保得起、政府补得起、保险公司赔得起"的原则来开展森林火灾保险，保险部门是按照"保恢复林成本价"（即造林价）投保，理赔金额最高是400元/亩，保费是4‰，省财政补贴保费的30%，县财政补贴保费的20%，总保费是每年1.6元/亩。2009年，该县对全县58.02万亩的生态林实行全部保险，保费全部由政府支付，共缴纳保费69.62万元，但生态公益林是按照300元/亩标准投保。所得理赔归林农所有。

2009年7月起，铜鼓县调整了保费补贴标准，改为中央补助30%，省里补助25%，县财政补助5%，农民自己40%，依然是保成本价。2009年，该县共投保81.66万亩，占全县204万亩有林地的40.03%。其中全县生态林共58.02万亩，其保费69.62万元（生态公益林是按照300元标准投保）全部由政府投保，但理赔归农民。除此之外，全县还保了一些商业险，总面积为6.3万亩，由商业银行要求投保。在理赔方面，2008年，铜鼓全县的理赔金额是25万多元，2009年至8月前，保险公司已经赔付了5万多元。②

而在江西泰和县，2009年中央财政森林保险保费补贴在江西省开展试点，泰和县即被纳入全省推进政策性森林保险试点县。该县随即出台了《泰和县政策性森林保险工作方案》等地方政策性文件，并提出"四步走"计划：全县所有的生态公益林统保林木火灾险，林业系统所有商品林统保林木综合险，公司、大户经营和林业项目造林投保林木综合险，部分申请林权抵押流转山场投保林木综合险。在保费收取方面，除公益林办理的林木火灾险保额由财政全额补贴外，其余林种办理的林木综合险保额按300元/亩、费率以4‰计算。即平均保费为1.2元/亩，分别由中央、省、县财政分别补贴30%、25%、5%，参保单位只需负担40%，即0.48元/亩。投保门槛降低后，加上2008年的冰雪灾害影响，该县民营企业和

---

① 江西省保监局：《江西政策性森林保险试点取得初步成效》，http://www.circ.gov.cn/web/site0/tab40/i120290.htm。
② 2009年7月31日访谈江西省铜鼓县林业局林业产权交易中心W主任。

营林大户纷纷加入其中,全县林地投保面积由实施保费补贴前的6万亩发展到2010年的108.85万亩,占全县林业用地面积的43.8%。

据《中国绿色时报》报道,2010年6月,泰和县因持续强降雨、暴雨天气,遭遇罕见的洪涝灾害,该县造林绿化"一大四小"工程建设损失惨重。其中"深圳飞尚集团泰和松源木业公司"在该县经营的9.41万亩山场全部投保了林木综合险,此次受灾面积共计1.4万亩,后来获得保险理赔。该县芦居山林场及万合林业工作站林业科技示范基地数百亩中幼林因灾损毁,财保公司均给予理赔。2010年8月23日,该县国有林产营运管理中心洪涝损毁的千亩幼林成功获得20万元保险理赔,据说此举是江西全省政策性森林综合保险赔付第一单(夏强,2010)。在这一年,保险公司共支付了百万元的赔付资金,为泰和县林业灾后重建解了燃眉之急。

为了能惠及更多林农,泰和县还借助林业产权交易中心这个平台,充分了解林农的投保风险需求、承保能力,动态跟踪检查森林保险进展情况,并在林业、银行、保险、财政等部门建立信息沟通制度,根据林农需求,相应调整保额险种。经过一段时间的实践探索,2010年泰和县首次提出以林改后新兴的林业专业合作社或村组为单位联合捆绑参保林木综合险,试图以此来破解林改后林农分散经营而不利于参保的难题。[①]

(三)浙江省森林保险进展情况

森林火灾保险被列为浙江省三个商业性农业保险险种(生猪、水稻、林木保险)之一而加以推进实施。在2006年以前,该省的保费规模和承保范围都很小。2006年,浙江省开展政策性森林农业保险试点,森林火灾险被列为试点品种。由于当时森林保险条款沿用了商业条款的责任,因此林农的参保积极性受到影响,承保规模较小(陈学群等,2009)。2008年之后,浙江省积极推行以林木火灾保险为主的林业政策性保险试点。凡是被纳入试点的县级政府都建立了林木保险联合领导小组,建设工作协调机制,出台扶持政策以及定损理赔标准。

2010年,浙江省被财政部、国家林业局确定为第二批森林保险补

---

① 胡红元、杨成:《推行森林保险 构筑平安林业——江西泰和政策性森林保险促进灾后重建》,《中国绿色时报》,2010年7月30日。

试点省份。和江西省不同的是，浙江省因为省级政府财力雄厚，因此该省在实施政策性森林保险时，省级政府承担了大部分的保费补贴。江西省于2009年4月成为中央财政森林保险保费补贴3个试点省份之一，森林保险保费主要由中央、省和县三级财政补贴。浙江省主要由省、县两级财政补贴，中央财政补贴较少。

浙江省对生态公益林也是采取"全省统保"的原则承保。省内所有生态公益林均纳入承保范围。保险责任是由于火灾导致的林木死亡（即火灾险），保险金额是林木死亡后的恢复再造成本，视品种不同每亩为200元至800元不等。保险费率为1‰，保费全部由省财政补贴。

对于商品林，浙江省是按照"林农自愿"原则承保。在自愿的前提下，采取政府引导、政策支持、市场运作的方式，着眼于"低费率、广覆盖、低保障、保大户"，遵循先易后难的原则开展商品林保险业务。保险责任可选火灾险或综合险（包括台风、暴风、暴雨、洪水、泥石流、冰雪、病虫害等导致的林木死亡）。保险金额是林木死亡后的恢复再造成本价。保费由省、县财政共计补贴45%，其余部分由林地经营者自己承担。[①]

自2006年推动森林保险之后，浙江省的森林保险面积逐步增加。数据显示，该省2006年、2007年、2008年、2009年、2010年（截至2010年11月底）的森林保险投保面积分别是74.5万亩、131.4万亩、2225.9万亩、2335.6万亩和3165.9万亩（王珺、冷慧卿，2011）。

和其他省份不同，2010年浙江省作为试点省份，其森林保险方案规定各级政府的补贴数额不尽相同。从表5—1可以看出，浙江省的森林保险主要由省、县两级财政补贴。商品林的保费由中央、省、县和农户共同支付。其中，经济林险种涵盖了火灾和其他林木综合险种。以龙泉市的总体与平均下来的数据为例，2012年森林保险投保面积为398.5万亩，保险金额达190200万元，每亩的投保金额为477元，保费285万元，保费费率为1.5‰，其中中央财政补贴100.2707万元，省级财政补贴86.5882万元，县级财政补贴45.5408万元，林农本身负担53.0947万元。

---

① http://www.circ.gov.cn/web/site0/tab40/i126348.htm。

表 5—1　　　　　　　浙江省 2010 年森林保险试点方案

保险金额	保险费率	保险责任	中央财政	省级财政	地市财政	县级财政	农户自交
公益林：300 元/亩	1.5‰	火灾	50%	欠发达县:40%；其他县:20%		欠发达县:10%；其他县:30%	
商品林：200—800 元/亩	商品林：1.5‰ 经济林：6‰；用材林、竹林：8‰	火灾、暴雨、台风、暴风、龙卷风、洪水、泥石流、冰雹、霜冻、暴雪、雨凇	30%	欠发达县:27%；其他县:18%		欠发达县:18%；其他县:27%	25%

数据来源：王珺、冷慧卿：《中央财政森林保险保费补贴六省试点调研报告》，《保险研究》，2011 年第 2 期。

具体到各森林类别、保险金额以及保费的实施，各县市可能又有些差异。以浙江省安吉县 2011 年试点方案为例，按照浙江省 2011 年的林业政策性保险标准进行实施，商品林每亩的保险金额为 600 元，且仅包含竹林、用材林，经济林延后实施（见表 5—2）。但是，浙江省安吉县根据本县的情况，将林木综合保险的费率定位为 5.6‰，这个保费收取算是比较高。实际操作中，林农须支付每亩 0.84 元的保费（见表 5—3）。

表 5—2　　　　浙江省全省林业政策性保险标准（2011）

（单位：元；元/亩；万亩）

序号	险种	林种	农户	保额	农户出资	全县承保面积
1	火灾	公益林	0	300	0	62.4
3	林木综合	用材林	25%	600	0.84	25.1

第五章　森林保险制度改革及实施

续表

序号	险种	林种	农户	保额	农户出资	全县承保面积
4	林木综合	竹林	25%	600	0.84	89.5
5	林木综合	经济林	25%	另定	待定	8.24（第1年不推行）

资料来源：浙江林业网："2011 年浙江省林业经济运行状况分析"，http：//gov.zjly.gov.cn/tjxx/45516.htm，2012 – 05 – 30。

对于理赔方面，安吉县规定，林木火灾保险的免赔额为 15 亩，即火灾损失面积在 15 亩以下时不予赔付，损失面积在 16 亩时起赔并全部赔；林木综合保险的每次事故绝对免赔额为 3 亩，即林木损失面积在 3 亩以下时不予赔付，超过 3 亩时，赔付面积为实际损失面积减去 3 亩（参见表 5—3）。

表 5—3　　　　安吉县保险费各级支付的实际操作　　（单位：%；元）

类别	保险费 元/亩	中央比例及金额	省比例及金额	县比例及金额	农民比例及金额
公益林	0.45	50%	40%	10%	0%
火灾保险		0.225	0.18	0.045	0
竹林、用材林综合保险	3.36	30% 1.008	27% 0.9072	18% 0.6048	25% 0.84

资料来源：浙江林业网："2011 年浙江省林业经济运行状况分析"，http：//gov.zjly.gov.cn/tjxx/45516.htm，2012 – 05 – 30。

而在浙江省庆元县，该县推进政策性林木综合保险，其中火灾最高理赔 800 元/亩。保险费国家占 30%，省里占 27%，县里占 18%，农户承担剩下的保费，即占 25%。

和其他省份相比，浙江省的林业金融支持政策的主要特征有三点：一是贷款是以小户林农贷款为主；二是森林保险覆盖率较高。由于浙江经济相对较为发达，因此省、县级地方政府为政策性森林保险"埋单"较多；三是林权"IC 卡"信息化管理系统的建立，为林农降低了林权贷款的时间或经济成本。

但是，也存在一些值得注意的问题。首先，森林保险政策实施存在问题。例如保险理赔不到位。龙泉市2009年应赔林木火灾200万元，实际理赔到位只有100万元。理赔不到位将使林木火灾保险无以为继。财政森林保险保费补贴政策不完善。浙江省到2010年才成为中央财政森林保险保费补贴的试点省份，发展较晚。而且中央财政等为农户的商品林保费补贴不高。其次，有的地方保险免予理赔规定过高，如安吉县就属于这种情况。

（四）湖南省森林保险实践

湖南省也是财政部2009年确定的实施政策性森林保险的3个首批试点省份之一。自被列为试点省份之后，湖南保监局、省财政厅和林业厅联合出台了《湖南省2009年政策性森林保险实施方案》和《湖南省森林保险条款》等文件，正式启动了本省的森林保险试点。根据该省的森林保险实施方案，在保险期间内，试点范围内的保险林木，因火灾和人力无可抗拒的洪水、旱灾、冻灾、病虫鼠害造成林木流失、掩埋、主干折断、死亡或者推定死亡等情况，湖南人保财险或湖南中华联合保险公司将按照保险合同的约定负责赔偿。

按照湖南省保险实施方案的规定，其保费补贴分为两种类型：一种是政府补贴主导、农户自愿参加类型。该省前期进行集体林改的怀化市及浏阳、安化、绥宁等16个县（市区），林农或林业专业合作经济组织对其生产和管理正常的商品林、公益林，按保险金额400元、保险费率4‰，每亩缴纳1.6元保费参与森林保险试点。其中中央财政补贴保费30%，省财政补贴25%，市、县两级财政补贴不少于10%，其余保费由林农、农村专业合作经济组织承担。另一种是以市场运作为主、财政补贴扶持为辅。湖南全省国有林场和林业龙头企业，按市场运作方式参与森林保险，保险金额、保险费率等条款内容由保险双方自行商定。其中中央、省级财政补贴保费30%。这部分财政保费补贴中，给予承保机构10%，给予参保的国有林场和林业龙头企业20%。

自启动试点以来，截至2010年上半年，湖南全省完成投保森林面积3885万亩，参保农户100.5万户，灾害理赔面积9万亩，覆盖了全省因灾损毁总面积的48%（邓三龙，2010）。

本研究课题组的调查显示，湖南省怀化市在试点商业险获得初步成功的基础上，于2009年4月份纳入了全国政策性森林保险试点。其保费按中央财政30%、省财政25%、市财政1%、县财政9%、林农35%分别承担。截至2010年12月，怀化全市13个县（市、区）与保险机构签订了保单，投保山林总面积达2586万亩，涉及103.1万农户。2010年上半年，怀化各县（市、区）林业部门积极协调保险部门重点开展了森林火险理赔工作，至当年年底，全市森林保险理赔面积2.56万亩，已决赔款674.1万元，受益林农1577户。[①]

靖州县是怀化市推行林权抵押贷款试点和森林保险的试点县。2007年3月19日，该县制订的《靖州苗族侗族自治县深化集体林权制度改革实施方案》规定：积极与保险部门协商，开展森林火灾保险试点。其具体实施方法有两种：

一种是分块分户保险。即将森林火灾频发区的公益林、商品中幼林作为保险试点对象，分林种、分林龄制定保险费标准、投保年限和赔偿标准。公益林实行强制保险，统一保险费标准、投保年限和赔偿标准。商品中幼林实行自愿投保，分林龄制定保险费标准、投保年限和赔偿标准；商品中幼林分块投保的起点面积（连片）50亩以上，其他商品林分块投保的起点面积（连片）100亩。

另一种方式是连片联保。即选择一个乡（镇）或相连的几个村作为保险试点对象，将试点乡或试点片内所有森林均纳入保险范围，统一保费标准，统一投保期限，统一赔偿标准，统一签订保险合同，统一交纳保险费。连片联保的起点面积为10万亩。

在本研究课题组重点调查的5个省份中，云南省也于2010年被列为中央政策性森林火灾保险试点省区。该省当年即在昆明等5州市探索建立火灾保险制度。2011年，云南省森林保险试点扩展到15个州，全省共计88%的林地面积、总农户的95%加入试点改革之中（张炯雪，2012）。

目前云南省的森林火险覆盖率高，财政补贴力度较大，林木经营者只需支付商品林保费的15%（公益林则不需要支付保费），森林火灾保险制度的完

---

① 信息资料来源于2010年12月3日怀化市委、市政府对国家林业局林改小组黄建兴副组长的工作汇报和访谈。

善为云南省的林权抵押贷款提供良好的保障。但是保险金额并不高，只有400元/亩（王珺、冷慧卿，2011）。和其他省份类似，云南省真正开展的主要是森林火灾保险，而其他病虫害等灾害的政策性保险没有相应跟上。例如，2010年年初前后的特大旱灾给云南省的林业生产特别是特色产业核桃种植造成很大的损失，很多核桃树枯死，但保险公司并没有把其纳入保险理赔范围。

三　森林保险政策执行中存在的问题分析

（一）政策性森林保险实施可持续性不足

作为林业金融支持制度改革的重要组成部分，开展森林保险也是集体林改深化改革中需要突破的主要领域之一。和林权抵押贷款相比，作为一种政策性保险，森林保险的"惠农性"和"公共性"显得更加突出。特别是生态公益林保险全部是由政府公共财政"埋单"。目前全国各地的生态公益林保险资金都是由政府公共财政支付，林农不需要支付这笔保险金。体现了生态公益林的"公益"性质。

与此同时，各级政府对商品用材林保险费进行财政补贴，平均补贴额度占保费的50%以上。不过，这种补贴是基于当前低保费基础上的，而保费太低又会严重影响保险机构参与的积极性。本研究课题组调查显示，有些保费低的地方每亩每年只有几毛钱。但就是这"几毛钱"的财政补贴也会成为贫困地区地方政府财政的负担。所有这些，都使得我国政策性森林保险面临一系列可持续问题。主要表现在以下几点：

1. 保险公司运营困难

由于林地主要分布在交通不便的山区，地理复杂，且各户林地较分散，产权界定不清晰，一旦出险，保险公司无法抽出足够的人力物力进行察勘定损。再者，目前商品林承保面过小，风险难以分散，林农往往选择风险较高的林地进行投保，逆向选择风险较大。加上目前森林保险费率偏低，而保险公司业务运营成本高，有的地方的保险公司往往亏损经营，承保积极性不高。同时，林地面积较大的县、市大多是地处山区，经济发展普遍相对落后，由于地方财政困难，政府财政保费补贴难以持续。而森林保险的保费补贴都要求县级财政予以配套，但地方政府财政本就不宽裕，补贴压力较大，难以持续。

2. 巨灾风险防范机制不全

一次大的自然灾害可能致使林地大面积遭到破坏。同时，森林保险业务无法在国际上进行分保，保险公司难以承受理赔压力。例如，2008年的南方冰冻灾害就提供了很好的警示。而在福建省，2010年上半年该省闽北、闽西北、闽西的南平、三明、龙岩等地遭受严重洪灾，全省林业系统损失严重。据统计，截至2010年6月底，当年该省林业损失将近22.9亿元。包括林区基础设施的林区道路破损也很严重，受灾共有1万多公里，桥梁涵洞有600多座，新造林地苗木花卉部分被冲掉，其中邵武市还有部分花卉基地受损，林业加工企业受损也比较严重，产品、半成品、原料等产地受损严重。在这次大的自然灾害中，保险公司赔付的资金却不多。[①]

3. 林农参保意愿低

普通林农参保率低是全国各地森林保险政策实施中普遍面临的一个问题。导致这种局面的原因有多个方面。首先，对于小户林农而言，办理森林保险缺乏规模经济效益。一般林农，其全家承包的山林大多只有十几亩，多的也不会超过50亩。如果他们单户为了这点山林去申请办理森林保险，显然很不划算。其次，由于很多地方都有规定保险免赔额，这点进一步影响他们参保的积极性。如在江西崇义县和浙江安吉县，如果一个农户家里有低于10亩的山林被火灾烧毁，那么保险公司将搬出免赔条款，而不用对农户进行任何的赔偿。对于原本平均就只有二三十亩的林农而言，这个免赔条款让他们参保的积极性大受抑制。

再者，林农参保率低与他们的生计经济中对林地的依赖度本来就不高也有关系。很多林农把林地经营作为副业，家庭收入对林地的依赖性不强。虽然森林保险中有财政补贴，但对小规模经营的林农而言，他们虽然自己要缴纳的保费很低，但其手续过于繁琐，因此他们不愿意去办理森林保险。例如，福建省在实施林业保险制度时，相比林业企业和林地经营大户，小户林农参与意愿很低。该省小户林农之所以不感兴趣，与林农收益中林业的收益比例不高有关。例如，即使是地处福建三明市林业核心区，当地林农来自林业的收入也仅占家庭总收入的20%左右，因此该市绝大

[①] 2010年7月15日访谈福建林业厅产业处L.D.Y.。

部分林农并没有为自己的商品林购买森林保险。①

4. 森林保险赔付率太低

目前,全国各地的政策性森林保险总体上实行的是低费率,即低赔付率的原则。各地每亩森林保险的最高赔付率大部分是在400—600元之间,最低的只有300元,最高的也不超过800元。这个赔付率是按照造林成本价加上3年的抚育期投入的总成本来计算的。如果说在2010年之前,这个赔付率和实际造林成本差不多的话,那么到了最近几年,随着造林成本的大幅度上涨。如到了2015年,各地造成加3年抚育的成本平均基本上已经达到了1200—2000元,相比之下,这个赔付率根本难以弥补造林的成本价。

据本研究课题组测算,最近两年,全国各地的造林(普通的人工林)成本均已经大幅度上涨,主要是人工成本上涨了两三倍甚至更多倍。以本研究前期在福建将乐县连续多年的跟踪调查来看,2007年当地新造1亩杉木林,加上3年抚育期投入②,大概总投入是400元左右,但是请林农造林一天,平均工钱是37元。在此之后,劳动力价格开始迅猛上涨,2008年,达到50元一天,2009年则进一步上涨到80元一天,2010年则涨到了100元一天,到了2014年,当地雇工造林,平均一天的工钱已经超过120元。以此推算,现在新造1亩林,加上3年抚育期,总成本至少已经达到1500元以上。而到目前为止,该县的森林保险赔付率仍然基本停留在500元左右的水平,很显然,这个赔付率根本无法弥补林农的造林成本投入。这样反过来森林保险的意义也就大为下降。

实际上,站在林地经营者的立场上来看,他们最害怕的还是森林火灾,各地开展的森林保险也多半是以森林火灾险为主。但是如果从保险公司的角度来看,它们的理赔是根据森林损失来估算的。即使是全赔,最高也很少超过800元/亩。如江西省就把保险理赔分为四类,不同类别的损失不同,保险理赔也有很大的差异。

2011年7月,本研究课题组调查员在湖南靖州县与当地林业局工作

---

① 2010年7月14日访谈福建林业厅W.X.J.。

② 在福建,种植一般的人工林时,新造林必须经过三年的抚育期,之后就进入封山育林期,之后任由林子自己生长。等生长期到了10年左右,就择伐一次,之后再过10年左右即可成林。

第五章　森林保险制度改革及实施

人员座谈时，该县林业局曾书记[①]就谈到自己在 2007 年跟农户合作造了近 1000 亩，但是 2009 年这片林子就遭了火灾。这位林业局领导自己共投资了 5 万元，1000 亩山林造林共投入近 30 万元。林子被烧毁之后，虽然保险公司理赔了部分，但不足以弥补自己的投入。类似这样的事情给投资造林的经营者造成了很大的负面示范作用。这位书记还谈到，即使如此，当地的保险公司也不愿意提供森林保险产品，原因是当地的森林火灾发生率较高：

> 国家的保费太低了。但是呢，现在很多造林大户都不想再造林了，因为呢，现在保险公司不肯投保，它不接受。现在放火的都是哪些人呢？是老鬼、小鬼、穷鬼和哈鬼，老的、小的、穷的、傻的。其他人是不会去纵火，会有防火意识。由于森林保险做不起来，银行就不会动。特别是中幼林，如果你没有保险，它（银行）不敢给你贷（指林权抵押贷款）。一旦林子被烧掉了，没办法了，是吧？所以保险的意义还是非常大，关键是要保到位。[②]

由于 2008 年的冰冻灾害让靖州县保险公司记忆犹新，而频繁发生的火灾更是让当地保险公司对森林保险望而生畏。2009 年，因气候干燥，靖州县全县山林过火面积达到了 1 万多亩，保险公司赔付了 300 多万元。结果那年保险公司森林火灾险出现了亏损。因此，2010 年，保险公司甚至想到要停止办理森林保险业务：

> 我们全县林地面积是 266 万亩，每亩每年的保险是 1.5 元。266 亩接近 300 万，300 多万吧，将近 400 万，是吧。主要是，这个也是试点，试点它这个保险公司是只赚不赔的，搞得这么大的事情了，它（保险公司）肯定就受不了吶，是吧？第二年它就不搞了。但是，我认为，这个保险长久来看保险公司肯定是赚的。它只是有时候收成好、有时候收成不好，但是总的来讲应该是收成好的。它只是某些阶

---

① 靖州县林业局 Z 书记原来是林业局分管营林的副局长，后来转任林业局副书记。
② 2011 年 9 月 7 日访谈靖州县林业局 Z 书记。

段会出现一些灾害。那不是经常有的。我们去年、前年基本上没有发生这么多的火灾。就是两三年以前发生火灾频率比较高，最近一年少很多了。①

和本研究课题组调查的其他县、市相比，靖州县的森林火灾发生概率确实相对偏高。这与当地农民的一些生产生活习惯有关系。例如，当地农民在把田地里的秋季水稻收割完之后，习惯在田间把稻草焚毁，这就很容易引起森林火灾。为此，当时一起参与座谈的靖州县林业局 S 副局长则反映，县林业局试图通过建立森林防火林的方式来尽量降低森林火灾发生概率：

> 管理体制呢，我们有一个森防办，放在森林公安里，建立起一套森林公安系统，而且呢，在千家万户，在农民家里，发了 70 万块森林防火的标志。造林技术上有改进，有个森林防火林带，隔火带。我们现在要求造林呢，要提前造防火带，像防火墙一样。造林 150 亩以上的都要求建森林防火隔林带②，否则造的林子就不合格，不能通过验收。因为这个火灾太多了。因为，我们省、市里面，有个大企业，做"泰格林纸"工程，做出口的，在怀化建设的规模是 40 万吨，一天的吞吐量大概是 7 万多立方，全部是用材林。那么，把这个企业引进之后，政策要求我们造马尾松。马尾松很容易被火烧掉。③

靖州县林改办负责人 X. C. Z. 还提到，由于森林保险滞后，自然也影响林权抵押贷款政策实施：

> 由于受到各方面的影响，它这个抵押贷款，风险太高，银行不愿意做。所以，它银行就提出来，林业局搞林权抵押贷款，不仅要有林业资产抵押，还要提供第三方担保。它就是有些地方就搞财政，由财政担保。它们才愿意。而这点显然不太现实。因此我们这儿林权抵押

---

① 2011 年 9 月 7 日访谈靖州县林业局林改办主任 X. C. Z.。
② 据靖州县林业局林改办 X. C. Z. 主任反映，防火带主要是种植一些不易燃烧的森林植物，如麻灌木什么的，防火带的宽度一般是 3—4 米。
③ 2011 年 9 月 7 日访谈靖州县林业局 S 副局长。

第五章　森林保险制度改革及实施

贷款就比较难搞。①

特别需要指出的是，由于靖州县当地的火灾发生率较高，因此严重影响到包括林农在内的各方的造林积极性。为了激励造林，当地就采取奖励指标的方式来激励社会各界参与造林。按照该县的规定，凡是造 1 亩林，林业局给予 1—2 个立方米的林木采伐指标为奖励。由于林木采伐指标较少，而该县 1 个立方米的林木采伐指标私下交易最高可以"卖"到 200 多元，2011 年有所下降，但 1 立方米采伐指标仍然可以"卖到"100 多元。② 在这种政策激励下，2005 年到 2010 年期间，不少林业局的工作人员也参与造林。如本研究课题组调查员了解到，除了该县林业局领导层的 Z 书记与人合伙造林 1000 亩之外，该县林业局分管林改工作的 S 副局长个人造林面积也达到五六百亩，但是他所造林子在 3 年抚育期过后，也被人为的火灾烧毁，损失惨重。类似这样的反面例子，使得当地人的造林积极性严重受挫。③

如果从深层的角度来分析，目前我国实施的政策性森林保险存在深层的悖论性问题。作为国家和地方政府，它们希望通过给予森林保险保费补贴的方式，来推动森林保险制度实施，进而带动各类林地经营者参与森林保险的积极性。但是，正如穆叶久所指出的，林农所要求的"低保费、高保额"与保险公司的"保业务收入、扩大承保面"的市场目标追求显然存在很大冲突。他还研究发现，保费的高低与林农参保的积极性成正比，而与保险机构提供保险产品的积极性又成正比。目前的保费收取情况对商业保险机构参与森林保险产生了严重的限制作用（穆叶久，2004）。再者，如果换一个角度来看，任何的山林都会产生生态价值，因此，国家支付部分保险费以换取生态产品也是合情合理的。这说明，森林保险具有

---

① 2011 年 9 月 7 日访谈靖州县林业局林改办主任 X. C. Z.。

② 这表明，靖州县的林木采伐指标管理存在问题。类似的情况在湖南新晃县也存在。如该县洞坪乡大坪村林业大户蒲剑波在接受课题组前期调查的访谈时也谈道：当地每年的砍伐指标管理存在很多不合理的地方。如有的申请了没有得到指标。有的不够用，有的申请指标有剩余，指标不公开。有很多关系户从中操纵运营（2010 年 7 月 13 日访谈新晃县洞坪乡大坪村林业大户 P. J. B.）。

③ 课题组调查员在靖州县调查中能够隐约感觉到，当地有人似乎针对林业局工作人员所造林子故意实施纵火行为。

很强的"公共物品"的属性。

但是,从保险公司的角度来看,作为一个纯粹的市场主体,追求经济利益是保险公司的唯一目标。保险公司之所以愿意承接森林保险业务,目的还是为了追求经济利益。这种目标追求和森林保险的"公共物品"属性并不吻合。一旦自身的经济利益受损,保险公司将毫不犹豫地采取规避甚至退出的策略。事实上,各地承接森林保险的基本上是国有保险企业——中国人民财产保险公司及下属机构。作为国有企业,人保财险公司本应有更强的社会责任感,但事实并非完全如此。换一个角度来看,人保财险公司利用自身的市场垄断地位,已经获得了超额的垄断利润,但它们却不愿意承担任何的业务经营风险。

本研究课题组在实地调查中发现,单从县(市)级来看,保险公司参保森林保险经营发生亏损的现象并不多见。即使有个别的县、市在某个特定的年度可能会出现业务亏损,也不是常态。正如前文已经指出的,保险公司已经对自己可能出现的业务亏损做了制度性的设计和规避(如免赔条款就是其中之一),即使在执行理赔业务时,它们也有很多的理由可以降低赔付率。而保险公司想方设法降低赔付率的结果反过来给林地经营者形成一种"参加森林保险也没有用"的印象。因为赔付率太低,这是很多林地经营者不愿意参加森林保险的真正原因。

(二) 完善森林保险政策实施的对策建议

1. 完善森林保险制度

针对政策性森林保险在发展过程中所面临的困难,中国保监会在相关调研报告中建议,加大中央财政的补贴力度,其中中央财政对公益林和商品林补贴的比例分别提高到60%和40%以上,其余由省财政补贴,县财政和林农尽量少出钱或者不出钱;建立中央财政支持的森林巨灾风险基金,实行专业管理、盈余滚存、定向使用。与此同时,保监会建议适当提高森林保险费率水平,将公益林火灾保险费率提高到3‰,商品林综合保险费率提高到6‰。[①]

[①]《政策性森林保险试点支持力度有待加强》,http://hb.qq.com/a/20100625/000070.htm。

有研究者还注意到，有的业主在获得保险公司的理赔之后，就不愿再投资造林。针对这点，他们认为，应该完善森林保险工作机制。为确保赔付资金及时用于森林资源恢复更新，承保机构的理赔款，应全额赔付到森林保险专户，由财政部门会同林业部门先支付被保险人60%的理赔款，待恢复造林并验收合格后再支付剩余赔款。如果受灾林农不更新造林，则由林业部门组织专业队伍用赔付款代为造林，林权归林农所有。这样既可以及时恢复因灾损毁的森林资源，又可以防止个别林农为获取赔偿而故意纵火等投机行为。①

而本研究课题组在调查中发现，林业经营者尤其是小户林农和保险公司对开展森林保险的积极性都不是很高。主要原因是：林权太分散，一家不保就都不愿保；投保和理赔手续繁琐程序复杂；对于保险公司而言，承接森林保险的运营业务成本较高，不但要跋山涉水，而且技术性强，工作开展起来相对困难。

为了解决这些问题，充分调动林农和保险公司的积极性，可以探索创新森林保险服务方式为切入点，大力推广乡镇或者村统一投保、统一交纳保费的模式，按照"谁交钱，谁受益"的原则，认定保费交纳者和保险标的物所有人同为保险受益人，理赔时按比例分享。

从目前世界各国的发展来看，森林保险主要分为政策性和商业性森林保险，两种保险方式的具体区别就在于是否需要政府的扶持，或者说是否以政府的扶持为主。从目前情况来看，商业性森林保险还难以在我国大范围展开。为了完善林业金融服务市场，国家不应该只扮演"保姆"的角色，接下去应该从政府补助森林保险保费转化为由市场资本进驻森林保险，引入保险市场竞争机制。只有这样，才能建立完善森林保险常态市场体系。事实上，目前我国各地的森林保险基本上只有国有企业人保财险一家在经营，处于垄断地位，保险市场缺乏充分的竞争力。这点显然不利于森林保险市场健康有序发展。

2. 建立健全林业灾害防治机制

对于保险公司而言，如何建立健全林业灾害防治机制是它们关心的问

---

① 《湖南在政策性森林保险试点工作取得初步成效》，http://active.zgjrw.com/News/2010715/Insurance/885313224701.shtml。

题。就本研究课题组重点调查的样本县（市）来看，有的县的森林灾害尤其是森林火灾发生率较低，如江西的崇义县、安徽的休宁县、浙江的庆元县、浙江的安吉县都属于森林防火工作机制比较完善的地区，因此森林火灾发生率也比较低。例如，在安徽休宁县，由于当地政府对森林防火工作极为重视，有效降低了火灾发生概率。当地林业局工作人员介绍了他们的做法和经验：

> 我们这儿防火现在管得比较严。防火现在是地方领导的"帽子"，那一把火烧不好就把地方官员的乌纱帽烧没了，对防火这一块管得很严。像清明节我们这所有的路口全部都锁道，不准带火上山，全部县里林业部门人员都守在路口巡逻。但凡容易失火的，像清明节3天前后都有巡逻的。
>
> 实际上，我们这边可能引起森林火灾主要与几个野外用火时间点有关。一个清明容易上山放火，再就是冬天炼山。冬至还要上坟是不是啊，到那时候来看，我们这山里就像看鬼子那样子，各个山、各个路口到处都有人，特别是通往山岗的路口都有人。我们这儿尤其是在清明节以及冬至以及大年三十晚上也上山祭祖的时期（当地有这个民俗），更是戒备森严。对于防火，我们这儿每天要上报的。因为我们黄山市，我认为第一是讲旅游，第二是讲生态，这是两块牌子，如果这两块牌子没了，那黄山也就不是黄山了，是不是？那就一定要保护好生态，保护好生态这个森林防火是第一位的。你现在随便打我们林业局一个电话，就可以听到"进入林区，注意防火"我们的电话铃声都是这个了，就是把防火放在工作的第一位。①

而在江西省崇义县，当地的火灾发生率也比较低。据该县林改办主任反映，尽管这个县最早从1992年就开始进行森林保险，当地政府一年为全县的森林交了20万的森林火灾保险，连保了10年，但由于当地火灾发生率低，保险公司从未赔付过。最后保险公司"不好意思了"，还返还了县里十几万元。从2008开始，该县开始投保森林综合险。截至2013年7

---

① 2013年9月7日访谈安徽省休宁县林业局W主任和Q主任。

月，全县所有 264.08 万亩林地都有参保，参保率 100%，总投保金额 1.05 亿元。其中 93.71 万亩生态公益林由省政府统保，国有林场商品林由林业投资公司、林业股份公司投保，村组集体和林农经营的商品林则由林业局先行垫付投保。按照约定，该县每亩山林年保险费为 2.4 元，最高 1 亩可以赔付 600 元。但到 2013 年年底，保险公司也一直没有理赔过。其主要原因还在于该县的林业结构比较好，加上当地政府和农民对火灾防范意识比较强，因此全县每年的森林火灾过火面积只有 2000—3000 平方米，火灾发生概率算很低的。

类似的情况在浙江省庆元县也存在。尽管该县的森林总面积达 251.7 万亩，占全县总土地面积的 87.6%，森林覆盖率高达 86%，而且全县森林保险承保率达 71.8%，且火灾最高 1 亩赔 800 元，但当地火灾仍然极少发生。其中 2012 年全县全年仅发生了一起火灾，过火面积只有 200—300 平方米。

相比之下，湖南靖州县的灾害损失率要高得多。以 2010 年为例，当年靖州县全县森林投保面积为 229.04 万亩，保险金额达 91616 万元，森林面积投保率为 87%，共收取保费近 300 万元。因森林火灾赔款 155 万元，因马尾松松梢蛀虫灾害赔款 140 万元。两项合计，当年保险公司共赔付了 295 万元，和收取的保费已经相差无几。

第六章 森林资源资产评估和担保

　　森林资源资产担保和评估是林业金融支持制度的重要组成部分。根据林权抵押贷款的一般程序要求，林业经营业主在申请林权抵押贷款时，必须先对所抵押的森林资源资产进行专业评估，然后银行金融部门再以评估机构出具的资产评估值为依据，发放相应比例的林权抵押贷款。承接森林资源资产评估的必须是具有专业资质且属于第三方的评估机构。不仅如此，有的金融机构在办理林权抵押贷款业务时还要求以别的资产对所抵押的林业资产进行反担保，这些都涉及关键的森林资源资产评估和担保问题。

　　那么，在当前林业金融支持制度改革和实施过程中，森林资源资产评估和担保究竟处于什么样的一种状况？各地又是如何对森林资源资产展开评估？现行森林资源资产评估和担保机制对林权抵押贷款政策实施又产生了哪些影响？本章接下来将对此进行专题探讨。

一　森林资源资产评估、担保政策实施的总体情况

　　按照国家相关政策的规定，设立森林资源资产评估（又称林木资产评估或者林业资产评估）专业机构要具备两个基本条件，即有森林资源资产评估师和评估机构的注册评估师。国家林业局2009年发布的《关于切实加强集体林权流转管理工作的意见》（以下简称《意见》）（林改发〔2009〕232号）要求：加强流转森林资源资产的评估工作。为此，要加强森林资源资产评估机构和评估队伍建设，规范流转森林资源资产评估行为，以维护交易各方合法权益。《意见》明确指出，流转森林资源资产的评估应当以具有相应资质的森林资源调查机构核查的森林资源实物量为基

第六章 森林资源资产评估和担保

础，进行价值评估。从事流转森林资源资产实物量调查和价值评估的森林资源调查机构和资产评估机构应当符合国家规定的相关资质条件，并严格按照国家有关资源调查、资产评估相关法规和技术规范的规定和要求进行森林资源实物调查和资产价值评估。从这个《意见》可以看出，评估机构在开展森林资源资产评估时只评估现存森林实物量，也就是交易山林的林木价值，并不包括森林资源的生态价值，也不包括林地使用权价值等。

　　本研究课题组实地调查表明，作为林业金融支持制度的改革的重要组成部分，各地在推进森林资源资产评估工作时其具体操作和运行机制有自己的特点。正如前文已经提到的，一般高等级的森林资源资产评估机构多半集中在林业院校或者省城。目前各地尤其是县（市）区域范围内普遍缺乏林业资产的专业评估机构和专业人才，因此各地普遍是由林业部门的规划设计部门承担林业资产评估工作。但是由于县级林业规划设计部门资质较低，大多只有丙级资质，有的县级规划设计部门甚至完全没有从业资质，按理说不能从事相关业务。[①] 再者，林业规划设计部门的工作人员绝大部分不属于专业森林资源资产评估师，他们甚至可能没有受过相关从业资质的正规培训，只有根据工作经验来进行森林资源资产评估。因此他们在从事这项工作时，难免会带来一系列问题。更为重要的是，政府林业主管部门的评估机构实际上是集"裁判员"和"运动员"于一身，其出具的森林资源资产评估报告的客观性和科学性难以保证。

　　实际上，各地在集体林改后普遍建立了诸如林权交易流转服务中心、林权登记管理中心之类的林业综合服务平台，林业或者森林资源资产评估甚至担保服务也被纳入这个服务平台之中。如福建顺昌县于2005年6月挂牌组建了"林业综合服务中心"，下设林木林地权属登记中心、森林资源产权交易中心、林木资产评估中心、林业技术服务中心、林木采伐审批运输办证室、木材检验中心、数字林业管理中心等服务窗口。这些服务基本上是林业部门自己承担。在其他县（市）级林业管理部门中，林业资产评估机构也普遍是建立在诸如林业要素服务中心、林地产权登记管理中心等服务平台上。

---

① 按照规定，这类资质的评估机构只能评估价值100万元的标的，超过这个价值，则必须请具有更高资质的评估机构评估。

本研究课题实地调查显示，大部分县（市）的金融机构开展林权抵押贷款时，要求专门的担保机构进行担保。尽管按照 2013 年 7 月 18 日中国银监会、国家林业局联合发布的银监发〔2013〕32 号文件的规定，30 万元以下的小额林权抵押贷款一般不要求担保，同时银行业金融机构要参照当地市场价格自行评估，不得向借款人收取评估费。不过，我们的问卷调查显示，大约 86% 的受访林农反映，自己在申请小额林权抵押贷款时虽然可能不要提供直接的财产担保，但要提供其他农村小额贷款信用担保，包括村干部担保、联户担保、合作社担保或者公务员担保等，或者是以家里的房屋产权证、结婚证等作为贷款的备案材料。至于超过 30 万元的贷款额度，则一般要求提供正式的资产抵押担保，包括要求专业担保公司担保。

在林权抵押贷款担保方面，总结全国各地的实践，目前从事担保业务的主要有两类模式。第一种是属于盈利性的担保模式。这种模式属于正式的资产担保，承担这种担保业务的又可分为两种机构：一种是独立的第三方的商业担保机构，它们按照相对正规严格的担保程序从事林权抵押贷款担保业务；另一种则是由具有官方背景的担保机构，它们附属于林业管理部门。这类机构虽然名义上独立于林业管理部门之外，但其人员编制、工作机制仍和林业管理部门有千丝万缕的内在关系。

从事林权抵押贷款担保的第二种模式是属于非正规的担保模式。这种担保模式总体上可以归为小额信用担保或者民间担保模式。具体包括林农个人信用担保（如夫妻信用担保）、林业专业合作社担保（如浙江庆元县就有这种担保模式）、林农农户联保[①]、村集体组织担保、村干部联保、公务员担保（如江西婺源县就有这种担保方式）、林农家庭资产担保，包括以房屋产权证、林权证及其他资产证明为担保（如浙江庆元县有这种担保方式）等几种形式。小额信用担保主要是针对和适用 30 万元以下的小额林权抵押贷款。超过这个贷款额度，则基本要经过专业担保公司进行担保了。

本研究课题组调查表明，近年来，随着小额信用贷款政策放宽，各地农户在申请小额贷款时，都规定有一个免担保额度。一般的县（市）是

---

① 如福建长汀县农户可以"五户联保"方式申请信用贷款，最高为 3 万元。

把免担保额度界定在3万元以下,即1个农户申请3万元以下的信用贷款,可以直接以户主本人、户主的夫妻双方身份证和结婚证为凭据申请贷款,无须其他担保。也有的县(市)要求提供民间信用担保,主要是农户联保或者村干部担保,个别地方则要求公务员担保。

二 森林资源资产评估、担保的地方性实践

和一般的集体林改政策实施相似,地方政府在执行国家关于林业资产评估和担保的相关的"顶层"政策安排时也会依据本地的实际情况和自身对国家政策的理解而采取相应的举措,各地的具体做法也有各自的地方特色。接下来我们以福建、江西、浙江、云南等省份的政策实践为例,对森林资源资产评估和担保的地方性实践作简要的叙述分析。

(一)福建省森林资源资产评估实施情况

森林资源资产评估和担保机构的社会化难题是福建省目前遭遇的最大困难之一。本省的森林资源资产评估、担保也大都是林业管理部门析出的机构来承担,大多数的森林资源资产评估机构都依托县(市)级林业局现有技术人员和力量,且往往只有丁级或者丙级资质(只能评估低于100万元以下的林业资产),有的甚至没有任何相关从业资质。

截至2010年7月,虽然福建全省名义上有37家林业资产评估机构,但是这些机构配备的专业人员严重缺乏。受此影响,福建省森林资源资产评估的程序不规范也不标准,也没有专门的评估师的资格认定。虽然这些评估机构不属于真正意义上的第三方评估机构,且林业部门工作人员从事森林资源资产评估工作颇有既当"裁判员",又当"运动员"的意味,但不可否认的是,在当前社会林业资产评估中介结构和专业评估人才极度短缺的情况下,林业部门工作人员从事林业资产评估,对于规范林权抵押贷款市场具有重要的引领作用。

实际上,在福建省县、市一级,具备从业资质的资产评估机构本就不多,更不用说森林资源资产评估机构了。正如福建省尤溪县林业主管部门负责人在接受本研究课题组调查员访谈时所反映的,就目前情况看,社会上的第三方评估机构大多不懂林业资产评估。相比之下,县林业局出具的

森林资源评估报告反而可信度更高,因此一开始很多林业资产评估工作都是由本县林业局相关机构人员从事。该县的评估机构是丙级,假如评估出现问题,则是由林业局负责。按照该负责人的理解,该县并不提倡社会化机构从事森林资源评估业务,只要银行愿意、"敢放贷"就行,不必经过县评估机构的评估。尤溪县还规定,为防止国有森林资源资产流失,国有森林资产、乡镇所属的林场在进行市场流转时都需要进行资产评估。[①]

作为集体林改的首个试点省份,福建省在探索森林资源资产评估制度创新过程中也形成了自己的特色,其中最突出的一点就是对林木收储制度的探索与实践。

在推进林权抵押贷款政策实施过程中,福建省相关部门深刻意识到,由于存在林木生产周期长、风险高、抵押物管理和处理难等问题,严重制约了金融机构开展林权抵押贷款的积极性。对于银行金融部门而言,林权具有特殊属性,如果是林农直接以林权证抵押办理贷款,若林权抵押贷款人违约,金融机构要处置抵押的林权资产,其程序繁琐、时间长、费用高,且常常出现无法全额收回本息的情况。出于风险考虑,不少地方的金融机构对发放林权抵押贷款较为谨慎,有的要求额外提供房产、信用等担保。有的干脆就不接受这一业务(如前文提到的湖北恩施市龙马镇农村信用社社长就持这种观点)。正是针对这点,福建省即开始尝试建立实施林木收储制度,以试图化解这个难题。

据了解,福建省最早探索林木收储制度的是三明永安市。作为福建省集体林改的"排头兵",该市早在2005年即成立了林木收储中心。经过多年的实践,2011年,永安进一步成立林业金融服务中心。中心的具体运作模式是实行林权抵押贷款统借统还,即以中心为借款人,向国家开发银行福建省分行借款,永安市国投公司提供担保,委托贷款行(农村信用合作联社)向林业信用协会会员(企业、林农、个体)发放贷款。实践表明,林木收储制度的建立,对于促进永安市林权抵押贷款顺利开展起到了很大的促进作用。

以永安市的"试水"改革为基础,福建省的林木收储做法开始逐步推广。到了2014年,本省的邵武市、长汀县也先后推进林木收储中心建

[①] 信息来自于2010年10月15日在福建尤溪县林业局的调查座谈会访谈。

第六章　森林资源资产评估和担保

设。截至 2015 年 3 月，全省已经有包括永安、邵武、长汀、建瓯等 17 个县、市成立了林业收储中心。

在总结地方对林木收储制度探索和实践经验的基础上，2015 年 3 月 7 日，福建省成立全国首家省级林木收储中心——"福建福人林木收储中心有限公司"。在该中心的成立仪式上，国家开发、招商、邮储银行、海峡股权交易中心还与福建省的市、县林业局、涉林企业签署了战略合作协议。据了解，"福建省林木收储中心暨福建福人林木收储中心有限公司"首期注册资本 3 亿元，由"福建福人集团"牵头设立。作为全省林业投融资服务的一个综合平台，福建省林木收储中心是吸引社会资本投资林业的一个重要举措，其主营业务包括森林资源收储、林业资产评估、林权抵押担保、林业专业小额贷款、林业产业发展投资、木材战略储备等。此外，该收储中心还将开展市场收储和受政府委托开展政策性收储等相关拓展业务。

具体而言，福建省林木收储中心的功能主要是通过收储，将林木用于抵押银行的金融机构的贷款，这样能够更好地消除银行金融机构对林木处置权的疑虑，从而在林地经营者——贷款人和银行金融部门之间起到中介桥梁和纽带作用。[①]

"福建福人林木收储中心有限公司"挂牌当日，开行福建分行与福建福人林木收储有限公司双方一同签订了战略合作协议。根据双方合作协议，2015—2018 年，双方意向合作融资总量为 20 亿元。实际上，开行曾率先在福建省开展林权抵押贷款，在催生我国林业融资新模式方面发挥了重要的推动作用。特别是在支持福建永安集体林改过程中，创新了"四台一会"（即组织平台、统贷平台、担保平台、公示平台和中小企业信用协会）的"永安模式"。截至 2014 年年末，开行福建分行累计承诺涉林贷款 35 亿元，贷款余额 20 亿元。而 2015 年 3 月 7 日，开行福建分行与"福建福人林木收储有限公司"双方签订战略合作协议，目的是建立新型的产业集团与金融集团全方位深度合作的新型战略合作伙伴关系。根据双方的约定，彼此将开展规划、贷款、投资、债券等全面金融合作。开行将

[①] 人民网：《国内首家省级林木收储中心福州成立 激活林业资源流转》，http：//fj. people. com. cn/n/2015/0307/c337006—24092056. html。

支持"福建福人林木收储中心有限公司"开展林木收储与销售、林业投资等项目，促进建立福建省内林业资产流转市场，扶持省内林业小微企业及个体户发展壮大，并拉动林业产业上下游产业链发展。①

从福建县、市级林木收储中心的运营机制中，可以看出其对林业金融支持制度发展的意义。以邵武市为例，该市的林木收储中心是 2014 年 2 月才设立的，由当地国有企业邵武富源林业发展有限公司出资组建"富源林业收储中心"，这是福建闽北首家林业收储中心。公司的主要业务是为林农的林权抵押贷款提供免费的担保收储服务。据邵武市农村信用合作联社业务部主任 L. Z. A. 反映，自集体林改中开展林权抵押贷款以来，该社累计在邵武市发放过上百笔林权证抵押贷款，但其中多次出现借款人违约的情况。出于风险考虑，信用社的涉林贷款业务量便不断压缩，并婉拒了不少新客户。而事实上，据邵武市林业服务中心的统计数据显示，截至 2014 年年底，全市已发放的 7 万多本《林权证》中，有用于抵押贷款的仅有 1000 本左右，这说明大量的森林资源资产没有被充分盘活利用起来。

对于林农而言，林木收储中心担保贷款到底能给他们带来哪些便利和利益？邵武市的做法也有很强的参考借鉴意义。因通过收储担保贷款风险相对较低，当地许多金融机构还给予该项贷款多重优惠。以邵武市信用联社为例，贷款利率比基准利率的上浮幅度，比原来下降 35% 以上，贷款期限从原来的 1 年延长到 3 年，贷款额度也相应提高了。该市拿口镇肖坊村村民 W. G. H. 创办了家庭林场，种植茶叶，还开展木材储运销售业务。2014 年 3 月，通过邵武市"富源林业收储中心"的担保，W. G. H. 成功向邵武农村信用联社贷到 110 万元。作为邵武市农村信用联社的老客户，该农户这次通过"富源林业收储中心"担保贷款，利息比以往贷款可以节省 2.4 万元。截至 2014 年 6 月，短短 3 个多月，邵武市"富源林业收储中心"已登记受理 26 笔业务，林农已林权抵押的林地总面积 1.5 万亩，申请贷款额为 2600 多万元。其中已放贷的有 8 笔，贷款额为 449 万元。②

按照邵武市"富源林业收储中心"的业务经营手续，贷款人（林农）

---

① 泳珍：《开行 20 亿元支持全国首家省级林木收储中心盘活福建林木资源》，http://fjrb.fjsen.com/fjrb/html/2015—03/18/content_ 817722. htm。

② 东南网：《邵武、永安等地通过成立林业收储中心》，http://sm. fjsen. com/2014—06/03/content_ 14205880. htm。

以林权抵押形式申请贷款，通过评估机构评估后，由收储中心收储并提供担保，银行据此发放贷款。一旦贷款人违约，收储中心将一边向银行偿还贷款，一边负责处置抵押的林权资产。为确保抵押物的安全，避免原林权所有者对林木资产随意处置，有关各方可以通过林权登记管理中心，对林权证进行抵押登记、保管，并与林木流转登记和林木采伐许可证的办理实行计算机联网。凡被抵押的林权证将被锁定而不能进行林木产权变更登记和办理林木采伐许可证。如此一来，林业企业或个人若不能及时还贷，债权人可根据贷款合同约定，通过林业收储中心对抵押物进行拍卖处置，以收回贷款本金和利息。

从全国各地的实践来看，林木收储中心搭建的收储平台基本都是政府搭建的，虽然它可能以林业局所属的某个国有企业为具体运作平台。这就等于政府为林权流转交易和林权抵押贷款提供了信用和担保。对于参与林权抵押贷款、林业资产评估和担保的各方利益主体而言，目前建立的林木收储制度实际上是一种政府信托制度。地方政府以自身的特殊的政治信用为担保，尽力化解银行金融部门对可能出现的林权抵押贷款违约行为的担忧。事实上，从福建省的林木收储制度设计来看，政府部门等于为林权抵押贷款的林业资产评估、担保提供了整套的服务，这种做法虽然与严格意义上的林权抵押评估和担保程序相违背，但在目前社会第三方林业资产评估和担保机构极其缺乏的情况下，政府对林权抵押资产评估和担保的介入也不失为一种权宜之计。

（二）江西省森林资源资产评估实施情况

江西省关于集体森林资源资产评估的规定较为复杂，不过在实际操作中，县级政府部门往往对小面积的抵押贷款进行免评估。据调查，江西省遂川县对于10万元以下的抵押贷款就规定不需要评估，只要"写申请"就可以贷到款，走一般简易程序，因为它们是重点林业县，省里进行了"特殊照顾"，也就是林权抵押贷款方面的政策倾斜。实际上，没有进行评估的小额林权抵押贷款，银行发放这类贷款是有风险的。但据该县林业局的负责人的理解，"我们统一对幼林进行保险，而且中林以上的林子并不怕火烧，因为即使烧了一点，其林木也一样值钱，这样打折给银行，银行一定不会赔本的。"①

据本研究课题组对江西铜鼓县、崇义县和资溪县等地的实地调查，该省承担森林资源评估的人员一般也是林业部门内部工作人员，但他们"下到基层"进行森林资源资产评估工作相当于"创收"，能够获得一笔额外的收入，评估1000亩以下可以按照每亩4元进行收费，1000亩以上则是收取0.6%的费用。②

以江西省崇义县为例，该县林权抵押贷款进展迅速，但绝大部分的森林资源资产评估工作也是县林业局自己承担。尽管林业局的评估机构只有丙级资质，只能评估标的为100万元以下的林业资产，但如果标的超过了100万元，林业局的评估机构则采取把大标的人为切割分解为更小标的的方式，这样他们仍然可以对之进行评估。他们以此来规避自身评估等级太低的短处。这种做法在其他地方也有出现。

（三）浙江省森林资源资产评估实施情况

在推进林业金融支持制度实施过程中，浙江省各县（市）的金融服务体制机制相对比较活跃。2004年，浙江成立全国林业行业第一家担保机构。集体林改实施之后，该省主要采取了几个举措来推进森林资源资产评估和担保工作：一是增加财政投入，进一步完善配套政策。在省财政设立1000万元林权抵押贷款贴息资金的基础上，鼓励地方财政部门安排专项资金，按实际贷款规模和年限给予林业贷款贴息，以降低林农融资成本，提高林农融资积极性；二是鼓励地方政府设立林权抵押贷款风险补助资金，资金来源可采取财政拨款等筹资方式，或成立森林、林木资源资产收储中心，预防和分担可能产生的贷款风险；三是采取财政资金支持或吸引民间资金加入等多种有效措施扶持本省林业担保机构发展，扩大贷款担保能力。

据2013年12月政协全国委员会经济委员会调研，截至2013年，浙江全省已经设立28家森林资源资产评估（咨询）机构，基本能满足100万元以下规模的森林资源评估需求。

---

① 2011年8月15日江西遂昌 L. J. Z. 访谈。
② 2011年8月14日江西遂昌 H. Z. R. 访谈。

第六章 森林资源资产评估和担保

庆元县是浙江省各项集体林改的试点单位和"排头兵"。自 2007 年以来，该县为快速推进林业金融支持改革实施工作，依托县林业局的林业调查规划设计队，建立了森林资产评估机制。庆元县委、县政府制定了《庆元县森林资源资产评估暂行管理办法》，为全县林农提供资产评估服务。同时，为化解银行金融风险，在林农与银行之间架起桥梁纽带，庆元县还依托县林业局的相关技术人员力量，成立"和兴林权抵押担保有限公司"。该公司和县林业局在同一办公地点办公。虽然截至 2012 年年底，庆元全县参与林权抵押贷款的各类担保公司共有 8 家，但仍是以"和兴"担保公司为主。该公司累计为全县林农和企业提供林权抵押贷款担保 40441 万元，占全县相关业务的一半以上。

而在浙江安吉县杭垓镇唐舍村，2012 年课题组在此调查时，该村的村干部反映，本村几乎每个农户都有申请办理一种名为"诚信彩虹"的小额信用贷款。办理这项贷款的是农村信用社。每个农户最高贷款额度为 6 万元，期限是 1 年。农户申请这种信用贷款，以前要夫妻两人共同签字才能贷到，后来一人申请也可以贷到款，利息是 5.5—5.6 厘，且无须担保。当地信用社给农户发了一张信用评估卡，户主拿着卡就可以直接去信用社申请贷款了。[①] 由于信用社对农户贷款资金用途没有限制，因此这种小额信贷受到当地农户的普遍欢迎。实际上，和庆元县不同，安吉县很少有林农申请 10 万元以下的小额林权抵押贷款。其主要原因与当地农村信用社所提供的"诚信彩虹"小额信贷已经形成对小额林权抵押贷款的替代有关。作为地处长三角经济发达地区的安吉县，当地金融部门提供的服务更加宽松多样。

而在庆元县，当地金融部门规定，林农贷款 5 万元（含 5 万元）以下可以用林权证直接抵押，无需担保就可以贷款。不过，当地金融机构并没有推出类似安吉县的"诚信彩虹"小额信用贷款业务。和经济发达的安吉县相比，庆元县地处闽浙交界处，属于浙江经济最为落后的地区，因此当地金融部门提供的服务就相对保守些。由于缺乏类似安吉县的"诚信彩虹"小额信用贷款的金融服务产品，庆元县的小额林权抵押贷款因此比安吉县高得多。

[①] 2011 年 7 月 30 日访谈浙江省安吉县杭垓镇唐舍村村主任 Z 主任。

庆元县各村办理小额林权抵押贷款，主要采取民间信用担保模式。如本县隆宫乡的黄坑村等5个自然村的林农在村干部的发起下联合组建了"庆元县创新竹木合作社"，主要目的就是为林农提供林权抵押贷款担保服务。只要林农入社就可以享受由合作社所提供的担保服务。其具体做法是：林农加入本合作社，相应合作社对林农的山林资源做一个简单的评估，在此基础上，按照评估价值最高50%的比例进行贷款担保；林农同时需要将林权证抵押给合作社，最后到农村信用社直接领取贷款；其他相关手续则由相应的合作社代替林农办理（何安华、孔祥智，2009）。

林业专业合作社只为入社的社员提供林权抵押贷款担保，因此只有入社的成员才能受益。此种模式被庆元县当地林业工作人员称为"庆元特色"。据数据统计，抵押期限在2009—2013年间的庆元县隆宫乡两个村庄共有74位林农申请办理了林权抵押贷款。这其中除了53位林农由县林业局所属的"庆元县和兴林权抵押担保有限公司"提供担保，及另3位由"屏都信用社隆宫分社"提供担保以外，其余18位贷款人均由当地林农自发组织的"庆元县创新竹木专业合作社"进行担保。

对比其他省份，浙江省在相关林业金融支持配套政策方面最大的特色是构建林权信息化管理系统，即创建"林权IC卡"。2007年，该省首先在庆元县隆宫乡试点"林权IC卡"工程建设，主要工作包括：勘界调查、评估建库、制卡授信等几个步骤。自庆元县的"林权IC卡"建立起来之后，当地林地经营主体申请林权抵押贷款便利了许多。一般林农申请办理林权抵押贷款，通常在1天之内即可完成所有的贷款申请、评估担保等相关手续。

在庆元县交界的龙泉市，其"林权IC卡"建设也有他们自己的特色。它包括两部分内容：一是结合当地农村信用体系建设工程，采取"整村评估、户户可用、一户评估、其他参照"的综合简化方式采集农户林权和森林资源资产信息；二是结合林权地籍勘界，采集农户林权和森林资源资产信息。截至2011年12月，龙泉市已经完成全市19个乡镇（街道）444个行政村、4.9万户的信息采集，占全市总户数的89%。其中申报评定丽水市[①]"信用乡镇"、"信用村"95个，评选"信用户"44685

[①] 龙泉市、庆元县都属于浙江省丽水市管辖。

户（其中：AAA 级 1907 户，AA 级 1683 户，A 级 41095 户），约占龙泉市全市总户数的 81%。在此基础上，龙泉市建立了统一的农户森林资源资产信息数据库。

不仅如此，龙泉市还在完成下属乡镇——竹垟乡所开展的林权到户实地勘界试点工作的基础上，研发出了《龙泉市林权信息查询系统》，为全乡 1983 户农户制作林权信息卡 1983 张，这些农户的林权和森林资源资产信息都录入了查询系统。截至 2011 年年底，全市约 50 万宗地，林权信息全部录入《浙江省林权信息管理系统》，实现了一山一证一卡的"身份证"（即"林权 IC 卡"）管理机制。农户林权和森林资源资产信息可实现网络查询。这些举措为林权抵押贷款和农村信用体系建设提供了翔实可靠的基础数据。

目前，由庆元县、龙泉市首创的"林权 IC 卡"制度已经在浙江省遂昌、温州等其他县市进行推广。这种将森林资源资产信息卡与农村信用户贷款证"合二为一"的"林权 IC 卡"极大地简化了林权抵押贷款程序。当林农需要贷款时，可以直接从电脑中打印出"森林资源资产信息卡"，无须逐个逐片（林地、林木）进行评估。除了简化林权抵押贷款的程序，也降低了抵押贷款的成本，包括降低了评估费，节省时间成本，较好地解决了此前林农反映强烈的林权抵押贷款办理难、耗时长等问题。

不过，浙江的"林权 IC 卡"制度在实施中也存在一些问题。一是森林资源评估中只评估山上现有蓄积量林木实物的市场价值，并没有对林地本身进行价值评估，这点和全国其他大部分情况相似。这就使得其价值评估的客观科学性受到质疑。[1] 而按照相关规定，"用材林、经济林、薪炭林、竹林的采伐迹地和火烧迹地的使用权"以及"法律、法规规定可以作为抵押物的宜林荒山、荒地等的使用权"也可以用于林权抵押贷款。[2] 2011 年 12 月，本研究课题组调查员在庆元县调查时发现，当地的 1 亩毛竹林评估价值大多是在 3000—4000 元之间，这个评估标准只体现了山上现有的毛竹实物储量价值。不过，庆元县林权登记管理中心负责人表示，"林权 IC 卡"信息化管理系统并非是一成不变的。县林业局每年会根据

---

[1] 2011 年 9 月 7 日访谈庆元县"海溪林业调查规划设计所"负责人。
[2] 参见《浙江省森林资源资产抵押管理暂行办法（试行）》。

当年的毛竹和林木的市场行情价，结合竹木的自然生长情况，对每户林农的"林权 IC 卡"的信息进行统一的调整，以更好地反映林木市场价值的变化，并相应地调整贷款评估值和贷款幅度。

二是林地经营者融资成本依然较高。据本课题组调查了解，2012 年，以庆元县隆宫乡为例，正如前文已经指出的，当地农村信用社发放的小额林权抵押贷款的年利率一般是 6%—7%，并可在基准利率的基础上浮 70%，最高时上浮 100%。此外，借贷农户需按拟抵押物的评估价值另外支付 0.3% 的评估费和 0.1% 的担保费，另外还需支付 0.35% 的保险费用。以此推算，林农平均每贷 1 万元，须向林业局相关的评估和担保机构缴纳约 50 元的各种费用。再者，由于贷款周期基本限定为 1 年，虽然庆元县规定，林农可以申请循环贷款，但每次申请贷款必须重新缴纳评估费和担保费。这样无形中也增加了林地经营者的融资成本。尽管庆元县地方政府对每笔担保费提供 50 元的补贴，同时也可能按照利息总额的 10% 进行额外奖励，但这仍然难以有效降低林农融资成本。

在庆元县，几乎所有的森林资源评估业务都是由一家名为"海溪林业调查规划设计所"的机构承担。该设计所名义上属于企业性质，但却隶属于县林业局，全所共有人员 30 多人，其中正式员工有 6 个（事业编制的有 4 个，派驻所里），其余都是临时聘用。这个所专门负责全县林权抵押贷款的林业资产评估业务，属于自收自支单位。其收取的评估费用于支付本所的日常运作，包括支付临时聘用人员的工资等。该所成立于 2002 年，其最初目的是搞林地征用的补偿费评估。目前，该所在本县平均一年收取的评估费是 200 多万元，其收费标准是按照评估值的 3‰ 收取。

例如，本研究课题组调查员在庆元县访谈了一个办毛竹加工厂的小老板。据他反映：在早期，当地为了推广林权抵押贷款政策实施，收取的费用比较少，林农办理林权抵押贷款，基本都有政府贴息（年贴息 3%）。贴息完之后，年利率只有 6 厘多，此外再也没别的费用。后来贷款的费用开始增加，他表示：

> 现在的评估费和担保费要花不少钱呢？刚才我问一个老板，他说贷款 8 万块钱，评估费 600 多，交担保费 600 多，去信用社里还要交

手续费二三百块钱!①

总体而言,建立"林权 IC 卡"信息化管理系统是浙江省林业金融支持制度建设的最大特点之一。这一系统等同于在林农、担保机构、银行和林业部门之间建立一套沟通和信任机制。不过,浙江省的"林权 IC 卡"信息化管理系统前期投入的成本非常高昂。特别是必须与基层林业站管理人员、森林资源资产评估机构密切配合的野外作业以及严谨的室内勾图设计、数据录入为基础,才能获取详细的数据信息。这些工作往往需要历时数年并投入大量的人力物力才能较好地完成。由于浙江省经济相对发达,政府财力相对雄厚,因此可以承担"林权 IC 卡"信息化管理系统建设的成本,但是对于经济发展相对落后的中西部省份而言,它们多半难以承担这项成本支出。因此,就现阶段来看,"林权 IC 卡"信息化管理系统仍然难以大范围推广。

(四) 云南省森林资源资产评估进展情况

前文已经提到,云南省虽然林权抵押贷款政策实施相对略晚,但却进展迅速。在开展森林资源资产评估方面,截至 2010 年之前,云南省的个别县(市)有针对性地出台了关于森林资源资产评估管理的相关法规。直到 2010 年 10 月,为推进全省集体林权制度配套改革,加强森林资源资产评估管理工作,维护资产评估各方当事人的合法权益,云南省出台了《森林资源资产评估管理暂行办法》。尽管该办法对森林资源资产评估提出了相关要求,但云南省也面临评估机构和评估人才极为短缺的问题,这点和其他省的情况基本相似。

据调查了解,截至 2012 年年底,经云南省财政厅认定的评估机构有 69 家。但这些评估机构分布不均衡,甚至部分州(市)还没有资产评估机构。该省的大部分评估机构集中在省城昆明市。而且林业调查规划资质单位中的甲级和乙级资质单位基本设在昆明,大部分县市只有丁级资质。

---

① 2011 年 8 月 9 日访谈庆元县隆宫乡隆宫村小额林权抵押贷款第一人吴成德时得到的信息。吴本来当时第一次申请 3 万元林权抵押贷款,利息是 6 厘多,但他只贷了几个月就提前还了,之后每年他都会贷款。庆元县当地政府规定,信用好的农户,贷款 5 万元以下,不用担保,直接贷款,但超过 5 万元,则要担保抵押。

这种局面显然无法满足云南省对森林资源资产评估工作的需求（杨红艳，2013）。

不过，和其他省相比，云南省在推进森林资源资产评估方面也有自己的"亮点"。2011年，云南省林业厅与财政厅提出"量价分离"的原则来开展森林资源资产评估工作。从2012年起结合林业信息化及全省林权管理中心建设工作，委托社会专业的信息和网络公司，开发了"森林资源资产评估信息平台"。该平台以互联网为载体，采用信息化的手段实现各县的林业调查资质单位与省城的资产评估机构实现远程合作，建立可以覆盖全省的森林资源资产评估体系（杨红艳，2013）。云南省的这一做法，目的是在全省范围内实现森林资源评估机构和人员资源的共享，也不失为是一个值得尝试的举措。

云南省的林权抵押贷款模式主要有三种：一是贷款金额超过30万元的非小额林权贷款。这种情形中，经昆明有资质的森林资产评估公司评估，银行按评估价的36.4%发放贷款，农户需向评估公司支付评估费，大约为评估价的0.25%。虽然林业部门按照"量价分离"的评估原则完成了量的评估工作，但出于扶持林农考虑，没有收取评估费。这种贷款模式申请周期为3个月；二是贷款金额小于30万元的小额林权贷款。按照国家相关政策规定，可以实行免评估。农户可直接到信用社申请贷款。据云南省景洪市林农反映，小额林权抵押贷款只需向信用社提供林权证复印件，无须将林权证抵押给信用社，申请周期差不多也是3个月；三是农户以林权证作为抵押，即小额林权抵押贷款。其操作方式是林农向自己所在村庄的贷款互助社申请贷款。互助社由县扶贫办帮助成立，只针对本村村民提供贷款。每年可发放的贷款总额为15万元，农户申请周期为3天，贷款年利率仅为5%（国家林业局"集体林权制度改革监测"项目组，2013：187）。

至于具体的评估手续，从云南省景洪市制定的《景洪市林权抵押贷款管理办法》规定中可大致得出其要点。该《管理办法》第十二条提出，申请林权抵押贷款，应对抵押林权进行评估。评估采取银行评估和委托林业评估中介机构评估两种方式。贷款金额在100万元（含100万元）以上的贷款项目，应委托具有森林资源资产评估资格的机构进行评估；贷款金额在100万元以下至30万元的贷款项目，可委托林业部门管理的具有丙级以上（含丙级）资质的森林资源调查规划设计、林业科研教学单位提供评估咨询服务，出具评估咨询报告。也可由银行金融机构组织评估，出具评估报告，评估价值需获得抵押人认可；贷款金额在30万元（含30万元）以下的小额贷款项目，可由银行业金融机构参照当地林权交易市场近期成交价，自行评估或与借款人共同商议确定抵押资产价值。该《管理办法》第十三条还规定，市林业局应对抵押人聘请的森林资源资产评估机构和评估人员进行资质审核，对拟抵押森林资源资产评估项目予以核准或备案。

按照云南省级政策规定，小户林农贷款额度在30万元以下的不需要评估，50亩以下的不需要经过评估机构和调查队的评估，只要林农和银行直接协商就可放贷。不过，在实际操作中，很多地方会采取某种类似江西省崇义县的规避做法。如把一个超过100万元的森林资源资产评估标的切割为更小块，然后分别加以评估，甚至可能是免评估。2010年，本研究负责人前期在云南省景洪市林业局查看该局保存的森林资源资产评估档案时，就发现其评估报告非常简单且不规范。云南省的林权抵押贷款增长迅速，客观上与当地的森林资源资产评估手续相对简便有一定关系。

不过，如果从县（市）级层面来看，云南省不同地方的具体做法则有很大的差异。如在丽江市，当地的林权评估登记费用过高，林业部门按评估金额5‰收费，远高于土地评估2‰和房产评估2.5‰的收费标准，加重了借款人负担。由于林权抵押的特殊性，在林权抵押登记、管理，以及担保抵押林产的评估、监控、投保等一系列复杂过程中必然产生较高的费用，而这些费用计入林权抵押贷款融资成本，最终也由贷款林农承担。同时，由于地方政府财政扶持力度弱，财政贴息政策普遍执行不到位（中国人民银行丽江中心支行课题组，2010）。

三 县级视角下的森林资源资产评估实践：尤溪县案例分析

本研究课题组实地调查显示，在推进林业金融支持制度改革中，不少县、市已经建立了相对完善的林业投融资体制机制，包括成立林业资产评估和担保机构等。福建的尤溪县属于其中的一个较为典型的例子。

尤溪县是福建省2003年确定的首批集体林改试点县，是全省首个通过集体林改验收的县，也是全省5个小额贴息贷款试点县（市）之一。[①] 2004年，尤溪县在基本完成明晰产权任务后，2006年即开始推进林改的综合配套改革。尤溪县委、县政府即考虑如何把承包给林农的林业产权转变为森林资源，进而变现在林权抵押贷款，从而盘活山林资产，使其变为林农的资本和资金。在被列为全省5个小额贴息贷款试点县（市）之后，该县采取多项举措以推进这项工作。

第一，尤溪县以政府推动，部门协作的方式成立由林业、财政、农办、人行、农信社等部门组成的工作小组，县分管林业领导担任组长，协调和指导林业小额贷款（那时候还没有林权抵押贷款一说）工作的开展。林业部门主要负责宣传发动、调查摸底、预约登记、林权审核等工作，并开展形式多样的宣传活动，以充分调动林农参与的积极性。县农信社则主要负责指标安排调剂、贷款业务预约、集中办理等工作。为保证贷款资金足额到位，尤溪县实行各乡镇指标单列管理。2009年金融部门单列5000万元贷款指标，其中2000万元专项用于发放5万元以下的林业小额贷款。

第二，完善方案，规范运作。尤溪县认真制订了《尤溪县林业小额贴息贷款试点方案》，要求实现六个"明确"，即：明确林业小额贴息贷款是以适应林农发展林业生产的实际需求为目标，重点扶持农村弱势群体；明确凡在本县行政区域内从事林业生产的林农，均可列为贷款对象；明确所贷款项只限用于森林资源培育和保护、林产品加工、林业基础设施建设等项目；明确贷款额度控制在每户30万元以下，可以联户形式贷款；明确县农信社以当年实际小额贷款利率发放贷款，贷款期限为1—3年，贴息期限1年，按月2.5‰的贴息率予以兑现；明确贷款林农以林权证作为抵押凭证。

第三，强化林权抵押贷款服务，倾心助农。为了简化林农贷款手续、尤溪县主要采取了四项措施：其一，下放审批权限，林业小额贷款5万元以下，基层农信社即可审批。其二，实行免评估制度，对贷款户将林权证作为信用主要凭证的，贷款免于评估。其三，实行授信管理。采用"一

[①] 2003年，福建以永安市和尤溪县作为全国集体林区林改试点，试点工作于2004年完成。2005年9月，尤溪县成为第一个通过省市联合检查验收的集体林改试点县。

次核定、余额控制、随用随贷、周转使用"的方法,满足林农贷款需求。其四,实行高效便捷的"一站式"服务,做到申请人在1个工作日就可以拿到所贷款项。林业贷款贴息资金按审批的名单额度,由林业站通知林农核对账户、贴息额并签字确认后汇总县林业局,县林业局委托信用联社将贴息直接汇入林农账户。

第四是创新机制,防范林权抵押贷款风险。按照尤溪县的相关政策规定,乡(镇)林业站首先必须直接参与贷款项目的审核把关,建立台账,并适时对贷后资金的使用情况进行抽查,以确保林农信贷资金全部用于发展林业生产。其次,主动做好林权登记管理工作,切实履行"一个确认、两个承诺"服务,即确认林权证的真实性与合法性,承诺在抵押贷款期间所抵押的林木未经抵押权人同意不予发放采伐许可证、不予办理林木所有权转让变更手续。最后,加强林业"三防"体系建设,推进森林火灾保险,强化对抵押林木的保护管理,充分发挥保险对林业投融资改革的保障作用。

在开展小额贴息贷款的同时,尤溪县还创新多种融资服务,其中一个主要举措就是开展林权抵押担保服务。2003年11月,尤溪县政府即制定了《尤溪县林木林地抵押管理办法》,并组建林业专业担保公司——"森信林业担保公司"。该公司与尤溪县农信社合作开展林业小额贴息贷款业务。其运作模式是以林木资产(林权)抵押为反担保,专门为林农和林业企业提供贷款担保,缓解非公有制企业包括个私林场和从事林业生产大户的贷款担保难问题,为信贷资金支持林业发展搭建一条绿色通道。据尤溪县林业局负责人介绍,当初尤溪县成立这家担保公司,是颇费周折的:

> 当初,我们县想推进林权抵押贷款工作,但当时银行不愿意干。原因是在20世纪90年代,农业银行曾经放贷了一笔山林林木资产抵押贷款,但款贷出去银行却无法收回。由于那时候抵押贷款这块不规范,贷款的人跑了,担保的山场被老百姓砍的差不多,没法拍卖。当时我们县林业局也没有成立林权登记机关,(银行)上诉到法院,法院也没法受理。因为这件事,所以这些金融部门后来一听说要搞林权抵押贷款都很怕,觉得没办法做。
>
> 为了推进这项工作,没办法,最早只好以县林业局的投资公司和

林业站牵头，出了100万元资金，搞了一个担保公司。当时林业局领导想了一个办法，一定要把金融部门对林业的资金扶持做好，就成立了"森信担保公司"，注册资金是100万元。有了林业局所属企业的担保公司担保，银行才慢慢愿意办理林权抵押贷款。结果做了一段时间，发现担保公司的效益还不错。不过，这时候，大家担心，公家的钱在担保公司里头，县林业局怕几个人操作不好，有顾虑，最后林业局把资金收回来，担保公司就被林业局几个干部买走了。现在森信担保公司属于个人。从刚开始第一年担保金有5000多万，如今有3亿多（仅这一家）。①

尤溪县"森信林业担保有限公司"成立之初注册资金仅100万元，后来该公司转制为私人企业，注册资本也扩大到1000万元。至2010年4月，该公司累计担保贷款达55607万元，担保贷款余额13667万元，且极少有不良贷款余额。2008年之后，尤溪县又陆续成立了15家担保公司，这些公司大都有提供林农担保贷款业务。至2010年4月，这另外的15家担保公司共为林业经营业主担保贷款17823万元。

2007年，尤溪县创新林业信贷业务，开始尝试办理以林木资源直接抵押贷款。其具体操作模式是由林木所有权者向金融部门申请林木资源抵押贷款后，只要将林木资源通过林业管理部门进行评估、登记，通过登记证在金融部门进行抵押即可获得贷款，而无须经过担保程序。到2010年4月，该项贷款累计发放4067万元。

尤溪县的小额林权抵押贷款及贴息政策执行取得了良好的成效。到2010年4月，该县林业小额贴息贷款余额4571万元，累计发放11097万元，受益林农2375户。截至2009年底，中央、省级财政累计贴息302万元。截至2012年，该县累计发放林权抵押贷款5.8亿元，林业小额贴息贷款1.56亿元，惠及2483个农户。

虽然国家和省级林业部门规定林权抵押贷款一般贷款额度都不可高于林木评估价值的60%，但是有的县会根据评估中的市场价格提高贷款的比例。例如，尤溪县在开展林权小额抵押贷款（贷款低于30万元）时就

---

① 2012年7月28日访谈尤溪县林业局林改办负责人。

规定，一般可以贷款50%—60%，最高不超过70%[①]。该县林业主管部门认为，提高贷款的比例不仅有助于提高林木经营者参与林业金融支持政策的积极性，而且也活跃了地方的林业金融投融资环境，为林地林木经营提供更多的资金支持。

四 森林资源资产评估实践中存在的主要问题

在开展森林资源和林业资产评估和担保过程中，也存在诸多的问题。其中林权抵押贷款评估和担保机制不健全是各地开展林权抵押贷款中面临的主要障碍。具体主要表现在以下两个方面。

（一）林业抵押登记中责任不清

和林权抵押贷款中存在的权属不清一样。在林业担保中也存在同样的问题。正如福建尤溪县和湖南靖州县林业局工作人员所反映的，作为政府的林业主管部门，林业局在办理林权抵押贷款、担保时承担了抵押登记的责任，但由此带来的法律责任和法律风险却是必须引以为戒的。为此，尤溪县特别规定，只对本地人提供林权抵押贷款担保，并且只能在本地的银行金融机构申请贷款，不接受异地抵押担保申请。这样做的目的是尽可能把风险降低到最低程度。实际上，在开展森林资源担保过程中，尤溪县林业局的工作人员一直存在这样的疑惑：

> 林业部门不收费，还做这么多事情（抵押登记、担保等），假如出现不良贷款的风险怎么办？因为现在大额资金贷款不可能投入到林业生产去，肯定投入到别的地方，风险肯定加大。所以为了规避风险，当时尤溪县政府与林业局就展开调研，然后在2008年下达了一个文件，具体规定是：第一，必须本人直接跟银行贷款，第三人不给做，责任没明确前只对直接贷款人进行登记；第二，必须是居住在尤溪县，是尤溪县人；第三，只允许在尤溪的金融机构贷款才给予登记。不过这个规定备受争议，有些人就说我们县的这个规定违反了物

---

① 2010年10月4日福建尤溪县林业局座谈会访谈林业局负责人。

权法。所以，后来这个管理办法就被废了。

在开展林权贷款登记担保时，我们一直有这样的担心。相关法律法规或行政规定对于林业部门到底要在林权抵押登记中承担什么责任、有什么风险并没有明确说明，而只要明确清楚，他们就敢做大这些业务。某些人对尤溪县2008年的这个规定颇有微词，认为他们是地方保护主义，但尤溪县林业局认为很多社会上的组织或个人其实并不懂得林权抵押中的风险。单就评估环节就很容易出问题，因为很多评估机构根本就不懂林业这块。真正的森林资源评估还是以林业局做的评估信度更高，假如出现风险了，是评估机构的责任，到时候会找林业部门，这也是不给外县林业经营者贷款的主要原因。但是，县里的评估是丙级的，不能评估100万元以上的森林资源资产价值标的。这是目前我们县在规避风险上的现状。[①]

（二）森林资源资产机构和专业评估人才极其缺乏

这点几乎是全国各地都反映的一个普遍问题。调查显示，虽然从2008年起国家林业局和中国资产评估协会组织培训了一批评估员，但数量依然严重不足。由于林业专业评估机构和专业从业人员的极度缺乏，导致目前的林业资产评估程序不规范，林业资产的评估标准和依据也缺乏客观性和科学性。

例如，直至2010年，云南省全省尚无一名森林资源资产评估师。而在福建省邵武市，2007年以来，按照该省《森林资源流转条例》有关规定，结合实际工作的需要，该市的森林资源资产评估由具有丙级评估资质的邵武市"诚信森林资源资产评估事务所"承担森林资源资产的评估工作。2009年，根据《福建省人民政府办公厅转发省工商局、省监察厅关于福建省市场中介组织与政府部门分开工作实施方案的通知》文件精神，要求实现服务中介机构市场化。原依托于邵武市林业局的"诚信森林资源资产评估事务所"从林业局剥离，由邵武市"信林担保公司"重组，于2010年1月组建新的评估机构，企业法人变更登记为"邵武市信林森林资源资产评估服务有限公司"。这是该市目前唯一一家具有丙级资质的

---

① 2010年10月4日福建尤溪县林业局座谈会访谈林业局负责人。

森林资源资产评估机构。公司目前拥有林业工程师4人，从业人数9人。但这家评估机构的评估力量依然十分薄弱。整个公司没有一个自己的评估师，都是聘请林业工程师参加评估。

森林资源资产评估师短缺，客观上与两个因素有关。一方面，作为一个新生事物，森林资源资产评估机制刚刚建立，国家有关部门在短时期内尚没有制定和出台相应的资质认定和行业规范标准，致使地方政府在执行国家森林资源资产评估时处于"无法可依"的境地。另一方面，由于评估机构的不专业和具有评估资质人员的极度稀缺，导致金融机构与评估机构没有建立起足够的信任，因此林业主管部门才不得不在其中扮演一个关键性的"信托"和"担保"的角色。确实，本研究课题组在实地调查中发现，森林资源资产评估本来是必须交由第三方的且具有良好的信用资质的专业评估机构来进行，但现实操作中往往是由林业管理部门析出的林业资源规划和调查大队等机构承担。作为银行部门，它们自然对其缺乏充分的信任。

不仅如此，目前在林业金融支持制度建设过程中，金融机构与林业部门之间也没有相互监督、相互信任的机制。不仅是金融机构与评估机构没有建立足够的信任，与林业部门双方也都没有建立起充分的信任关系。由于权责不清晰，金融机构和进行抵押的林业经营者之间可能关系太过"暧昧"，林业部门在进行抵押登记时显得十分"为难"，因为办理抵押登记的林业部门或其中的经办人员可能要因此承担相应的责任。这点本文前文在分析湖南省靖州县的林权抵押贷款实践时已经提到。

在具体实施林权抵押贷款资产评估和担保时，银行和林业部门双方均有自己的顾虑。对于保险和银行机构而言，它们考虑到风险比较多。而作为林业主管部门，他们认为国家相关的制度和相关的配套制度不健全。加上林业部门在抵押登记方面的职责不明确，给本就不想开展林业金融服务工作的林业基层管理部门提供了一个很好的制度借口。例如，湖南省靖州县林业局林改办负责人 X. C. Z. 就对此提出了自己的看法：

> 现在林权抵押贷款抵押的数额并不是由林业局说了算，而是由借贷方和银行之间进行协商。在我看来，按照国家林权抵押贷款的相关规定，借贷方可以获得林木评估价值的不超过60%的贷款额度，所

以，应该赋予林业林权抵押登记部门一定的权力。比如说，超过这个比例的林业部门就可以不给办理抵押登记。但是目前的法律法规对抵押登记的合法、规定说得很含糊，没有原则性，没有说的很具体，使得林业部门无法可依。在我们县就曾经出现这种情况，借贷方借款的额度远远超过了抵押物的全部价值，但银行愿意贷款给借贷方，这时林业局相关工作人员只能给做登记。①

从 X. C. Z. 反映的情况中可以看出，靖州县林业主管部门在执行林权抵押贷款政策只是扮演一个"抵押登记"的角色，而林权抵押贷款申请人的林权证是抵押在银行，但森林资源资产评估则是由林业部门办理的，而林业部门其实并不具备相应的从业资质。和浙江、福建等地相比，湖南省林改和林业金融支持制度改革相对起步较晚，因此在森林资源资产评估人员的培训和队伍建设方面更为滞后。有的县甚至连一个评估机构都没有。面对这种评估人才极度缺乏的局面，尽管国家林业局曾经试图想通过举办短平快的培训班来加以应对，但效果并不明显。靖州县林业局林改办负责人 X. C. Z. 就谈到了本县开展森林资源资产评估时遇到的问题：

> 我们县具有这个资质的人员实在太少，几乎没有。整个靖州县林业局就 1 个人参加培训然后考试通过了，但是这个人现在又不从事森林资源资产评估工作，而跑去我们县的科技水果站当副站长。那个培训是国家林业局在湖南长沙开展的，是几个省在一起联合培训的。我们县共派了 2 个人去学。学习了 1 个月，然后考试。据反映，那个考试非常严格、考试非常难、专业性非常强，所以很多人都没通过。所以后来我们县就没有人去参加那个考试了。所以这方面的人才就寥寥无几，不好开展资产评估工作。因此也就没法给金融机构提供专业的林木价值评估。②

林业金融支持制度改革是一个系统工程，需要林业管理部门、银行、

---

① 2011 年 9 月 7 日访谈靖州县林业局林改办主任 X. C. Z. 。
② 同上。

保险、评估和担保机构的密切协作才能确保国家林业金融支持制度改革政策举措得以贯彻落实。它们中只要有任何一方"不情愿"参与，都可能影响到该政策的实施。如果银行由于对担保机构的不信任、并担忧林业部门监管中存在的权责不清，它们就不愿意放贷。而在林业职能部门看来，如果自己仅仅是在林权抵押贷款中承担"抵押登记"职责而没有更多的"好处"，这就被理解为是仅仅"担责任"，它们也不愿意进行林权抵押贷款的登记。而从保险部门的视角来看，又因为国家政策性保险政策实施不连续性，加上有的地方森林火灾发生率远高于其他地方，它们也不愿意进行相关业务推广。

正如前一章分析森林保险时已经指出的，当前我国森林资源资产评估和担保政策实施中同样面临着深层次的体制机制不顺的问题。森林资源资产评估本应由社会化的第三方中介组织承担，但现实的情况是由于社会林业资产评估机构和人才都极度缺乏，无奈之下，各地普遍是由林业部门的相关机构和人员代为从事森林资源资产评估业务。然而由林业部门出具的资产评估报告又容易受到银行和保险机构的质疑，双方之间彼此充斥着不信任。这就不难理解，在基层林业管理部门同时承担林权抵押贷款中的"抵押登记"监管职责的情况下，银行机构有时候还要第三方提供担保。这样一来，林业金融支持制度实施中牵涉到的环节就更多，其实施成效自然也进一步受到影响。

在森林资源评估制度实施过程中，各地还普遍存在一个问题，即只对山上的现有存量林木资产为评估标的，而没有考虑到林地使用权和林地承包权所附带的林业资产价值，也没有体现林木自然生长所带来的增值价值，更没有考虑山林本身可能具有的生态景观价值。按照这个标准原则展开评估，严重地低估了林木资源的实际市场价值。目前，从全国发放的林权抵押贷款测算，平均每亩山林抵押变现的资本只有1200—1500元。如据2013年国家林业局华中师范大学林改研究基地"中国林改百村跟踪观察项目"组对全国13省32县（市）的抽样调查显示，样本县（市）平均每亩山林抵押值为1391.03元（贺东航、朱冬亮等，2014）。这个很显然不能完整地体现林地经营的市场价值。由于林地经营价值被严重低估，林业金融支持制度实施的效力自然也大受影响。

第七章 林农参与林业金融支持制度实施的行动分析[①]

前文主要是从定性分析研究视角对集体林改中林业金融支持制度改革和实施情况进行了简要的探讨和分析。本章将重点以问卷调查资料和深度个案访谈所得的研究信息为基础，探讨林业金融支持制度实施过程中普通林农的参与情况，了解他们的政策需求。本章分析的侧重点是普通林农对林权抵押贷款和森林保险的参与情况。

一 样本农户的林地承包、抵押贷款、森林保险参与情况

本研究课题组的问卷调查是在 2012 年暑假期间进行。课题组共在福建等 9 省 26 县针对 605 个农户发放了问卷，其中回收的有效问卷是 541 份。[②] 我们以 SPSS 统计软件为分析工具，对问卷的调查数据进行分析。

(一) 样本农户的基本情况

统计分析显示，参与调查的林农来自福建、湖南、江西、湖北、云南、广西、四川和浙江等 8 个省份。其中，22.7% 的林农来自福建省，所

---

① 本章的部分内容已经作为课题项目阶段性成果发表于"林权抵押政策实施中林农参与行为及其影响因素分析——基于8省26县的调查数据"(《林业经济》2013 年第 10 期第 10—16 页) 一文中，该文作者是本研究课题组第一合作者朱冬亮教授和他指导的博士生蔡惠花。

② 本研究课题组在进行入户问卷调查时，每个农户只选择一个人进行问卷作答，而这些受访者绝大部分是家长，因为只有他们才了解自家的林地经营情况。

第七章 林农参与林业金融支持制度实施的行动分析

占比例最高。其次是湖南省,共调查了89户农户,占总数的16.5%。再接下来依次是江西、浙江、广西、四川、云南、湖北等,受访农户样本分别占总数的16.1%、12.8%、10.5%、8.1%、7.2%和6.1%(参见表7—1)。其中福建省、江西省、浙江省均是集体林改的试点省份,林业金融支持制度改革相对较早,因此本研究课题组抽取的样本的数量相对所占比例也更高些,也更符合课题研究的设计。

表7—1 抽样调查的省份频数及比重统计表

	作答人数	比例(%)	县(市)	村庄
福建省	123	22.7	5	10
广西壮族自治区	57	10.5	3	5
湖北省	33	6.1	2	2
湖南省	89	16.5	3	6
江西省	87	16.1	3	6
四川省	44	8.1	4	4
云南省	39	7.2	3	3
浙江省	69	12.8	3	6
共 计	541	100.0	26	42

关于受访林农的年龄,参与问卷调查的林农中,有533人回答了这个问题。其中过半的年龄在45—59岁之间,占总比例的52.50%;其次是25—44岁,占所有参与回答的林农的29.94%,其中,云南与福建的受调查林农在这一年龄组中占比例都较大(表7—2)。考虑到问卷调查是在暑假进行,而这个时期待在农村的主要是中老年为主,年轻人则大都外出务工经商。另外,接受访谈的林农中,男性占95%以上,这点也符合农村男人"当家作主"的实情。[①] 因此,样本总体符合农村的实际情况。

---

① 实地调查显示,农村女性基本上对自家的林地经营情况一知半解。

表 7—2　　　　　　　　样本林农的各年龄段人数

	年　龄				共计
	15—24 岁	25—44 岁	45—59 岁	60 岁及以上	
福建省	0	52	57	7	116
广西壮族自治区	2	15	35	5	57
湖北省	0	6	18	9	33
湖南省	2	24	39	24	89
江西省	0	25	49	13	87
四川省	1	3	30	10	44
云南省	0	20	18	0	38
浙江省	3	17	38	11	69
共　计	8	162	284	79	533

在家庭收入方面,调查显示,福建、浙江、云南和江西的样本农户纯收入相对较高。2011 年纯收入超过 5 万元以上超过了样本的 17.74% 以上,尤其是浙江和云南,超过 30% 的农户年纯收入高于 5 万元。浙江省经济较为发达,受调查的林农年纯收入都较高,1 万元以下的仅占样本的 1.4%,而云南、福建、湖南、江西分别是 34.3%、22.8%、21.6% 和 19.5%(表 7—3)。

表 7—3　　　　　　林农家庭 2011 年纯收入各层次人数

	林农 2011 年纯收入					共计
	1 万元以下	1 万—2 万元	2 万—3 万元	3 万—5 万元	5 万元以上	
福建省	26	17	26	21	24	114
广西壮族自治区	7	10	24	1	3	45
湖北省	8	6	8	6	3	31
湖南省	19	18	26	16	9	88
江西省	17	15	21	15	19	87
四川省	4	24	8	5	3	44

续表

	林农2011年纯收入					共计
	1万元以下	1—2万元	2—3万元	3—5万元	5万元以上	
云南省	12	5	5	2	11	35
浙江省	1	10	14	20	24	69
共　计	94	105	132	86	96	513

（二）集体林改确权到户的基本情况

集体林改的主体阶段改革的主要任务是"确权到户"，而这项工作大部分省份在20世纪80年代初就已经按照林业"三定"政策实施林权分山到户。本研究课题组的问卷调查显示，除了福建以外，其他省份基本上是林业"三定"时期即已经确权到户，集体林改只是再次确权、勘界和发证。福建省的很多地区在"三定"后并没有进行或者中止了"分山到户"工作，2003年集体林改实施后，福建省进行了重新确权的政策实施，因此，该省的很多山林是在2003年以后才真正"分山到户"的（朱冬亮、贺东航，2010）（表7—4）。

表7—4　　　　　　　林农集体山林"确权到户"时间

	集体山林到户时间							共计
	80年代初	2004年	2005年	2006年	2007年	2008年	2008年后	
福建省	27	48	7	1	16	0	5	104
广西壮族自治区	40	0	0	0	0	1	16	57
湖北省	33	0	0	0	0	0	0	33
湖南省	89	0	0	0	0	0	0	89
江西省	60	11	6	0	9	0	0	86
四川省	43	0	0	0	0	0	1	44
云南省	18	0	0	10	0	1	0	29
浙江省	63	3	1	1	0	0	1	69
共　计	373	62	14	12	25	2	23	511

类似的情况同样体现在确权发证上。由于重新确权发证始于2003年在福建等试点省份的新一轮集体林权改革，因此大部分的确权发证时间都是在2003年及以后。重新确权发证时间各省也是有差异。福建、湖南、江西作为试点改革省份走在较前列，除了浙江省以外，其他省份是在2008年之后随国家统一部署推进集体林改，因此这些省份的确权发证工作也是在2008年之后完成的（表7—5）。

表7—5　　　　　　　　　林农确权发证时间

	确权发证时间							共计
	2003年之前	2003年	2004年	2005年	2006年	2007年	2008年及以后	
福建省	7	33	46	7	13	2	8	116
广西壮族自治区	3	0	0	0	3	0	51	57
湖北省	1	1	0	0	16	0	15	33
湖南省	2	1	0	29	15	19	23	89
江西省	1	0	34	32	9	7	1	84
四川省	0	0	0	0	0	0	44	44
云南省	0	0	0	0	9	1	27	38
浙江省	20	3	11	1	29	5	0	69
共　计	34	38	91	70	94	34	169	530

问卷调查时，参与回答"您家是否领到了林权证"的所有林农中，超过86.31%的林农反映自家已经领到了林权证。其中云南省的林权证发放率只有75.7%，低于其他省份（表7—6）。云南林权纠纷相对较多，林权证发放率可能因此受到影响。这也许可以为云南省在实施小额林权抵押贷款时规定不需要林权证就可以获得贷款的做法作出部分解释。除了云南橡胶树的价值较高以外，应该与其林权证发放是否落实有关。

第七章 林农参与林业金融支持制度实施的行动分析

表 7—6　　　　　　　　林农是否领到《林权证》

	是否领到《林权证》		共计
	否	是	
福建省	14	101	115
广西壮族自治区	16	40	56
湖北省	2	31	33
湖南省	12	77	89
江西省	3	84	87
四川省	0	44	44
云南省	9	28	37
浙江省	6	62	68
共　计	62	467	529

问卷调查中，我们还了解了林农承包林地的基本情况。在考察林农家庭承包林地总面积时，发现共有354位林农的家庭林地承包面积在40亩以下，约占总体比重的65.4%。其中承包面积在5亩以下的有123户，占回答此选项的526个受访者中的比例为23.4%；承包林地面积在5—40亩的有223户，占42.4%；承包面积在41—70亩的有55户，占受访者总数的10.5%；承包面积在71—100亩的有47户，占受访者总数8.93%。而超过100亩的林农有70位，占受访者总数的12.93%。其中超过100亩的林农主要分布在福建、湖南和江西3个省份（表7—7）。不过，在受访样本林农中，广西有7户受访林农表示家里没有承包林地，占该省受访林农总数的12.3%，江西省也有1户，其余省份受访者均表示自家有承包林地。

表 7—7　　　　　　　　林农家庭林地总面积

	您家林地总面积是						共计
	0亩	5亩以下	5—40亩	41—70亩	71—100亩	100亩以上	
福建省	0	5	59	16	14	22	116
广西壮族自治区	7	29	18	1	2	0	57

续表

	您家林地总面积是						共计
	0亩	5亩以下	5—40亩	41—70亩	71—100亩	100亩以上	
湖北省	0	3	24	4	0	2	33
湖南省	0	9	51	14	2	13	89
江西省	1	10	19	14	14	29	87
四川省	0	37	5	0	2	0	44
云南省	0	3	10	5	9	4	31
浙江省	0	27	37	1	4	0	69
共 计	8	123	223	55	47	70	526

从林农家庭承包林地的片数和地块分布可以判定林地经营的细碎化情况。当回答"您家共有几块林地"时，从"1块"到"5块及以上"五种回答相差不大，不过以"5块及以上"、"2块"和"3块"居多。从各省的情况看，福建、湖南两省林农家庭承包林地地块数显然多于其他省份。浙江省则是主要集中于1—3块林地（表7—8）。在回答该选项的461户林农中，其中家庭承包林地只有1块的受访农户有67户，占受访总户数的14.53%；承包2块的有106户，占23%；承包3块的有93户，占20.17%；承包4块的有65户，占14.1%；承包5块及以上的有130户，占28.2%。

表7—8　　　　　　　林农家庭林地分散情况表

	您家总共有几块林地					共计
	1块	2块	3块	4块	5块及以上	
福建省	0	7	19	15	53	94
广西壮族自治区	9	19	9	13	0	50
湖北省	9	4	2	0	3	18
湖南省	4	11	13	17	44	89
江西省	9	21	16	14	17	77
四川省	10	21	12	1	0	44

续表

	您家总共有几块林地					共计
	1块	2块	3块	4块	5块及以上	
云南省	13	2	6	2	2	25
浙江省	13	21	16	3	11	64
共　计	67	106	93	65	130	461

本研究课题组还调查了林农家庭林地年投入情况。统计分析发现，在有回答此选项的478户林农中，有166位林农和211位林农分别投入"100元以下"和"401元以上"，分别占此问答项的34.7%和44.1%。其中福建、湖南、江西、浙江的林农投入400元以上的占本省参与回答的林农的比重较高。另外，广西、四川参与回答的林农大部分都表示自家去年林地投入在100元以下，浙江省林农投入在100元以下和400元以上的人数相当（见表7—9）。不过，需要说明的一点，按照通常的理解，受访农户所指的林地经营投入是指货币性的资本投入，主要是购买造林苗木、雇工、造林施肥等，而林农自己的投工投劳一般都没有计算在内，因此事实上的林业投入比统计数据显示的要高得多。尤其是考虑到目前农村劳动力价格居高不下的情况下，如果把林农自身的劳工成本计算在内，则林业经营投入可能大幅度增长。

表7—9　　　　　　　　林农家庭林地投入情况

	2011年在林地投入多少（元）					共计
	100以下	101—200	201—300	301—400	400以上	
福建省	7	16	4	10	69	106
广西壮族自治区	32	6	4	0	2	44
湖北省	17	3	0	1	12	33
湖南省	6	9	11	3	58	87
江西省	39	4	3	4	29	79
四川省	39	2	2	0	1	44
云南省	6	3	0	0	19	28

续表

| | 2011年在林地投入多少（元） ||||| 共计 |
	100以下	101—200	201—300	301—400	400以上	
浙江省	20	8	8	0	21	57
共　计	166	51	32	18	211	478

（三）林农参与林权抵押贷款和森林保险的情况

关于林权抵押贷款参与情况，共有534受访林农回答了这个选项。统计分析表明，在接受访问的林农中，只有30位受访林农表示有办理过林权抵押贷款，占调查总户数的5.62%。其中云南省最多，共有9户受访林农表示有办理林权抵押贷款，占该省受访林农的31%，这个比例也是最高的。其次是福建省和江西省，分别有7户和6户办理林权抵押贷款，其余依次是浙江省、湖南省和湖北省，各有3户、3户和2户办理林权抵押贷款。而广西壮族自治区和四川省受访农户中甚至无人办理过林权抵押贷款（见表7—10）。如果从受访农户中有办理贷款农户占调查农户总比例来看，也是云南省最高，占23.68%。其次则是江西省，受访林农中有6.9%的表示有办理林权抵押贷款。这说明，一般林农对林权抵押贷款的参与度较低。这点和前文分析的结论是基本相符的。①

表7—10　　　　　　　林农是否办理林权抵押贷款

| | 是否办理林权抵押贷款 || 共计 |
	无	有	
福建省	110	7	117
广西壮族自治区	57	0	57
湖北省	31	2	33
湖南省	86	3	89
江西省	81	6	87

---

①　实际上，本研究课题组调查的有办理林权抵押贷款的数据可能比正常值要略高点。原因是接受问卷调查的村干部的比例偏高，而村干部承包林地的面积高于平均值，办理林权抵押贷款的概率也高于普通林农。

续表

	是否办理林权抵押贷款		共计
	无	有	
四川省	44	0	44
云南省	29	9	38
浙江省	66	3	69
共　计	504	30	534

调查显示，没有参与林权抵押贷款的林农在选择原因时，22%的受访林农表示当地还未开展相关业务（其中有部分受访者应该是不知道国家有这项政策），15.2%的受访林农认为贷款办理门槛太高，也有13.9%的受访林农则表示贷款办理的手续太过复杂，而剩下的林农表示还有其他影响因素。例如，他们中有的受访者表示，根本不知道也不了解有林权抵押贷款这项政策。

对于"是否购买森林保险"的回答，有507位受访林农做了回应。共有134位林农表示购买了（过）森林保险，占回答人数的26.4%。各个省份的受调查者中，福建省、湖南省和四川省购买与未购买保险的比例在1∶1左右，尤其是四川省，近68.18%的受调查林农表示有购买森林保险（表7—11）。

表7—11　　　　　　　　　林农购买森林保险情况

	是否购买保险		共计
	无	有	
福建省	58	49	107
广西壮族自治区	57	0	57
湖北省	32	1	33
湖南省	46	41	87
江西省	73	10	83
四川省	14	30	44
云南省	32	0	32
浙江省	61	3	64
共　计	373	134	507

二 林农参与林业金融支持政策的影响因素分析①

(一) 研究假设与操作定义

已有研究认为,影响林农参与林业金融支持制度改革过程的主要因素包括"林农个人特征"、"林农家庭特征"、"林农经营林地现状"、"当地的林业金融政策实施情况"等。就林农参与森林保险而言,有研究者基于福建省林农的实地调查数据分析,发现影响林农森林保险需求的主要因素包括"农户对森林保险的认知"、"家庭经济状况"、"林地面积"、"受灾面积"、"保险产品特征"等(万千等,2012)。同样地,也有学者通过对福建顺昌县的实地调查数据分析,指出农户参与森林保险的影响因素包括"户主教育年限"、"家庭劳动力人数"及"林业收入占总收入比重"(范玲燕,2012)。对江西省农户参与森林保险的意愿研究方面,学者指出影响农户参与森林保险的显著变量有:户主年龄、家庭收入来源、林业灾害带来的经济损失程度、农户经营的山林是否经历过灾害、农户对林业保险的了解程度、农户对森林保险的需求态度、森林保险的索赔额度、农户对森林保费的态度和国家补贴保费下的参保态度等(廖文梅等,2011)。还有的研究者对云南省林农进行抽样调查,采用二元逻辑回归模型分析林农森林保险需求的主要影响因素,结果显示"林农的森林保险态度"、"是否购买过其他保险"、"林地质量"、"林地流转的限定"等因素对林农森林保险需求有显著正向影响(谢彦明、刘德钦,2009)。

众所周知,林业金融支持制度改革是以集体林改的配套和深化改革的面目出现的,因此,林农参与林业金融支持政策的行为或意愿很明显会受到主体阶段集体林改的改革过程、结果或者其他相关配套措施的影响。基于本研究课题的研究思路和研究框架,本章节提出两个基本研究假设:(1)林农的个人特征、家庭特征,林农所在村庄的林权主体改革发展过程、结果以及当地的林业配套改革措施分别是影响林农参与林权抵押贷款行为的显著因素;(2)林农参与政策性森林保险除了受农户个人性别、年

---

① 本节部分内容已发表在《林业经济》2013 年第 10 期(作者为本研究课题组第一合作者朱冬亮教授和他指导的博士生蔡惠花)。

第七章 林农参与林业金融支持制度实施的行动分析

龄、家庭相关情况影响，也与主体阶段林权改革的过程、结果以及林权抵押贷款等配套改革举措的实施相关。

本研究课题组具体展开分析的主要变量包括"是否参与林权抵押贷款"、"是否购买森林保险"、"林农个人或家庭等类别特征"等5类别21个变量（表7—12）。

表7—12　　林农参与林业金融支持政策的主要变量及变量定义

变量类别	变量及名称	备注（变量的操作定义）
林农个人特征	年龄	定序变量：15—24岁=1；25—44岁=2；45—59岁=3；60及以上=4
	性别	虚拟变量：男=1；女=0
	学历	定序变量：小学以下=1；初中=2；高中（含中专）=3；大专以上=4
	职业	虚拟变量：务农=1、否=0；固定工资收入者=1、否=0；务农兼打工=1、否=0；务农兼副业=1、否=0；长期外出从商或打工=1、否=0
林农家庭特征	总人口数	定距变量
	劳动人口	定距变量
	长期外出人口	定距变量
	担任（过）村干部	虚拟变量：有（过）=1；没有=0
	年纯收入	定序变量：9000元以下=1；9001—15000元=2；15001—30000元=3；30001—50000元=4；50000元以上=5
林权村级主体改革过程与结果	分山到户时间	定序变量：1980年代初搞土地承包制时=1；2004年=2；2005年=3；2006年=4；2007年=5；2008年=6；2008年及以后=7
	林地面积	定序变量：林业小户（40亩以下）=1；林业中户（41—100亩）=2；林业大户（100亩以上）=3
	领到林权证	虚拟变量：是=1；否=0

续表

变量类别	变量及名称	备注（变量的操作定义）
林权村级主体改革过程与结果	重新开始确权发证时间	定序变量：2003年以前＝1；2003年＝2；2004年＝3；2005年＝4；2006年＝5；2007年＝6；2008年及以后＝7
	村集体林地承包方案	虚拟变量：直接按照每户人口分山到户＝1、否＝0；先分山到组，然后分山到户或联户经营＝1、否＝0；分股不分山，分利不分林＝1、否＝0；"期货均山"＝1、否＝0；延长承包期＝1、否＝0
	林改后集体林地分布	虚拟变量：相对平均地分到了各家各户＝1、否＝0；集中到本村少部分大户手中＝1、否＝0；集中到外地人手中＝1、否＝0；本村和外村人掌握的林地差不多＝1、否＝0；仍然在村集体组织手中＝1、否＝0
	林地片数	定距变量：1块＝1；2块＝2；3块＝3；4块＝4；5块及以上＝5
林权相关配套改革	参加森林保险	虚拟变量：是＝1；否＝0
	近几年是否砍伐林木	虚拟变量：是＝1；否＝0
经营管理与组织	承包林地的主要经营方式	虚拟变量：单户家庭经营＝1、否＝0；联户合作经营＝1、否＝0；专业协会经营＝1、否＝0；股份制林场＝1、否＝0；"公司＋基地＋农户"联合经营＝1、否＝0
	加入林业合作社	虚拟变量：是＝1；否＝0
	去年林地投入资金	定距变量：100元以下＝1；101—200元＝2；201—300元＝3；400元以上＝4

（二）林农参与林权抵押贷款回归模型分析

通过SPSS二元线性回归分析回归的操作，采用一次性方程进行反复模型建立①，

---

① 因变量"您家是否办理林权抵押贷款"的数据有7个缺省，本研究在进入回归分析之前将这些缺省个案剔除。

最后选择拟合优度最好的回归模型①（见表7—13），所采用的回归模型的卡方检验十分显著，显著度≤0.01，因此，该模型的自变量可以用于预测林农是否参与林权抵押贷款。Hosmer and Lemeshow 检验②数据中的显著度为0.460，大于0.1，因而所得到的拟合方程与实际方程几乎没有偏差。Overall Percentage 则显示，用该模型的方程去预测林农是否办理林权抵押贷款的正确率达到了95.3%。以下方程是各主要变量的分析结果：

表7—13　　林农参与林权抵押贷款的二元逻辑回归分析模型

变量		回归系数（B）	回归系数指数 Exp(B)
年龄		-0.736*	0.479
性别（1）		0.431	1.539
受教育程度		-0.342	0.710
务农（1）		0.607	1.835
家庭外出人口		-0.367	0.693
是否担任（过）村干部（1）		-0.201	0.818
家庭年纯收入		0.495**	1.641
集体山林到户时间		0.084	1.087
重新开始确权发证时间		0.026	1.026
集体林地承包方案	直接按照每户人口分山到户（1）	-0.878	0.415
	先分山到组，然后分山到户或联户经营（1）	-0.815	0.443
	分股不分山，分利不分林（1）	-1.441	0.237
	"期货均山"（1）	15.873	7.824E6
	延长承包期（1）	-1.288	0.276

---

①　经过模型的建立与筛选，将"林改后集体林地分布"的5个变量、除"务农"以外的其他4种职业变量、家庭总人口、家庭劳动力以及承包林地收入、承包林地时间投入等变量剔出方程。

②　关于 Hosmer and Lemeshow Test 的适用性请参阅 Action Ciaran and Robert Miller with Jonh Maltby and Deirdre Fullerton. SPSS for Social Scientists [M]. New York: Palgrave Macmillan, [2002] 2009: 262.

续表

变量		回归系数（B）	回归系数指数 Exp(B)
是否领到林权证（1）		-0.289	0.749
承包林地片数（分布）		-0.727***	0.484
承包林地总面积		0.712***	2.039
承包林地的主要经营方式	单户家庭经营（1）	-17.239	0.000
	联户合作经营（1）	-16.814	0.000
	专业协会经营（1）	-18.939	0.000
	股份制林场（1）	-17.958	0.000
	"公司+基地+农户"联合经营（1）	-2.247	0.000
是否加入林业合作社（1）		-0.049	0.952
是否参加森林保险（1）		-1.368***	0.255
去年在承包林地中投入多少元		0.547***	1.776
近几年是否砍伐林木（1）		-0.193	0.825
Constant（常数）		40.484	
N		534	
χ2（Omnibus Tests of Model Coefficients）		75.541***	
2 Log likelihood		155.493	
Cox & Snell R Square（%）		13.2	
Nagelkerke R Square（%）		37.6	
χ2（Hosmer and Lemeshow Test）		7.729（0.05 < P ≤ 0.460）	
Overall Percentage（%）		95.3	

注：* P ≤ 0.1；** P ≤ 0.05；*** P ≤ 0.01

回归分析表明，林农在参与林权抵押贷款中呈现出几个特征：

（1）林农的个人组自变量的影响。林农的性别、受教育程度或职业对林农在贷款政策中都参与行为并没有显著的影响，只有年龄有一定的影响。回归系数（Beta值）为 -0.736，表示年龄与办理林权抵押贷款的行为是负相关关系，年龄越大则办理的可能性就越低。

第七章 林农参与林业金融支持制度实施的行动分析

相关学者对四川省宜宾市364位农户的调查结论显示，林农的借贷需求受到年龄的显著影响，年龄越大则需求越小，学历水平对林农的借贷需求并无显著性影响（曾维忠等，2011；石道金等，2011）。但是，从"林农年龄"与"是否抵押贷款"两个变量的交互分析列表可知，两个变量之间的关系呈类似"Ω"的状态，参与抵押贷款的人数因为年龄呈两端数量极少的状态，也就是说年龄在15—24岁和60岁以上的林农参与抵押贷款的很少，且25—44岁和45—60岁的两组林农则人数相当。事实上，这个结果和本研究课题组在实地调查中的访谈结果是基本一致的。

对于林农而言，本身目前真正在农村务林的基本上是年龄在40岁以上的中老年农民。特别是40—60岁的更为多见。他们才是家庭经济决策的家长，而年轻人多半外出务工经商，务林的极少，自然也不会参与林权抵押贷款。

从金融机构的放贷意愿或选择来解释这个分析结果的话，可以认为金融机构可能更愿意放贷给劳动力处于鼎盛时期的林农。例如处于25—60岁年龄段的林农。相比较年纪较轻或年老的林农，他们的人力资本较多而且稳定，相应的还款能力也会更高。

（2）林农的家庭组变量的影响。林农的家庭外出人口或家里人是否担任（过）村干部均对林农办理抵押贷款没有显著影响。相反，林农家庭纯收入越高，越有可能参与到林权抵押贷款政策中来。这个统计结果与本研究课题组调查员在浙江部分县（市）的实地观察结果相一致。在浙江安吉县和庆元县部分乡镇的观察访谈结果显示，家庭纯收入较于当地普通水平高的林农更多办理了林权贷款。导致这个现象的原因是家庭收入高的家庭承包流转的林地比较多，因此对林权抵押贷款有更强的需求。

至于是否担任村干部也对参与林权抵押贷款有显著影响，其解释效力在于，村干部往往是村庄的精英阶层，他们承包和流转经营的林地比一般的农户要高不少，对林业金融有很强的需求。再者，村干部处于国家政策下达的关键位置，对国家的林业金融支持政策非常了解，这种信息获取优势是其他一般林农很难相比的。综合这些因素，担任村干部对林权抵押有显著影响也在情理中了。

（3）林权主体改革过程或结果主要变量的影响。统计分析显示，重新开始确权发证的时间、集体山林分山到户的时间、集体林地承包具体方案这几个作为林权主体改革过程或内容的主要变量对因变量并无显著影响。林权证取得与否也无显著相关。目前，我国集体林改实施后，林权证的发放率较高，因此不会成为林农办理林权抵押贷款的主要障碍因素。

回归分析显示，林农家庭承包林地的块数对林权抵押贷款有影响。虽然孔繁斌、廖文梅研究认为，集体林地细碎化程度并不与农户投资林业的热情呈现简单线性负相关关系，农户林地经营规模化水平的高低也并不与农户投资林业的积极性呈简单的线性正相关关系（孔繁斌、廖文梅，2014）。但本课题组研究得出的结论恰恰相反，与分山方案直接相关的林地片数、林地面积大小是影响林农办理抵押贷款的重要变量。由于在某个特定的村庄场域中，每个林农家里承包的林地面积是相对固定的。如果一个林农家里承包的林地块数越少，则意味着这块林地的面积可能越大，由此产生的相对规模效益使得他们更愿意办理林权抵押贷款，也能够降低贷款的成本。反之，如果单个林农承包的地块数量越多，则意味着林地经营越分散，规模效益也更低。总之，林地块数越少，办理抵押贷款的可能性越高，承包林地面积越大，办理抵押贷款的可能性也就越高。反之，则可能性越低。事实上，各地参与林权抵押贷款的大部分是林地经营大户、林业合作社和林地企业等规模经营主体。本研究课题组在全国很多地方的访谈和参与观察调查也证实了这点。

按照国家集体林改的相关政策规定，村集体是林改主体阶段确权到户改革的主要执行单位，大多数的村庄是按照村民民主决策的方式来制订村级林改方案。每个村庄都有其特殊性，因而不同村集体的分山方案也不一样。① 有时候即便是同一个行政村内的不同的自然村或者村民小组的分山方案也有很大差异。不过，在经过村民代表们的博弈、协商之后，往往都是依据村集体林地的立地条件差异（远近距离或肥沃程度），将全村可供改革的全部林地打散，然后让每个农户抓阄分配。如此一来，每户林农所"分到"的林地因此就分布在不同的方位上。同一方位的完整林地则是由多户林农共同拥有。这种分山方案的最大好处就是能够实现公平，但最大的劣势就是林地经营细碎化，缺乏规模经营优势，增加了林地经营的总体

---

① 各村的林改方案基本是按照村民代表 2/3 同意的民主表决方式通过，但即便如此，也有可能出现"村级群体性决策失误"现象（朱冬亮、程玥，2009）。

成本。每个林农的营林成本也随之上升，包括造林、营林、森林资源资产评估成本、测量等各种成本也跟之上升。在单户家庭承包林地面积固定情况下，林地片数越多则意味着林地分布越分散，林农办理抵押贷款的程序就越复杂，成本也越高，因此参与林业金融支持制度实施的可能性也就越低。

（4）林地经营方式变量及其他主要变量的影响。问卷数据分析表明，林农采用何种林地经营方式、林木砍伐情况对于其参与林权抵押政策并无显著影响。但是，与林农在林地中的资金投入多少、森林保险的购买与否却有显著影响。这二者是一个必然的关系。

不过，对于问卷样本回归分析中呈现的这种现象，可能需要从另一个角度来予以解释。目前各地的林地经营方式相对还比较单一，因此统计样本中没有显示出这种差异。本研究课题组在实地参与观察调查中发现，不同的林地经营方式对林权抵押贷款有显著的影响。越是采取规模经营或者注重经济效益（如种植速生林、丰产林）的林地经营者，其申请林权抵押贷款的可能性比普通林农要高得多。

根据以上的回归模型具体分析可知，"林农的年龄"、"家庭年纯收入"、"家庭林地面积"、"林地分布情况"、"林地资金投入情况"以及"林农是否购买了政策性森林保险"等几个重要因素对林农办理林权抵押贷款具有显著影响，其余变量则没有统计上的显著性，因此可以用该模型去预测林农的林权抵押贷款参与行为。

（三）林农参与政策森林保险回归模型分析[①]

本研究将包括"是否办理过林权抵押贷款"等37个变量组成的五大类变量作为自变量，运用二元逻辑回归的一次性方程建立模型，考察各自变量对林农是否购买森林保险的影响程度（统计回归结果参见表7—14），从回归模型的分析结果可以看出：

（1）该分析模型的卡方检验是显著的，说明模型的自变量可以显著地预测因变量，也就是可以显著的预测林农是否办理森林保险。该模型拟合优度较好，可以解释 28.4%—41.5% 的差异。Hosmer and Lemeshow

---

[①] 若无特别说明，本文所涉及的森林保险主要是指政策性森林保险，不包括商业性保险。

Test 的非显著性显著度远远大于 0.05，说明该模型的拟合方程与真实的方程没有基本偏差。Overall Percentage 为 80.7%，也就是说该方程（模型）用于预测因变量的正确率可以达到 80.7%。

表 7—14　　林农参与森林保险的二元逻辑回归分析模型

变量		回归系数（B）	回归系数指数 Exp（B）
林农个人特征	年龄	－0.038	0.963
	性别（1）	0.588	1.801
	受教育程度	－0.295	0.744
	务农（1）	－0.526	0.591
	务农兼打工（1）	－1.001	0.368
	务农兼副业（1）	－0.500	0.607
	长期外出（1）	20.112	5.428E8
	固定工资收入（1）	－1.186	0.306
林农家庭主要特征	家庭总人口	0.170	1.185
	家庭劳动力	－0.171	0.843
	家庭外出人口	－18.505	0.000
	是否担任（过）村干部（1）	0.364	1.439
	家庭年纯收入	－0.242	0.785
林权主体改革过程与结果	集体山林到户时间	－0.073	0.929
	重新开始确权发证时间	0.256**	1.292
	按照人口分山到户（1）	－0.604	0.547
	先到组，后到户或联户经营（1）	－1.180	0.307
	分股不分山，分利不分林（1）	－1.654	0.191
	"期货均山"（1）	18.526	1.111E8
	延长承包期（1）	0.995	2.705
	是否领到林权证（1）	－3.211***	0.040
	承包林地片数（分布）	0.471***	1.601
	相对平均分布	－35.247	0.000

第七章　林农参与林业金融支持制度实施的行动分析

续表

变量		回归系数 （B）	回归系数指数 Exp（B）
林权主体改革过程与结果	集中到本村少数大户	-34.956	0.000
	集中到外地人手中	-15.214	0.000
	本村和外村掌握相当	-56.852	0.000
	仍然在村集体手中	-15.214	0.000
林权相关配套改革	参与林权抵押贷款（1）	-1.545**	0.213
	是否砍伐（1）	-0.134	0.875
经营管理与组织方式	单户家庭经营（1）	-19.260	0.000
	联户合作经营（1）	-20.408	0.000
	专业协会经营（1）	-19.925	0.000
	股份制林场（1）	-21.053	0.000
	"公司+基地+农户"联合经营(1)	1.782	0.000
	是否加入林业合作社（1）	-0.994***	0.370
	去年林地投入多少元	0.104	1.110
Constant（常数）		153.082	
N		534	
χ2（Omnibus Tests of Model Coefficients）		108.902***	
-2 Log likelihood		267.301	
Cox & Snell R Square（%）		0.284	
Nagelkerke R Square（%）		0.415	
χ2（Hosmer and Lemeshow Test）		6.844（0.05≤P≤0.554）	
Overall Percentage（%）		80.7	

注：*P≤0.1；**P≤0.05；***P≤0.01

（2）重新确权发证时间、是否领到林权证、承包林地片数和承包林地总面积、是否办理林权抵押贷款及是否加入林业合作社等6个变量对因变量的影响具有显著性，显著度均低于0.05。从模型中的Wald值可以判断这6个变量对自变量影响的重要性程度区别，因为Wald值越大，则自变量就越显著（由于表格篇幅有限，表格中未将自变量的Wald值罗列出来)。以上6个自变量的Wald值由大到小,分别是承包林地总面积(26.329)、林地片数(10.742)、是否领到林权证(8.000)、是否加入林业合作社(6.631)、确权发证时间(5.693)和是否办理林权抵押贷款(4.706)。从回归系数可以看出,重新开始确权发证时间与承包林地片数对林农参与森林保险具有正向影响:发证时间越晚,林农越有可能参与森林保险;承包林地片数越多,林农也越有可能参与森林保险。而其他4个自变量在预测林农是否参与森林保险时,呈现负向效果:领到林权证或办理了林权抵押贷款或加入了林业合作社的林农反而参与森林保险的可能性越低,同样地,林地面积越大,林农参与森林保险可能性越低。

(3) 林农个人特征或林农家庭主要特征并不能用于预测林农是否参与森林保险。类似地,包括集体山林确权到户时间、分山方案或分山后集体林的分布等林权主体改革因素并没有影响林农参与森林保险。近一年是否砍伐林木、林地的经营管理方式或近一年林地资金投入也无法用于预测林农是否会参与森林保险。

综上,我们根据2012年对福建等8省26县的农户抽样调查数据分析,从定量统计数据方面试图探讨集体林改背景下林农参与政策性森林保险的状况及影响因素。研究结果表明,重新确权发证时间、是否领到林权证、承包林地片数和承包林地总面积、是否办理林权抵押贷款和是否加入林业合作社等6个因素对林农参与森林保险具有显著影响。

值得深思的是,颁发林权证作为我国林权主体改革的核心任务之一、作为改革结果的林地总面积以及作为林业金融支持改革的首要内容的林权抵押贷款,却对林农参与森林保险的行动都具有负向预测效应。而现有研究农户参与保险的意愿、需求等行为或其影响因素时,除了明确承包林地总面积对林农参与森林保险意愿有显著影响外,甚少有从林权主体改革及林农在其中的参与方面进行探讨。据许多基层工作人员或金融服务行业者反映,购买森林保险是林权抵押贷款的保障,可以更好地解决银行机构对小户林农惜贷的问题。但是,在本数据模型中却得出"有违常理"的结论。[①]

数据统计分析往往只能对现象进行简单描述,或者简单阐释因果关

---

① 导致这种结构可能与样本选择中存在的偏差有关。

系，数据搜集的过程中也常出现各种"误差"。因而，在评估和解释一项重大政策时，本研究不仅要借助定量分析技术，也要用质性研究技术，更深层次地解释行动者的行动及其逻辑。接下来本章通过对一些代表性个案的描述分析，以进一步从微观层面探讨林农对林业金融支持制度实施的参与情况。

三 林农参与林业金融支持制度建构及其影响

虽然本章第一节的数据统计结果显示，林农个人的政治资本（如担任村干部或负责相关林业工作）或文化资本对林农参与林权抵押贷款具有显著影响。但是，从调研的访谈个案中可以发现，参与林权抵押并获得贴息的林农不仅拥有一定的技术、稳定的职业，而且还可能是涉林的林业工作人员，并且拥有较好的家庭社会资本。他们有不少人甚至是较好地集政治资本、社会资本、经济资本、人力资本或家庭资本各类资本于一身。他们懂得如何运用拥有的资本去与相关人员或组织机构沟通，获得自己追求的利益。从很大程度上看，他们中的大部分人属于新型林业经营主体。本研究课题组在浙江省庆元县隆宫乡调查时就遇见了许多这样的新型林业经营主体。接下来我们通过对一些新型林业经营主体个案的深度访谈，看看他们是如何参与和利用林业金融支持制度政策的。

（一）林业金融支持制度实施中的林农——新型林业经营主体参与个案呈现

1. 个案类型一：林农单户贷款

庆元县隆宫乡黄坑村的村民 H. M. M.[①]，拥有上百亩的毛竹林，其家庭年经济收入较高，而且从事相关林业工作，并不是一个"专职"的林农。另外，他的子女在办厂且经营状况良好，家庭经济资本相对较高。H. M. M. 所在村毛竹林共 1700 多亩，村里有 161 户，户均约 10.6 亩，但是村民 H. M. M. 就拥有 120 多亩，是户均亩数的 10 倍之多，是村里的林业大户。H. M. M. 还是村里的"村委员"——任村干部，同时也是护林

---

① 2010 年 12 月 7 日课题组负责人访谈浙江庆元县隆宫乡黄坑村村民 H. M. M.。

员——涉及林业工作。

　　据 H.M.M. 自己讲述，他所在的村"村两委"有 6 个人，外出劳动力超过了 1/3。这部分人外出到各地办厂和开店，大都是做点小生意。村子里的大厂就 1 家，家庭工厂也有 1 家。H.M.M. 自己家里有 9 口人，5 个男性，4 个女性。目前在家里的只有 H.M.M. 本人和他的妻子，子女则全部在外面。其中 1 个儿子在省外，另 1 个儿子在乡里的化肥供销社供职，还有 1 个女儿在中国香港工作。夫妻 2 人在村里，靠经营毛竹林和杉树林，一年收入有五六万元，主要源自砍毛竹林。

　　H.M.M. 家里的承包山是 80 年代林业"三定"时分的，当时是 6 个人口分了 120 亩山，总共 3 片山。当时荒山很多，后来 H.M.M. 自己造林了。如果依据 H.M.M. 家的林权证登记数据，全家承包的林地其实并没有多大的面积，但是实际面积有 120 亩。其中，杉树林 80 多亩，毛竹林 40 亩。

　　按照庆元县林业局的资源评估，H.M.M. 的毛竹林 1 亩价值约 6000 元，他总共贷了 15 万元。截至 2010 年本研究负责人前期在此调查时，H.M.M. 已经贷款两年半了。贷款主要是给在省外（福建武夷山）的儿子办厂用。在 H.M.M. 看来，林权抵押贷款是个好政策，他将所贷款项给自己儿子办厂经营形容为"借鸡下蛋"，称赞政府是个"活菩萨"。按照规定，只有将林权抵押贷款的钱用于林地林木经营，或者在浙江，林农可以将钱用于盖房等相关的农村建设，才能获得政府的贴息。但是，H.M.M. 将贷的款用于省外投资，也能获得贴息。足见说明他不但善于"借鸡下蛋"，还能够通过与农村信用社、林业部门的人打交道，从而获得贷款和贴息。

　　与 H.M.M. 同一个乡镇的另一个村的村干部 W.K.J. 也将自家承包的山林用于申请林权抵押贷款，而且还将所贷款项给自己的女婿在福建办厂经营所用，更"了不起"的是，他还通过借其他林农（主要是亲友）的林权证去获得更多的抵押贷款。[①]

　　W.K.J. 他家共有林地面积 61 亩，评估价每亩是 4000 元，同时他借其他林农的林权证用于抵押，共贷款 28.5 万元。他是在 2007 年就开始贷

---

① 2010 年 12 月 7 日本研究课题组负责人访谈浙江庆元县隆宫乡张地村 W.K.J.。

款的，利率风险小，利率 7 厘 95，贴息 2 厘 5，贷 1 万块钱利息一年是 480 块钱。他贷的款是给女婿到福建办厂经营所用，女婿再自己去信用社还利息。

据 W. K. J. 对自己家承包林地的估算，按照一年每亩可以砍伐不到 60 株（毛竹两年可以砍一次），大约一亩每年可以卖得 1 千块钱，那么 W. K. J. 家的几十亩的毛竹林，每年可以有至少 6 万元的收入。

2. 个案类型二：合作社担保贷款

当前，很多林农已经不是传统意义上只懂得种地"靠天吃饭"的农民，而是知道经商、办企业等不以务农为主要职业的新型农民了。尤其是以下个案中的 W. S. Z.，他是农村合作社社长。为了获得林权抵押贷款资金，W. S. Z. 就通过创建农村专业合作社，动员其他农民共同参与，他借助集体行动的方式，以此达到自己的个人融资目的。[①] 从这个个案中可以看出，林农个人发起建立合作社也是获得林业融资的重要渠道之一。许多合作社同时也得到了政府的支持，而且可看出个人社会行动技能在达成集体行动中的重要性。

W. S. Z. 所在的村是庆元县隆宫乡的黄坑村。他大约 40 岁上下，自己贷款 10 万元办厂，招工 16 个人，工厂就设在村里。这个厂他自己投资了 60 多万元，一年的产值差不多 200 万元，利润有 20 多万元，雇用的工人基本上都是本地人。

W. S. Z. 所在的黄坑村平均 1 个人口 10 亩山左右。现在村里除了村民 H. M. M. 家有 120 亩山林之外，其他农户山林最多的只有 60 多亩。村里大多数村民承包的山在 20—30 亩之间，少的几亩也有，区别很大。这是 1980 年代林业"三定"时期分山的结果，后来也就没有再因人口变动而重新分山了。

W. S. Z. 家里的山就是属于比较少的那种农户。在 1980 年代分山的时候，他家里有 8 个人，当时 5 个兄弟没有分家，总共就 30 亩林地左右。因为分山的时候 5 个兄弟没有分家，因此至今还是 5 个兄弟共用 1 本林权证。W. S. Z. 的其他几个兄弟比他富裕一些，不需要办理林权抵押贷款，因此，他自己就拿着那本林权证去办理贷款。5 个兄弟的山评估起来大约

---

① 2010 年 12 月 7 日本研究课题组负责人访谈浙江庆元县隆宫乡黄坑村合作社 W. S. Z.。

有20多万元,他贷了10万元,用于办厂,也获得政府林业贷款财政贴息。

W. S. Z. 从1998年就开始办厂,但是在起步阶段时,因为厂子太小,不好贷款。后来,慢慢地,因为林权证可以拿来将林权抵押贷款,因此他就"张罗"起来,发动村里人一起参与,争取获得融资。

大约是2008年,那个时候庆元县里搞林改时主要工作之一就是帮农民担保获得林权抵押贷款,因而打算在W. S. Z. 所在的村及其周围另外4个村庄组建一个合作社。该合作社就在2008年9月成立了,也是庆元县比较早建立的合作社之一。和别的合作社不同的是,W. S. Z. 参与组建的合作社就是专门负责给农民担保林权抵押贷款的。具体的做法是这样的,合作社总共11个股东,11个股东里面有9个村长、书记,另外2个是W. S. Z. 和办企业的本村林农。

合作社的股东每个人出资1万元,共11万元,后来又有出资。越多人贷款,他们就投资的多,贷的少他们就投的少。其实合作社收益不多,甚至在W. S. Z. 看来是没有收益的,主要是为了方便村民。合作社每担保1万元贷款就向村民收取120元担保费。农村信用社贷款的担保比例是1:10。也就是合作社投资10万元进去做担保,农民就可贷出100万元资金,相应地合作社获得的收益就是1.2万元。在W. S. Z. 看来,这些钱存在银行的利息都不止这些,跑来跑去,基本都是义务的。但是,股东们的合作不但是为了赚取担保费,更重要的是自己也可以方便获得自己想要的贷款。而从农户们来看,有合作社做担保的贷款也比其他都方便,只需要缴纳担保费即可。

由于合作社介入林权抵押贷款担保,形成了一种双赢的局面。股东与村民之间的合作效应也有越来越好的趋势。在2007年林权抵押贷款开始期间,小额贷款控制在5万元以下,到了2008年,农村信用社看到合作社"生意"还算有利可图,县里的信用社就将小额贷款上限提高到10万元。换言之,只要是10万元以下,都可以在乡镇的合作社贷款,10万元以上就得到县林业局(前文提到的"和兴担保公司")担保贷款了。目前农村信用社贷款的最高数额就是10万元。据了解,W. S. Z. 参与组建的合作社提供担保的林权抵押贷款资金主要用于开林道、管护毛竹山林等,效益总体尚可,1年能担保贷款200多万元。

近年来,这 5 个村的小额贷款基本上都是通过这个合作社担保的。假如没有这个合作社担保,村民们就贷不了这么多钱,因为如果是他们自己跑到县里去贷很麻烦。截至 2010 年 10 月份,合作社累计担保贷款 500 多万元,涉及 120 多户林农,平均每户贷款 4 万—5 万元。由此可以看出,合作社在林权抵押贷款中发挥了很好的担保作用。

3. 个案类型三:林业企业主贷款

除了拥有一定家庭政治、社会资本的林农较为积极参与或促成参与林权抵押贷款以外,拥有雄厚的经济实力的林业大户更是积极参与了林权抵押贷款,还享受国家的贴息政策,这种林地经营大户往往创办了林业企业。他们似乎更懂得如何运用所能动员的资源去获得政府、村集体的支持。以下来自云南省华宁县的 L. M. M. 个案就是这样的林业企业主。[①]

L. M. M. 家里总共 4 口人,其中劳动力 3 人,家里承包经营的土地总共有 4000 亩,经济收入每年 300 多万元。L. M. M. 创办了一个蔬果有限公司,其家庭年均纯收入在 16 万元以上。L. M. M. 经营的公司雇用员工约 94—98 人,其中有 2 个技术栽培人员,员工有本地和外地的。不过 L. M. M. 表示能招收本地员工就尽量招收本地人。其公司主要是种植柑橘为主,也参加了柑橘研究所。据 L. M. M. 本人反映,本地区柑橘的主要特色以早为主,这里的柑橘销往全国各地,但主要是集中在沿海地区,一开始都是自己到上海开拓市场。截至 2011 年 9 月,L. M. M. 的公司在经营柑橘林上共投入 120 万,获得较为丰厚的利润回报。

L. M. M. 总共经营的林地面积 4000 亩中,其中属于承包的集体林地面积共 1300 亩。另外 1994 年拍卖中"买"了 500 亩,其他都是 2003 年之后陆续从农民手中流转过来的,每亩流转租金是 50 元/年。L. M. M. 所流转的林地都签订了正式的合同。其中 2003 年流转得最多,达 1000 多亩,还是通过林权交易中心流转。L. M. M. 自己的自留山才 7 分(10 分等于 1 亩),集体的承包年限 20 年,私人林地流转年限为 40 年,荒山拍卖 50 年。据了解,华宁县"分山到户"是在 1980 年代初林业"三定"时,1990 年代搞山林拍卖。目前,L. M. M. 经营的所有的林地都有林权证,承包合同都很齐全。

---

① 2010 年 12 月 5 日本研究课题组成员贺东航访谈云南省华宁县林业大户 L. M. M.。

L. M. M. 的聪明之处在于，他不但能够与村干部合作，还可以与当地村民融洽合作，获得他们的"好感"和"支持"，因而流转而来的林地才能顺利经营，不会出现湖南省靖州县出现的百姓火烧林业局领导所造山林的情况，也不会出现福建将乐县的大面积抗争"两公司"经营林地的情况。

实际上，当地村民种植柑橘的第一批苗是由 L. M. M. 的公司提供，后来再以 1 元每株价格卖给林农，以公司带动合作社的形式来发展的公司和当地农村的经济。而且，他的公司员工都尽量招收本地人，一方面于公司有利；另一方面也给当地村民创造就业机会。例如，当采摘柑橘的时候都必须请工人来帮忙，L. M. M. 给每位工人 0.12 元/千克的工资，为当地百姓创收提供机会。所有这些，都使得他更容易获得当地村民的支持。

当然，L. M. M. 也是通过与当地政府的沟通，首先获得地方政府的政策支持。开始建立公司的时候，当地政府有给予政策或其他方面的帮助。包括当地政府特批给 L. M. M. 5 亩厂房地，还有其他一些政策上的倾斜，比如在林权纠纷的解决、贷款等方面给予很大的帮助。另外，L. M. M. 承包的集体林地在新一轮集体林改中也出现了纠纷情况，但都能通过私下协商，并在政府出面协调下获得顺利解决。

而在贷款方面，2006 年 L. M. M. 用林权证抵押贷款 600 万元，贷款期限为 3 年，其中国家财政贴息 500 万元。在这次贷款中，L. M. M. 除了抵押柑橘林面积 700 亩之外，还把自家的房子也拿去抵押。L. M. M. 表示，自己的公司是"林业贴息政策的最大受益者"，也是集体林改的受益者。

从个案一看，H. M. M. 主要是拥有较多的政治资本和社会资本，从而获得林权抵押贷款及其贴息。但是，从个案二可以明显看到，一个小户林农如何利用自身的经济资本和政治资本进行社会行动，以达到集体行动的目的，通过组织农村信用社，同时获得了金融机构、林农和政府的一致支持，因而可以如愿地获得自己想要的贷款和其他资本。到了个案三，我们看到了一个林业大户将其个人或家庭的经济资本、政治资本、人力资本运用得"淋漓尽致"，最终成为林业金融支持政策实施的重要受益者。

4. 个案类型四：金融机构贷款

调查中发现，福建、浙江、安徽等省存在一种期限较长（有的长达28 年）的林权抵押贷款，大多是村集体统一参与国家相关贷款项目，也有少量个人贷款行为。这种长期的林权抵押贷款在约定还款时与林木采伐指标"绑定"在一起，并可能引发一些纠纷问题。在此过程中，林农的权益受损严重，因而挫伤其贷款造林积极性。

浙江省开化县梅坞村书记 Z. S. J. 是当地的营林造户。他就是通过林权贷款造林的。双方约定到砍伐的时候，以砍伐林木的部分收益还贷款的本息。① 现在 Z. S. J. 连本带利，每亩贷款本息要还 1.5 立方米木材。好的人工林可以砍到每亩 16 个立方米，而梅坞村平均每亩有 10 立方米的蓄积量。也算是经营效益比较好的。

Z. S. J. 是从 1989 年开始贷款的，然后从 1997 年开始还贷。1997 年每亩林地要还 0.2 立方米木材。按照贷款合同规定，在一个 12 年之后还要还 0.3 立方米。2011 年 Z. S. J. 还了 1000 多立方米，最多的年份他还过 1800 多立方米。要到 2017 年才能连本带利还完贷款。

Z. S. J. 无奈而又愤恨地说："刚开始种树林的时候，他们贷款时每亩只有 100 元钱，可是现在我们要还 1.5 个立方，按照现在的市场价格 1.5 个立方林木的价值是 300 元钱。"Z. S. J. 感觉这样很不公平，认为自己受到了强势资本的极大剥削，造林的积极性也因此受挫。

除此之外，还有一点让村民感到愤怒，就是当地政府林业主管部门通过林木砍伐指标的限制来对村民再次进行"剥夺"。按照双方约定的贷款合同，这些贷款是与林木采伐管理绑定在一起的。梅坞村的村民因为大部分都参与了这项贷款，因而个人都申请不到指标。村民们人均拥有 18 亩林地，但目前只有树林却没有采伐指标。他们就全部卖给指定的"老板"。村民们认为，这些"老板"可能与政府有合作甚至是"共谋"关系，得到政府的暗中支持。因为村民们贷款造林，还款时间到了，村民们必须用林木偿还，政府给的规定是每一亩林地给 1.5 立方的林木采伐指标，由一些林业公司来统一砍伐。所以，村民们就将林木低价卖给这些林业公司。比如，2009 年，Z. S. J. 年就将 18 亩山林共 80 多立方林木卖给某老板，总价是 48000 元，但是这批林木市场实际价值为 10 多万元。Z. S. J. 之所以"贱卖"，是因为他个人拿不到林木砍伐指标。

据当地村民反映，其实还有一种变通的方法，那就是村民们向一些林

---

① 2011 年 8 月 1 日本课题组调查员访谈浙江省开化县梅坞村书记 Z. S. J.。

业公司要林木采伐指标。但是，这个价格也很高，村民需要按照每立方465元"购买"1立方的指标。其中260元付贷款本息，还有205元是手续费。

这种贷款与林木采伐指标管理绑定的方式极大地挫伤了梅坞村林农营林的积极性。在身为当时梅坞村村支书的Z.S.J.看来，本村老百姓的目光比较短浅，跟他们谈政策用处不大，他们就知道人活着要吃饭，吃饭就要钱。如今贷款造林20多年过去了，林农还要长期返还贷款的本息，而且受到采伐林木指标的限制，使他们感到自己备受政府、企业和其他强势资本的多重剥夺，但又感到无可奈何。

当然那些不热衷于建构积极的林业金融支持制度的林农往往更多。能够像浙江省庆元县隆宫乡那样积极参与林业金融支持制度实施的林农，在全国其他省份较为少见。本研究课题组在调查中发现，大部分普通林农对林权抵押贷款、森林政策保险"感兴趣"的程度远远不如林地经营大户和林业企业。

（二）产权残缺与"林业弱者"

本研究调查表明，总体而言，林业金融支持制度改革在不同省份的实施情况有明显的差异。对于福建省而言，集体林改后大部分林农依然没有获得完整的产权，积极性不高，影响到林业金融支持制度和政策实施。而在江西省，集体林改并没有使大多数林农受益，受到贫困、落后等固有因素的影响，加上林权改革的不彻底，导致该省林农经营的积极性不高，更多地是将自家承包林地流转出去，自己则选择到外地打工。对于云南省而言，虽然当地的林权抵押贷款获得快速进展，但是林权纠纷太多，存在太多隐患。相比之下，浙江省政治经济社会环境相对较好。林农不但有相对较为清晰的林地产权，而且奉行"反哺"农村、建设"美丽乡村"的政策机制，这使得林农在林地经营中受益更多。

从集体林改的微观社会环境——村庄的层面来看，虽然村集体在林改中获得了较为充分的授权，但是在整个集体林改包括配套改革中，林农总是被理所当然地认为是支持制度变革群体，而事实上，他们大多数是被动接受制度变革的群体。他们没有充分的发言权、参与权、行动权或决策权，因而在林改带来的效益中，他们总会显现出弱者的特征。特别是大部分林农原本就地处偏僻封闭的村庄社会环境中，在集体林改中容易遭受政策排斥、信息排斥和资本排斥等（朱冬亮，2007），使得他们在集体林改及配套林业金融支持制度改革中做出不利于自己的村级决策，自然分享不到更多的改革红利（朱冬亮、程玥，2009a）。尤其在林改中，林农无法更多地享受到林改后林木升值带来的增值收益。从深层的角度分析，这点与集体林改后仍然存在的林权安排"产权残缺"有关。

1. 集体林地所有权与林农林地承包经营权冲突

对于全国绝大部分地区而言，2003年开始的集体林改并不是重新"分山到户"或者"分林到户"，而是在20世纪80年代初林业"三定"基础上进一步明晰产权而已。实际上，全国大部分的集体林地在林业"三定"时就已经分到户，而且，除了毛竹林和部分经济林有可能按照人口的增减变化进行调整外，已经承包到户的集体林地在过去的近30年中也基本没有重新调整过。因此，新一轮集体林改以"分山到户"为改革倡导，更多是政府的一种改革宣传而已。而这场发端于福建省的新一轮集体林改以强调"分山到户"为核心，实际上与其他省份的集体林改实践并不相符。

福建省林业"三定"时期有小部分的集体山林已经分到户。至于那些仍然由集体统一管理经营的山林，也在"三定"之后的20多年中以各种"非规范"方式流转成"大户林"、"干部林"或者是"公司林"。真正到了2003年集体林改实施时，能够用于实施"分山到户"的林地已经所剩无几了。

为了维护农村社会稳定，福建省大部分农村在实施林改时并没有改变既有的产权安排框架，更多是采取"动钱不动山"的变通方式来予以调整。不过，在税费减免、林木市场放开导致林业经营收益迅速攀升、林地快速升值的情况下，没有获得集体林地承包权的林农以各种正式或者非正式的方式对既有的林地产权制度安排提出了强烈的抗议。他们采取"弱者的武器"来表达自己的利益诉求，由此导致2006年之后，福建省各地涌现出大量的林权纠纷。为了应对和平息这种局面，有的地方政府和外来投资者不得不改变既定的契约安排，缩短林地期限，尽快把林地经营权还归村集体，后者再把收回的集体林地按照人口实行"分山到户"（朱冬亮、程玥，2009b）。

例如，前文已经提到福建省将乐县在集体林改前后出现"两公司"

（"合法"）"占有"大量集体林地而引发当地农民大范围抗争的情况。为了平息事态，自2009年开始，将乐县做出规定，凡是"两公司"①的采伐迹地，村民可以无条件重新收回，由村集体和林农自主决定新一轮的林地承包经营权处置。虽然各村仍然可以以采伐迹地入股，和"两公司"合作造林，但在大多数情况下，林农更多倾向于收回集体林地，或者以个体或者以合股造林的方式来自主经营林地。他们不愿再让村庄外部的投资者以任何方式来参与林地承包经营。

　　事实上，将乐县"两公司"所租赁经营的约60万亩的集体林地基本上是在2002左右签订的合约，原本约定的经营期限是50年，即到2050年前后双方合同才会到期，而如今，这些合同约定基本上等于被废止了。按照现在的规定，一旦"两公司"把某片山林主伐完毕，村民就可以无条件收回林地。"两公司"的让步并非是情愿的，这是地方政府、"两公司"和林农三方多年博弈的结果。在此之前，该县曾经不时上演"两公司"和村民争夺采伐迹地造林的群体性事件。

　　为了尽快平息林权抗争事件，有地方政府甚至以"预期均山"的方式来实现"均山到户"（如前文提到的福建省顺昌县被认为首创这种做法）。其具体做法就是在租赁出去的林地承包经营期限没有到期，即林地上的林木没有被完全采伐完之前，村集体即事先按照各家各户的人口把该块林地"分山到户"。一旦山上的林木砍伐完毕，大家就按照约定的分山方式对该采伐迹地实行分块承包经营。尽管从约定"预期均山"到林农真正承包经营这片林地，当中的时间间隔可能会有十年八年甚至更长，但是这种多少有点类似"画饼充饥"的做法仍然成为地方政府平息林权纠纷的重要举措。

　　前文已经提到，始于2003年的集体林改大致分为主体改革和配套改

---

① "两公司"，即将乐县林业局下属一个公司和另一个民营的造纸企业，早期"两公司"以国有林场的形式占用将乐县许多村集体林地进行经营，但是由于合作经营期限不明确或合作期限过长，以及山林经营预期收益与租金收益差距不断大幅拉大，使得"两公司"与村民出现很多矛盾，出现村民偷公司的木头、采用各种方法将采伐迹地"抢"回来自己造林等农民抗争事件（详情参阅朱冬亮、贺东航：《新集体林权制度改革与农民利益表达：福建将乐县调查》，上海人民出版社2010年版，第358—372页）。2013年，因其中一个公司改制为上市公司，另一个民营企业也把自己经营的10多万亩林地转让给那家上市公司。

革两个阶段。其中主体改革阶段主要是进一步对林业"三定"时期模糊的承包林地界址进行明晰确权,并且以林权证的形式加以巩固。不同于福建省的是,浙江省更多把2003年之后的改革称为"深化改革",而不是主体改革。该省的林业部门工作人员普遍认为,浙江省早在1982—1983年林业"三定"时期就已经"分山到户"了,2003年之后的新一轮改革就不存在所谓的"分山到户"的问题。集体林改要做的工作是如何进一步搞活林业经营体制,在提升林地产出的同时,兼顾实现生态、社会乃至政治效应的和谐统一。相对于浙江省,福建省的集体林改主体阶段改革已经显得相对滞后了。林地产权的悬而未决不但"耽误"了林农营林造林,也挫伤了林农的营林积极性。

2. 村干部"处置权"与林农使用权冲突:集体林地大量流失

村干部专业林地知识缺乏影响了集体林改的效果。在林改中,由于对林地测量等专业知识较为缺乏,因此对当时的林改造成了许多不利的影响。由于林地不像耕地,可以进行精确的测量,在林改之前,这种专业知识的缺乏使得各村的林地面积评估存在不少问题,容易被当地林业工作人员"钻空子",进而给村集体林地林木造成不可挽回的损失。

以福建省将乐县洞前村的"林权转债权"事件为例,该村在80年代末也是利用包括世界银行等金融机构的贷款资金造林,到了90年代中后期,村里无力偿还这些贷款,就只好拿本村的林子去抵押。名为"林权转债权"。而那时候一般的村干部不是林业专业出身,对林地面积测量等知识不了解,结果导致该村在早期抵押林子的时候,就把好的林子拿去抵押。时任村干部对于林地面积测量、图纸等专业知识的欠缺,根本无法察觉其中的"奥妙"。

由于村干部图纸和方位搞错,洞前村最终抵押出去的实际林地面积比预期的就多出100多亩,甚至还有更多。例如,原先村集体准备抵押的林地是到某个界限的,但是图纸上显示的界限已经超过,而村干部们浑然不觉。更严重的是,明明村里当时只把某一小块山场抵押给别人,结果经过别人做手脚,可能在图纸上这一整片山场都变成抵押给别人了。

实际上,在将乐县,"林权转债权"涉及全县绝大部分村庄。实际操作中,各村并不愿意将好的林子拿去抵押。只是到了后期,由于还不起银行贷款,就将林权转为债权,交由县林业公司管理(该公司当时属于县林业局管辖的国有企业）。洞前村的老村主任是这么反映当时的情况的：

> 当时有这样一件事情，我们村当时有一块生态公益林，已经卖出去了，前一届已经卖出去了，卖出去给人家了，我们又要换回生态公益林这一块。为此，我们要对换一片山林，当时现场我们村的干部都有去参加，当时就有一个林业站的工作人员讲："那一片林子怎样？"这个工作人员认为我们不知道这一块的具体地址在哪里，就让我们村把这一块林子划给县投资公司。结果我们没有认真核实，村里就损失了一部分，这个事情就是林业站的人搞鬼做的。这件事情给我们很大的教训。
>
> 可以说，以往包括现在的村干部，他们对本村的林地的具体方位是很熟悉，但是对林地图纸就一窍不通了。如果每个村的村主干对林子都熟悉，对林地的图纸熟悉，那村里还要林业站的人员去干什么？每个村还要你林业站的人去挂村干什么？因此，像林地转让这些重要的方面是林业站去把关，并不是说你林业站的人去搞这些手脚去糊弄村里面的。所以说我们村当时给他林业行政的人搞死掉了，他们欺骗我们。①

有了此次"教训"，为了防止村集体林地产权流失事情再次发生，洞前村原村主任 T. W. C. 开始认真学习林地、图纸有关的知识。通过学习，该村主任自信对本行政村的山场、图纸都可以审查和核对出来，都可以对得清楚，不会有太多的出入。

事实上，在集体林改中，很多村的林地图纸上的界限比如说同一个林班，但是它的界限完全不一样，有不少差错。因此，在该村主任 T. W. C. 的建议下，洞前村每年都要对村主干进行林业专业知识培训学习，避免类似的情形再次发生。

福建省将乐县洞前村的"林权转债权"问题是由于客观上村干部林

---

① 2006 年 8 月 20 日本研究课题第一合作者朱冬亮访谈福建省将乐县洞前村原村主任 T. W. C.（连任三届村主任）。

第七章 林农参与林业金融支持制度实施的行动分析

业知识匮乏而造成的非有意行为,但是,也有些干部却是故意而为之。例如福建省将乐县余坑村的因世行贷款导致集体林地资产流失就与当地村干部的"荒唐"、"不负责任"行为等因素有关。①

在20世纪90年代前后,余坑村所在的将乐县因为有发展世界银行贷款造林项目,后来因为"林权转债权"事件,全村被抵押的人工林至少有2000多亩。本村几乎所有的人工林都被抵押,剩下的少量山林也被前任村干部以非常廉价的方式"卖掉了"。

据后来的村干部反映,当初余坑村向世界银行贷款,但是本金和利息具体多少并没有人知道,因为原来的村干部没有把这些具体的账目交给后面的村干部,而且即使是当时的村干部,他们也可能不清楚世界银行贷款到底是怎么回事。因为那时候林地是集体的,村干部为了"服从上面的要求和指示,上面要求怎么做就怎么做"(这里的"上面"是指乡镇、县政府),结果导致贷款的具体数据无人知道,后来"林权转债权"的时候,就"任由别人说"了。

和洞前村类似,余坑村也是将村里最好的山林抵押出去。将乐县林业公司基本上是把靠近公路旁边的立地条件较好的山场抵押进来。当时可能不需要抵押这么多的山林,但是由于那时候的村干部为了个人的利益,把全村几乎全部的人工林也顺带一起"卖掉"。

据了解,余坑村有一片100多亩的山场,在2000年前后,被当时的村主任以700元钱卖掉,用以抵付村干部拖欠的工资。当时有一个村干部任职多年,因没有村财收入,因此,该村主任就把累计的没有及时兑现的工资以山场折价的形式转给他本人。以致到了集体林改的时候,全村基本没有山林可分了,不但村集体林里已经没有成林的,而且仅剩下一些很"瘦"(即,立地条件不好)的山地,而且非常分散,多则十几亩,少则三五亩,经济价值不高。

余坑村的村民并没有分到自留山,原来分的自留山都归里面,由村集体卖掉了。目前村集体林仅剩零零散散的几百亩,但在村干部和村民们看来,已经"基本没有经济利用价值"。

---

① 2006年9月18日本研究课题第一合作者朱冬亮访谈福建省将乐县余坑村村原村书记Z. L. M.。

以上两个案例均是由于村干部的工作过失导致村集体林地资产大量流失。集体林改之后，许多林农在林木、林地急剧升值的时候，才意识到自己的林权和利益已经受到剥夺和侵害，因此该县一些村庄不断有林农甚至是已经长期在外打工经商的"林农"到县、省政府去上访，要求将被村干部"卖掉"的山场要回并重新分配（朱冬亮、贺东航，2010：151—153）。在纠纷未决之前，林农并没有可以经营的林地。在这种情形之下，林农自然更谈不上对林业金融支持制度改革的参与了。

3. 林木所有权与林木砍伐权：权利的争夺

当集体林改中的弱者无法享受林改带来的改革红利时，就会引发林权纠纷，甚至引发社会冲突。在林权纠纷中，尤其是在与林业企业或林业局下属单位的对抗中，许多林农成了林改的"弱者"，而政府林业主管部门可以通过林木采伐指标限制等行政手段对林农进行控制。

按照林木采伐指标管理程序，一般都是农户自己提出林木采伐指标需求数量申请，乡政镇林业站部门负责审核。由于林木采伐指标实行总量控制，因此通常先到采伐期的林地经营者优先获得采伐指标。但是在实际操作中，林业部门可以通过一些手段来控制林农的采伐指标，无法获得足够的指标或甚至无指标都会影响到林农的林木砍伐等经营成本。以下的个案牵涉到的就是林业部门与林农之间的利益"纠葛"。①

家在浙江省庆元县安南乡的林农 S. M. M.，59 岁，高中文化水平，家里有山有地，有三个子女，其中两个子女在读研究生。1984 年 S. M. M. 即开始当村长，连任 3 届。② 家里有 5 亩耕地，林地较多。据了解，S. M. M. 所在村有 1/4 的村民是 1964 年从淳安移民过来的。他也是移民。这个村的人很少有人办理林权抵押贷款，"因为村里的山很少"。

S. M. M. 家的分到的山有 4 个，共 200 多亩面积，另外他还承包了

---

① 2010 年 12 月 8 日本研究课题调查员访谈浙江庆元县安南乡安溪村村民 S. M. M.。
② S. M. M. 当村干部 3 届，因为他认为当村干部对家庭来说是有损失的。他说："时间长了，当村干部家庭都是有损失的，我这个人一贯家里用钱还过得去，当了那么多年的村干部，家庭就空了。考虑到 3 个小孩要念书，一个是为了培养小孩子；另一个也是为了搞成一点点事业，我就不当干部了，打算搞好事业。我就自己主动到县里要求换届，然后买了个拖拉机搞运输，当村干部的时候也是晚上搞运输，不然家里的开支就是个大问题，而家里的地主要是老婆在管。"
（2010 年 12 月 8 日本研究课题组调查员访谈浙江庆元县安南乡安溪村 S. M. M.）

第七章 林农参与林业金融支持制度实施的行动分析

400多亩林地,也是分成4片。当时找别人承包这些山林,还是比较好说话的,主要是因为当时树木不值钱。至于为什么会想到去承包山林,S.M.M.自己反映,他当时去找县委书记,要求辞掉自己的村长职位。县委书记就让他做生意(林业生意),并告诉他国家有贴息贷款。S.M.M.却说,自己是老实人,做生意很麻烦。当时县委书记就说让他办厂,他又说办厂跟人打交道太多了,太麻烦。县长最后说:"这些都不会的话,种树总会吧?"然后,S.M.M.就去种树了。所以,S.M.M.最后就向县里的营林公司承包了200亩的林地来经营。

S.M.M.除了向村集体承包了8片林地之外,还于2005年与另一个本村村民合作,从自己村里面转让来的1片林地,面积有100亩,主要是杉树林(人工林),共花费7万多元。

但是,问题就出在从自己村里流转而来的这100亩集体林地。这片山原本是属于村集体,后来林业局将这片山地搞成县集体林场,并且把这片山的权属登记在县林业局。而村里也进行登记了,然后再将这片山转让给S.M.M.及合伙人。当S.M.M.准备砍伐这片山场的林木时,林业局的有关人员就站出来说这个山场是他们的。因此,这片山就成了纠纷山场。双方就开始打官司,但结局是S.M.M.在很大程度上输掉了这场官司。

在S.M.M.看来,输掉官司的原因在于:山场本来就是林业局的下属单位所有,与林业局打官司没得打。最后,山场判给了林业局,林木归S.M.M.和他的那个合伙人,但林业局就不批准S.M.M.砍伐指标。后者实际上是利用自己的职能管理部门的地位"故意刁难"他们。

更为荒唐的是,当时的判决也"有点糊涂",判决书上要求这个山场归林业局的下属单位,林木归S.M.M.他们,但判决书要求S.M.M.必须在限定的2005年12月30日前砍伐完毕(所留时间太短)。S.M.M.他们就在2005年申请砍伐指标,但林业局就不给批。实际上双方已经进入一个博弈的局面。林业局想以"卡"指标的方式来逼迫S.M.M.及合伙人将林场以便宜的价格卖给林业局的那个下属单位。

对于村里的林木采伐指标,村里是不管的。县里每5年做一个经营规划,会提前一年做一个经营方案,总的原则按照消耗量低于生产量来控制,做好后逐级报到国家林业局,林业局汇总后再报到国务院审批,审批后再逐级批复下来。那么林业局做经营方案时根据乡镇、村基本情况确定采伐量，这个原则是一样的，再逐级下达到村，那么农户也不是每年都砍，农户在这5年间可以自由申请。所以，由于林业局不给S. M. M. 批林木采伐指标，实际上是林业局自己想低价向S. M. M. 他们购买这片山林，而其开出的报价是3万元。

据了解，那个山场当时是经过几手转让的，原来是庆元县的磷化厂，后来又转给竹业开发公司。因此，S. M. M. 他们就去找竹业开发公司的经理商量，如果他们想要就拿过去，随便给他们几万块钱就可以，即便S. M. M. 和他的合伙人倒贴2万元转让，他们也乐意。但是，竹业开发公司最后也不敢动这块属于林业局的"奶酪"。

截至本研究课题组成员在此调查的时候，历经5年了这片林子的争议还在持续。2005年的时候，这片林子实际市场价值已经达到20万元。到了2010年，据估计，这片山林砍伐下来至少可以卖到70万元。但是，在S. M. M. 与县林业局的争夺中，双方都无法受益。这就是因为林地产权延伸出来的林木管理权的残缺导致的林权纠纷案例。

4. 林木砍伐权的缺失：增加林农营林成本

以上林农S. M. M. 在与当地利益集团进行权利争夺时，拥有林木所有权的他们却因为林木砍伐权受限而最终"败给了"对方。实际上，由于林木处置权、收益权等权利之下的林木砍伐权的缺失，林农的营林成本与市场风险也大大增加。林权配套改革作为主体改革的配套政策措施，一直具有滞后性，严重影响主体改革的成效。福建省将乐县南口村的林地经营大户T. M. H. 则面临砍伐指标不足问题，并深受其扰。

1993年，T. M. H. 就介入林木木材经营行业，从事林木买卖，并且在当地的林业企业从事管理工作。1995年，T. M. H. 外出打工。1997年回来之后就在家乡搞木材经营。目前，T. M. H. 本人是将乐县有名的林地经营大户，个人拥有六七千亩的山场，大部分是在2002—2003年前后流转所得。

由于有了资本，T. M. H. 在2001年就开办了林木加工企业，实行产、供、销一条龙，从事林木产品深加工，包括种植、采伐到销售，都自己在运作。由于可以赚取林木加工的利润附加值，意味着T. M. H. 可以在买卖山场开出更加具有竞争性的价格，从而增强自己的竞争实力。2006年，T. M. H. 的林木加工厂一共雇用了六七十个工人，员工有外地人，也有本

第七章　林农参与林业金融支持制度实施的行动分析

地人。除此之外，他还雇用了数百人的其他员工。仅在本乡，就有300人（包括建筑工人、伐木工人等）。2005年全年，T. M. H. 给雇用的工人发放的工资总数就达到122万元。

但对于集体林改后的林木采伐指标分配的问题，T. M. H. 表达了自己的"不满"。在2006年前后，将乐县全县全年的采伐指标大概在12万立方米左右（后来增加到38万立方米），但是县里面把大部分的林木采伐指标分配给县林业总公司和腾荣达公司这"两公司"，其中腾荣达公司是实行计划单列，每年采伐指标约2万立方米，而林业总公司的指标每年平均是6万—8万立方米，剩下的2万立方米再在全县范围内重新分配。这样一来，其他林业经营主体能够分配给的采伐指标少之又少，根本不能满足他们的需求。T. M. H. 认为，政府的这种行为明显歧视他们这些林木经营大户。2006年，他曾经反映了由于林木砍伐指标严重不足给自己的经营带来的困扰：

> 现在将乐县这边林业存在的问题那是多了。现在大体地说就是我们的砍伐指标，像我们盗林的现象很多（2006—2008年，本县境内林木盗伐现象比较严重，之后减少）。得不到砍伐指标，大家只好盗砍林木了。还一个就是说市场上这个砍伐指标买卖，我们的指标都被县里面占用掉了，像今天我们投标的这个就是被县里面占用掉了。要是有1万立方米指标那就ok了，相当于我们可以收入600多万。我们1立方米木材，市场价是600多元。我一年即使砍1万立方米，应该也还可以砍几年。①

T. M. H. 所拥有的山林的总蓄积量加上股东的有5万立方米，其个人所占面积有1万立方米左右。截至2006年，T. M. H. 所经营的山场的林木属于成熟林的占总数的50%—60%。由于2006年前后自己每年分配到的指标只有240—300立方米。按照这样计算，他的1万立方米林木，要砍到42年才能砍完。因为拿不到砍伐指标，这是让T. M. H. "深感头痛"的一件事情。毕竟，对他而言，由此所占用的资金数额，将大大提升自己

---

① 2006年9月15日本课题第一合作者朱冬亮访谈福建省将乐县南口村村主任T. M. H.。

经营的机会成本。不仅如此,由于办理林木采伐手续过于繁琐,也增加了不少成本。尤其是在采伐指标非常有限的情况下,需要办理的程序一道都不能节省,这让 T. M. H. 感到不胜其烦。对于采伐指标繁琐的申请程序 T. M. H. 是如此描述的:

> 比如现在给我们 500(立方)米指标,你还要跑断腿的,从申报到林业站、到乡政府去批,村里面批,批完再请县林业局规划队,规划队下来审计,审计完在村里面公示,然后还要到(县林业局)权属办去核实,没有问题之后,再批证下来,这个一溜溜下来差不多要搞半个多月了。如果碰到雨季可能要一个月了,这个手续很繁琐。①

在当地村民看来,T. M. H. 无疑算是一个"能人"。最近几届(村主任)选举,T. M. H. 都能顺利当选村主任,任期已经到了第三届。在担任村主任时期,T. M. H. 也为村里做了一些实事,包括帮助村里盖学校、架设闭路电视、修水泥路等。到 2006 年,村里还欠 T. M. H. 本人各项工程款七八万元。从 T. M. H. 身上,我们可以看到一个乡村经济"能人"如何演变成一个乡村政治舞台的"能人"。②

然而,就是这样一位村里的"能人",在砍伐指标严重不足时也被拖得"筋疲力尽",更何况是社会资本、文化资本、政治资本十分缺乏的一般林农,更无法在林改中提高对林地投入的积极性。

明晰产权是深化集体林改或配套改革的基本前提。产权是整个集体林改的核心内容,也是一切问题的核心所在。在我国社会主义的大制度背景下,没有绝对的产权,只有残缺的产权。因此,只有以法律的形式对产权进行保护,而不是随着各种政策变更而"飘着"或"悬着"。唯有明晰产权,才能使林农或林业企业对林业进行稳定的投资,并真正放心地参与到林业金融支持政策的实施中来。也就是说,创造一个法制林业场域,使该

---

① 2006 年 9 月 15 日本课题第一合作者朱冬亮访谈福建省将乐县南口村村主任 T. M. H.。
② 关于将乐县南口村 T. M. H. 的林地经营情况,具体详情可参阅朱冬亮、贺东航所著的:《新集体林权制度改革与农民利益表达:福建将乐县调查》,上海人民出版社 2010 年版,第 298—304 页。

场域内的行动者形成一种在法律上平等的、可以对话的契约关系，才能尽可能地改变林农的"弱者"身份。

产权制度的产生、形成和结果及其变迁是一个由各个群体参与建构的过程。林农作为最底层、也是最主要的林地承包权"所有者"，他们有其自身的制度需求，并在这种需求下对集体林权改革进行制度建构。事实上，正是这种建构过程影响了他们在国家的配套改革——林业金融支持政策等相关配套措施的参与。这种制度建构中，不同省份林农具有较大差异，从而导致他们在后续配套改革的参与积极性也不同。例如，福建省不少村庄为坚持避免贫富分化和分配不均而至今仍采用股份林场经营、预期均山等分山方式，即便如此，这种确权方式仍然没有赋予林农真正的林权，还导致各种林地引起的纠纷不断。均山后的单户林农由于承包经营的林地面积过小，也使得他们难于参与林业金融支持制度改革进程，并从中获得改革收益。

相对于"当官要到福建"，"要当农民就要到浙江"，因为"福建的山基本都是集体的，农民要交税、交费"。言下之意，浙江的山已经是农民的了。[1] 浙江省的"动钱不动山"等分山方式，看似只将山分到了村集体，但是因为采用林木调解款等"动钱"方式，实质上已经最大程度上达到了产权明晰的目的。也使得在各级政府支持下，浙江农民要么外出经商做生意，而真在外打工的情况并不多见。浙江山区的林农参与林地经营的积极性也看似明显高于江西、福建等省份。

相较于浙江省的集体林改做法，江西省的林改也促使林农对集体林地的私有产权意识强化了，但是林农的经营积极性激励效果却并不如浙江省。事实上，在江西省的一些地方，林农的营林积极性反而下降了。我们认为，产权意识的强化和对林地价值的进一步认识没有使江西某些县的林农对林地进行长期规划并积极参与经营的重要原因在于，江西的整体经济相对落后于沿海省份。由于当地林农的收入水平相对较低，在主体改革后，他们倾向于将林地流转给林业大户经营，自身并不愿意去认真经营，但是这些行动逻辑的背后却是因为小农的不规模经济和采伐管理体制的

---

[1] 本研究课题组在浙江龙泉市、庆元县调查时，当地的乡镇干部、林业局和村干部经常提到这句话。

"不亲民性"有关。小户林农在采伐指标管理规制下显得十分弱小，很难有获得采伐指标的能力。在这些情况下，江西小农并没有运用其社会技能促成集体行动去与政府"谈判"而获得林木采伐指标。其中有些林农或者选择乱砍盗伐，或者直接对林地进行流转。他们采取这种方式来规避集体林改后自身面临的不利局面。

本研究显示，林业经营主体的社会技能对他们参与林业金融支持制度实施有重要的促进作用。通过对参与林权抵押贷款的林业经营主体的研究分析结果可知，这些经营主体不仅拥有相对稳定职业，有更好的经济实力，他们甚至可能是基层林业管理部门工作人员。总之，这部分人拥有较好的资本优势，他们多半是集政治、社会、经济、人力等各类资本于一身的新型林业经营主体。他们善于通过组建农村专业合作社来动员其他林农参与，并通过这种具有规模效应的组织来采取集体行动，以获得政府的资金、技术等支持，以此作为林业融资的重要渠道之一。而在"两权合一"的情况下，有些经营主体，尤其是拥有雄厚经济实力的林业大户更懂得运用所能动员的资源去获得政府和村集体组织的支持。

虽然林业基层场域中不乏拥有较高行动技能的林业经营者，但是，整个林业经营者群体仍然是林业场域中的弱者。从不同省份集体林改中可以发现一个共性，那就是在这场以政府为主导的、自上而下的农村林地产权改革中，大多数普通林农依然是"沉默的大多数"。这种情况降低了他们在林业金融支持制度改革实践中的参与积极性。

结论与讨论

本研究以制度供给和制度需求为分析框架，对集体林改中的林业金融支持制度改革及实施过程、实施绩效进行了较为全面的描述和分析。在回顾与分析集体林改实施背景、改革绩效及存在的主要问题的基础上，本研究主要围绕两条叙事脉络来展开研究。第一条叙事脉络是从纵向的制度实施角度出发，先对集体林改的主体阶段的改革——明晰产权——的实施过程和绩效进行简要的阐述分析，然后对集体林改的配套改革举措——林业金融支持制度改革的实施绩效进行全面的探讨和研究。本研究按照制度实施的路径，先采用定性研究方法对林业金融支持制度的实施过程和绩效进行了描述性分析，对国家林业金融支持制度的相关政策设计及演变过程进行了梳理和介绍，然后从自上而下，从省级、县（市）乃至村级视角看待不同地方的林业金融支持制度实践脉络，最后采用定性和定量相结合的研究方法对林业经营主体——主要是普通林农在林业金融支持制度实施的参与行为及其影响因素进行了专题探讨。

本研究的第二条叙事脉络是从横向视角出发，把林业金融支持制度分为林权抵押贷款、森林保险、森林资源资产评估和担保等几个专题部分，分别对其实施过程和实施绩效展开全方位的探讨和分析。正如有研究者所注意到的，像集体林改这样的重大农村产权改革实践容易受到包括省、市、县级地方政府、村庄力量的抵制、变通甚至是扭曲。为了避免出现这样的情况，国家对林改的"高位推动"显得尤为必要（贺东航、孔繁斌，2011）。[①] 不过，包括集体林改和林业金融支持制度改革在内的"高位推动"必须以国家的制度变革设计是否科学且具可持续性为前提，否则仍

[①] 贺东航、孔繁斌：《公共政策执行的中国经验》，《中国社会科学》，2011年第5期。

然会遭到各级政府和农村基层社会的抵制。正是考虑到林业金融支持制度实施过程中有赖于地方政府和各类林地经营主体的参与，本研究侧重突出考察不同地方的省、县（市）级层面的制度实施的能动性和差异性，并在此基础上进一步凸显不同的林地经营主体在集体林改中的参与情况，并探讨已有的林业金融支持制度实施对其林地经营所产生的不同影响。

本研究的主要结论

（一）林业金融支持制度实施成效分析

本研究重点以福建、江西、浙江、云南和湖南等5省9县24个村的林业金融支持制度政策实施为研究案例，探讨其具体实施过程，实施绩效。研究表明，各地在推进林业金融支持制度改革过程主要是以林权抵押贷款、森林保险和森林资源资产评估和担保作为政策执行和改革的重点。虽然不同省份甚至不同的县（市）在推进相关制度改革和政策实践时的进展程度各不相同，但都取得了较为明显的改革绩效。

实地调查显示，在推进林权抵押贷款过程中，各地积极创新，形成了多种林权抵押贷款模式。目前全国的林权抵押贷款实践大致有六种模式，即"金融机构＋担保机构＋农户"模式、林农小额循环贷款模式、"金融机构＋保险机构＋农户"模式、"金融机构＋民间林业专业合作社或联合组织＋农户"模式、林权反担保贷款模式、"民间借贷人＋农户"或"民间借贷人＋民间担保人＋农户"模式。各地普遍执行国家相关政策规定，林地经营者申请额度在30万元以下的林权抵押贷款，实行免评估政策。超过这个额度，则普遍要求进行抵押森林资源资产评估，并且要求提供担保。实践表明，各地林权抵押贷款政策总体都取得了进展，不良贷款率处于较低水平。不过，目前林权抵押贷款中受益的主要是包括林业企业、林地经营大户和林业专业合作社等规模经营主体。普通小户林农因承包的林地面积小而分散，缺乏规模效益，加上农村小额信用贷款的替代，因此他们在林业金融支持制度实施中普遍收益较低甚至没有任何受益。这点是本研究一再强调的。

本研究发现，不同地方的林权抵押贷款政策执行效果差异非常大。不仅如此，有的地方的金融机构对开展林权抵押贷款存有抵触情形。如前文提到的湖北省恩施市龙马镇，截至 2013 年 9 月本课题组成员在此调查时，全镇申请林权抵押贷款的林农仅有 3 户，每户贷款额度是 5 万元，且完全是政府行为的产物。在这 3 户中，其中就有 2 户过去 2 年多还没有还款，而约定的贷款期限是 1 年。由于该镇只有农村信用社一个金融机构发放信用贷款，而信用社社长本人认为，林权抵押贷款是无效抵押物。因此，社长思考的问题是如何"追回"已经违约的 2 户林农的林权抵押贷款，但他本人似乎是对此感到束手无策。该社长明确表示，本社以后再也不会发放林权抵押贷款。

在森林保险方面，目前各地都已经全面实施政策性森林保险。其具体运营模式具有低保费、低赔偿及政府给予保费补贴、保险险种以单一的火灾险为主等特点。大部分县（市）收取的年保费是在 1—2 元之间，而赔偿的最高额度则在 400—600 元之间。其中生态公益林是由国家和地方政府统一投保，而商品林保险则大都是由中央政府、省、市及县级政府和林地经营主体各方分担，其中政府承担的保费补贴大都达到甚至超过了 60%。如福建、江西林农个人需支付 40% 的保费，浙江林农则是 25%，云南则是 15%。县级调查则显示，有少数县的森林保险（如福建省将乐县）保费全部由政府承担，林农不需支付保费。各地自发参与森林保险的主要是以林业企业和林地经营大户等规模经营主体为主，普通的小户林农对森林保险的参与积极性和参与度非常低。

另外，作为一种政策性保险，目前该业务主要是国有保险企业人保财险公司独家垄断承接，实行低保费、低赔偿原则。各地的地方保险公司大都设置了免赔条款。所有这些使得森林保险政策实施面临诸多的瓶颈，其实施绩效也大受影响（国家林业局"集体林权制度改革监测"项目组，2013）。从保险公司的角度来看，因保费过低，它们办理森林保险的积极性也不高。而站在林地经营者的角度看，由于保险赔偿额度太低，起不到真正的保险作用。因此，现行的森林保险政策设计正面临可持续性的问题，必须尽快加以调整。

而在森林资源资产评估和担保方面，目前各地也在逐步推进这项工作，建立相应的体制机制。本研究显示，承担该业务的有地方林业主管部门和独立的第三方中介机构两类。因森林资源资产评估社会化机构和人才极其短缺，加上森林资源资产评估涉及一系列的专业技术知识，因此目前大部分县（市）从事森林资源资产评估的是县（市）林业局的林业调查设计规划队之类的机构，而林权抵押贷款中不可缺少的林业抵押担保则多半也是由具有官方背景的担保公司担保。虽然地方林业主管部门直接介入森林资源资产评估和林权抵押贷款担保业务，有利于调动地方林业管理部门参与林业金融支持制度实施的积极性，但也带来了一系列的问题。对此，本章下文还会进一步探讨。

本研究显示，不同的省份在贯彻落实林业金融支持制度政策时，会针对本省的情况因地制宜地进行调整，并努力形成自己的特色。其中福建省近几年重点推进林木收储制度建设，以试图更好地发挥政府在林权抵押贷款中的"担保"作用，突破林权抵押贷款政策实施的关键瓶颈。浙江省则重点推进包括"林权IC卡"在内的林业信息化建设，力图打造林业金融的信息交易平台，并积极创新林业金融服务形式。而云南省则以本省的经济林种植优势为基础，快速推进林权抵押贷款工作，并在林权抵押贷款发放额度上后来居上。至于江西省则在实施政策性森林保险方面力求创新，湖南省也在积极推进林业金融支持制度改革政策实施相关工作开展。

在县（市）一级，各地也努力发挥自身的积极性和主动性，力图尽快建立健全并推进林业金融支持制度建设。这其中浙江省庆元县建立了较为完善的林权抵押服务体系，包括探索林木资产的动态化评估体系、林权"IC卡"信息化建设、林权抵押的抵押担保体系、林权抵押贷款等。尤其是在发展小额林权抵押贷款方面，庆元县取得了突破性进展。此举在很大程度上使得当地小户林农拥有了真正意义上的林业资产，并给林农带来了财产性收入。而江西崇义县也充分利用小额信用贷款，大力发展当地优势的脐橙种植业。不过，也有不少的县（市）的相关主体对林业金融支持制度改革及政策实施持观望态度，致使工作推进较为缓慢。

从本研究抽样调查的福建、云南、浙江和江西4省的林业金融支持政策实施分析中，我们发现，各省的经济、政治环境或制度设计差异对林业金融支持政策实施具有非常重要的影响。总体而言，先前的主体阶段的集体林改影响着林业金融支持政策的实施绩效。包括承包林地的分布、家庭承包林地面积大小等因素都会直接影响林业金融支持制度的建构。从林农参与的角度来看，量化研究表明，林农及其家庭成员的经济资本、政治资本、社会资本，以及由这些因素共同影响下的林农行动的社会技能，是影响林农参与林业金融支持制度改革及政策实施的重要因素。林农通过社会技能的运用,对林权制度的产生、形成和结果及其变迁进行了重构,也影响了他们对林业金融支持制度改革的参与。本研究通过对参与林权抵押贷款的少数林农的研究分析发现,这些林农不仅拥有稳定的职业,拥有较强的经济实力,而且很可能是涉林的工作人员,而且普遍拥有较好的家庭资本,是集政治、社会、经济、人力等各种资本于一身的新型林业经营主体。他们善于通过组建农村专业合作社、建立林业企业等组织形式动员其他农民参与林业金融支持制度实施过程,以获得政府的资金、技术等政策性支持,并以此作为自身获得林业融资的重要渠道之一。在"两权合一"①的情况下,有些林农,尤其是拥有雄厚经济实力的林业大户更懂得运用所能动员的资源去获得政府和村集体等其他主要力量的支持,最后达到自己的林业融资目的。

Liu Dachang (2001) 通过研究发现,不同的林农所具有的投资能力不同。富有的林农与穷苦的林农之间差距也因为林权改革而慢慢被拉大。林农的收入水平与受教育程度会影响其对于集体林改的认知和理解。其中低收入、没有接受正规教育的林农对集体林改的意义相对缺乏认知。而且贫富不同的林农在对集体林改认知和理解之间的不同,会导致富裕的林农能够从改革中受益,而贫困的林农则容易失去这些机会(Liu & Cannon, 2011)。而本研究也显示,林农的家庭纯收入、林地面积、林地投入等重要变量对其参与林权抵押贷款都具有显著影响。而这些又直接与林农在制度建构和政策实施中所运用的社会技能有重要关联。林农得家庭经济、地方经济发展水平高低等不仅是影响林农参与林业金融支持政策的重要因素,也是林农及其家庭成员运用社会技能行动的结果。

虽然林业基层场域中不乏拥有较高行动技能的小户林农,但是在整个林业体制中,普通林农仍然是林业场域中的弱者。从不同省份的集体林改主体阶段改革中可以发现一个共性,即在这场以政府为主导的集体林改中,一般的林农总是被视为理所当然支持政府改革的群体,但实际上他们中大多数人是被动接受的群体。事实上,在村民自治的背景下,

---

① 指林地使用权和林木所有权,即林木抵押的同时必须进行林地使用权的登记抵押。

大部分林农仍然是"沉默的大多数"。而且集体林改后仍然存在的残缺的产权制度安排加重了他们的"弱者"特征，使他们在林业场域中变得更为弱势。他们无法与林业企业、地方政府及其他利益主体进行抗争。这些林农的"无力感"极大地影响了他们在林业金融支持制度实施中的参与积极性。

特别需要指出的是，作为中国农村产权制度变革史上的一个重大突破，集体林改让包括林农在内的各类林地经营主体拥有了较为完整的林地承包经营权及林木所有权，而作为深化集体林改的林业金融支持制度改革政策的实施，则在一定程度上让林农拥有真正意义上的属于自己的"林业资产"，并由此带来资产性收入。随着林地经营价值的逐步显现，很多其他行业的资本开始向林业聚集，由此使得林地和山林的资产化效益更为显现。林改之后，山林资源正在逐步转变为资产、资本乃至变现为资金，从而基本实现了从林业资源→林业资产→林业资本→林业资金的资源转换。具体主要表现在几个方面：

一是各地在集体林改后的2—3年内普遍出现了自发造林、争相造林甚至"抢地"造林的高潮。本研究课题组在福建、江西、浙江等南方重点集体林区调查点发现，很多地方已经无林地可造林。特别是近几年来，各地普遍结合"美丽中国"和"美丽乡村"战略部署，大力把造林的重点转向村庄、城镇、公路的绿化，由此也使得集体林改的效益得到进一步提升。

二是提高了林地流转率，从更广泛的意义上盘活了森林资源。随着近年来林业经营潜力的逐步显现，林业已经逐步成为各类市场资本关注和投资的新领域，其结果不仅加快了林地林木的流转，同时也使得林地林木的市场价值属性被逐步发掘和呈现出来。从县级层面来看，近年来不少地方均把发展油茶作为林业产业化发展方向，介入这个领域的很多业主都是村庄外部的投资商。例如，江西铜鼓县、湖北京山县、安徽绩溪县、休宁县等地都把发展油茶种植业作为重点产业加以扶持。与此同时，借助县级的林地流转交易市场，大量工商资本开始进入村庄，进入林地流转经营领域，其最明显的效应是使得林地租金价格大幅度上涨，并带动林农普遍增收。与此同时，由于林业金融支持制度的实施，使得林地经营大户和各类林业企业获得了更好的融资环境条件，客观上增强了它们的市场竞争能力，并进一步促进林地的流转经营，最终使得林地的规模化、集约化、专业化经营水平相应提升。①

特别值得一提的是，实地调查中发现，林业金融支持制度实施对发展林下经济也起了很大的促进作用。② 本研究表明，各地在促进林下经济发展时，真正起带头作用的往往是国有林场和林业企业，它们因为有技术和市场融资能力强的优势，愿意尝试发展各种林下经济。如福建省将乐县金森公司作为上市林业企业，近年来以林权抵押贷款方式获得了数亿元的资金，在发展苗木花卉、中草药（种植紫金花、金银花等）、灵芝等方面加大投入，并取得了初步的成效。而福建省建阳市大阐国有林场（经营区面积3.97万亩，活立木蓄积量35万立方米），在2014年尝试种植三叶青、金线莲、铁皮石斛等林下经济药材350亩。其中三叶青种植面积280亩，预计亩产值达8万—10万元；金线莲种植面积10亩，亩产值达10.5万元；铁皮石斛种植面积60亩，预计亩产值可达8万—10万元。这些新型林业经营主体如能达产，其经济效益显然远超传统林业。

（二）林业金融支持制度改革实践中存在的主要问题

实施林业金融支持制度改革，需要一整套的正式制度安排予以保障。只有建立一套完善的集森林资源资产评估、抵押担保、银行借贷、违约责任追究为一体的运作机制，才能确保林业金融支持制度改革顺利实施。虽然截至目前，各地已经建立了相对完善的林业金融支持制度实施的正式制度安排机制，但这套机制在运作中面临一些主观和客观因素的制约因素，由此也暴露出一些共性特征的问题。主要表现在以下几个方面：

---

① 本研究发现，林农的林地流转意愿大致经历了一个倒"U"形转变。在集体林改前后林地流转意愿较高，而自从2011年前后，林农的流转意愿趋于下降。不过，近两年来，林农开始逐步意识到林地经营最终还是必须走集约化、专业化道路，加上林地经营"老龄化"现状已经难以为继，在林业劳动力日益短缺的情况下，预期林农尤其是年青一代林农的林地流转意愿会呈再度提升态势。

② 林下经济主要有林下种植、林下养殖、林下产品采集、林下景观利用等四种模式。据国家林业局华中师范大学林改研究基地百村跟踪观测小组对全国30个县的不完全统计，目前林下经济产值约占林农家庭纯收入比重为9.1%（参见《集体林权制度改革实施及绩效评估——集体林权制度改革2014年监测观察报告》，贺东航、朱冬亮等，本课题负责人也以骨干成员身份参与了该项目2014年的调查研究）。

1. 普通小户林农参与度低，受益小

虽然集体林改和林业金融支持制度配套改革的实施，在促进林地经营市场化方面迈出了重要的一步，使得广大林农第一次在真正意义上拥有属于自己的林业资产，并因此带来了资产性收益。这点也是目前集体林改超越耕地制度改革的一个重要体现。但是好的制度设计必须让其充分发挥效用，才能达成改革的目标。从林业经营者包括小户林农、大户林农以及林业企业的角度来看，山林资源是他们可以用于抵押的主要资产，如果不能以林权为抵押获得贷款资金，就不能有效地从金融部门获得融资，其市场竞争地位将会因此受到严重削弱。相比较于投资别的行业，其比较收益无疑大受影响，并反过来降低其投资林业的积极性。

就林权抵押贷款政策设计和实施而言，我们一再提及，全国大部分省份的林权抵押贷款制度安排并不利于从事细碎化林地经营的小户林农融资发展林业（朱冬亮、蔡惠花，2013a）。小额林权抵押贷款缺乏足够的市场基础。很多地方在推进这项工作时候感到举步维艰，深层的原因在于现行的小额林权抵押贷款政策缺乏操作性和适用性。真正有进行小额林权抵押贷款的林农只占很小的比例。实际上，在林业金融支持制度改革中受益的主要是林地经营大户和林业企业。因为小户林农经营的林地面积较小且细碎化，银行开展相关业务缺乏规模效应，因此不愿意贷款给小户林农。现阶段很多地方金融机构在贯彻执行国家林权抵押贷款政策时有一个很明确的"潜规则"，就是只做大宗的林权抵押贷款业务。本研究显示，各地发放的林权抵押贷款中，有95%以上是针对林地承包经营大户、林业专业合作社和林业企业等新型林业经营主体。至于普通农户申请贷款的比例不足5%。

与此同时，林权抵押贷款本身存在的问题也使大部分林农没有兴趣参与小额林权抵押贷款制度实施。一方面，由于一般的林权抵押贷款的期限太短，仅为1—3年，这点与林木生长的长周期不相适应；另一方面，林权抵押贷款利率较高，加上评估费、担保费等其他成本支出，使得林权抵押贷款的总体融资成本居高不下，挫伤了林地经营者办理林权抵押贷款的积极性。虽然国家有出台林权抵押贷款财政贴息政策，但这项政策在具体实施过程中却存在信息不对称和覆盖面过小的问题，真正受益的也往往是林地经营大户和林业企业。后者作为专业的林地经营者，他们有更多的精力和渠道获取国家相关的惠林利林政策信息，而普通的林农因为经营的林地规模小，对类似政策不太关心。

有意思的是，集体林改与其说是"分山到户"，还不如说是促进林地的规模化和集约化经营。本研究课题组在江西省兴国县调查发现，集体林改实施后，拿到林权证的林农更愿意把自己的林地出租给外来投资者造林，而自己要不外出务工，要不经营农地。林改之后，由于经营林地成为有利可图的新兴产业，一些长期从事林业管理和木材经营的企业或者个人利用自身了解国家政策以及掌握市场行情的优势，首先介入林地的规模化集约化经营。尤其是有一些林业管理部门工作人员利用自身掌握国家林改政策的优势，和外来的投资者达成联盟，共同到农村规模化地承包和经营林地。这些人就构成所谓的新型林业经营主体。

例如，在江西省兴国县某乡镇就出现了这种情况。林改之后，几乎所有的村庄都出现了林农承包的林地向大户或者企业流转的趋势。这点和林改前林地经营长期维持细碎化经营形成了鲜明的对比。毕竟在林木生产长期维持高税费和垄断经营的局面下，林木经营主要由国有资本垄断，其他资本很难介入。而集体林改后，一般的小户林农更愿意把林地流转给别的业主经营。[①] 事实上，江西省参与林权抵押贷款的林业经营者大部分是林业大户。小户林农对林业金融支持制度改革的参与寥寥无几。不过，在被调查的4个省份中，浙江省林权抵押贷款的受益主体有相当部分是小户林农。但即便如此，他们也多半是以民间的联户"组团"的方式参与到林业金融支持制度改革实践中。

站在更高的角度看，林业金融支持制度改革实践客观上增强了林地规模经营主体与村集体、农户的市场博弈力量，加上他们在信息、资本、权力等方面享有的不对称优势，加剧了林地经营市场的不平等竞争，使得原本处于弱势的普通林农的市场处境变得更加弱势。从林权抵押贷款政策的实际执行效果特别是社会效应来看，这项政策对于解决小户林农资金短缺问题助益不多，但是对于增强林地经营大户、专业合作社（一般也是控制在少部分规模经营主体手中）、林业企业等规模经营主体的市场融资能

[①] 不过，兴国县或许算是一个特例，因为当地的"红土"土壤贫瘠，水土流失严重，因此在林农看来，投资林地特别是种植南方常见的杉、松树木生长缓慢，没有太大的经济价值。即使是外来投资者，他们也以大力发展油茶种植业为主。

力却可以发挥至关重要的作用。后者通过林权抵押贷款获得更多的资金支持，从而强化其市场竞争力。对于规模经营主体而言，他们因占有大量山林，如果能够将山上的山林资源变现为林业资本，则有很大的市场价值。而如果站在饱受市场资本排斥的普通林农而言，林权抵押贷款政策实际上使得小户林农的处境变得更为微妙和脆弱。特别是在林地大规模流转拍卖的市场竞争中，掌握了雄厚资本的规模经营主体能够轻易地击败小户林农分散的资本，并导致林农的"失山失地"。这点在福建、江西等集体林改先行区已经暴露无遗，并可能引发林农的广泛抗争（朱冬亮、程玥，2009b）。

2. 林业金融支持制度实施中林权权利处置难

本研究表明，抵押的林权主体混乱导致抵押林权权利处置难是林业金融支持制度实施中面临的一个深层次问题。林业金融支持制度改革的基点是把林地经营者承包经营的林业资源转换为林业资产，然后通过林权抵押贷款使其转换为林业资金，进而进一步转换为林业资本。但是和其他资产权相比，林权的权能具有难以分割甚至无法分割的特殊性。广义上的林权包括林地所有权、林地使用权、林木所有权、林木使用权、林产品权、采伐权、景观权、品种权、补偿权与继承权等，而能够抵押的林权则只含林地使用权、林木所有权与林木使用权。银行金融部门在如何处理被抵押的"三权"与其他林权之间的矛盾，这点在技术上始终是一个难题（林苇等，2008）。实际上，按照现行的森林资源资产评估制度设计，林业业主能够抵押的林权实际上只是林地上附着的山林林木资产，评估部门评估的也是这部分资产的市场价值。至于林地所有权依然属于村集体所有，不可能进行抵押，而林地的承包权也仍然归林地承包者所有，也难以抵押。由于金融部门对林权抵押物享有权利不完整，对抵押物的处置权仍受到很大限制，难以实现抵押权的真实性，这点被认为违反了担保物权制度的基本原理。[①]

[①] 如云南省景洪市制定的《景洪市林权抵押贷款管理办法》规定，可依法用于贷款抵押的森林资源资产为国有、集体、个人人工商品林及农用地人工林木的林地使用权、林木的所有权、林木使用权。具体为属于人工商品林的用材林、经济林、薪炭林的林木所有权、使用权和林地使用权；采伐迹地、火烧迹地的林地使用权；国务院规定的其他森林、林木所有权、使用权和林地使用权，以及农用地上种植的人工林木。《管理办法》同时规定，森林资源资产抵押时，其林地使用权同时抵押，但不得改变林地的属性和用途，抵押期限不得超过林权证规定的林地使用期截止期限。

在实际运作过程中，有的经营者通过林权流转从小户林农手中获得大面积的林地经营权，但经营者自身并没有获得完全授权的林权证，而出让林地承包经营权的小户林农仍然手持原始的林权证，并持有林地承包权，只是在林权证的"备注"栏目中注明宗地的流转情况。这样就出现了"一山二主"的情况。一旦受让林地的经营方以自己所流转的林权为抵押去申请贷款，在法律上将会面临一些困境。

即使将违约林地经营者的抵押山林拍卖，作为与借贷农户生活在同一地域的熟人，碍于村庄人际关系或舆论压力也难以接手，而村庄场域之外的外地人接手被拍卖山林则显得更为困难。例如，在福建、江西等省份的林地流转条例都明确规定，一旦山林存在产权争议，那么林业主管部门将作出一系列的限制，包括禁止存有争议山林流转，同时也禁止采伐。即使是林权抵押者无力偿还贷款，那么金融部门在申请拍卖所抵押的山林时，其潜在的"买主"也会对此心存顾虑。这也是为什么很多林权纠纷久拖不决甚至能够延续数十年的原因之一。为防范抵押期间的林木采伐风险，林业部门和金融部门尽管通过林权抵押登记、林权证交由抵押权人保管、采伐指标限制等方式来限制抵押人行为，但仍无法完全应对借贷农户通过其他如转让、偷砍、减少投入等非正当方式来变相实现林权价值。针对这点，虽然福建省已经开始全面尝试推进实施林木储备制度，但其真正实施效力仍有待进一步检验。

正如 2013 年 12 月政协全国委员会经济委员会在浙江省调研中发现的，目前我国林业金融发展中普遍存在抵押林权处置难问题。事实上，许多县市未建立林权收储中心，林地和林木资产流转市场尚未充分发展，监督管理机构和风险保障机制不健全，导致林地流转经营权处置变现存在不少困难，也增加了金融机构发放办理林权抵押贷款的顾虑。由于全国大部分地方仍缺少相应的林权资产收储担保机构，金融机构自身处置抵押资产需办理砍伐指标、拍卖、变卖、诉讼等一系列手续，耗时费力。相关法律法规对处置抵押的山林规定严格，申请手续复杂，也造成坏账资产处置难。

另外，由于林地除了具有经济效益之外，还有重要的生态效益，从这个角度来看，林地具有经济产权和生态产权属性，因此在实践中，这两种产权属性如果处置不当，可能会存在相互冲突和相互侵蚀的可能性（朱冬亮，2013）。本研究发现，在当前建设"美丽中国"、"美丽乡村"的新形势下,很多地方政府都已经提出建设"森林省"、"森林城市"、"森林县城"之类的目标,为此,地方政府就可能随意采取行政方式把原本属于商品林、人工林的山林转换为生态公益林,其结果是把山林的经济产权属性改为生态产权属性。而政府却没有对林地承包经营者此前的投入进行合理的补偿。这样不仅损害了林地承包经营者的利益,而且如果有的山林此前已经被抵押给银行贷款,那么后续问题的处理也是一大难事。①

3. 林业金融支持制度各部门信任机制缺失

林业金融支持制度实施是一个复杂的系统工程,涉及森林资源资产评估、担保、保险和抵押贷款等程序,自然也牵涉评估机构、担保机构、保险和银行金融机构等部门的相互配合与协调,而政府林业主管部门在其中也发挥至关重要的林权登记和监管职责。只有这些相关部门密切协作,并建立足够的制度性的信任机制,林业金融支持制度实施才能够顺利推进并取得成效。然而,在实际操作中,正如本研究所分析指出的,由于林业金融支持制度尚未完善和建立健全,致使相关部门缺乏足够的信任。而这点是影响林业金融支持制度实施的另一个主要问题所在。

作为官方的林业主管部门,县(市)林业局在林业金融支持制度实施中的主要职责是负责山林的抵押登记,其另外一层意思就是以自己的"官方"身份,提供一种类似于林权"政府担保"或"林权信托"的作用。即林业管理部门有责任对被抵押的山林实行看护式的监管,主要是禁止抵押人办理林木砍伐手续,除非抵押人已经还清银行的抵押贷款。由此可以看出,林业局在林业金融支持制度实施过程中主要是发挥自身的林权管理职责,提供的是公共服务,并无别的利益牵涉。但林业主管部门却因此要投入大量资金、人员来参与和协调相关事务,这在林业工作人员看来是非常吃力又不讨好的事情。至于森林资源资产评估、担保、森林保险和林权抵押贷款等涉及的相关部门则是完全的市场主体,它们介入林业金融支持制度实施,完全是为了追求经济利益。这种目标追求和政府林业主管理部门的工作职责有本质的差别。

另外,对于林业主管部门而言,如果说它们有自己的部门"私利"

---

① 值得一提的是,2015年开始,福建省开始在永春、沙县等7个县(市)开展生态公益林赎买试点,并取得了一定的进展。

考虑的话，唯一的条件就是要求林地承包经营者必须把林权抵押获得的贷款资金用于林业生产相关领域，但是这点恰恰是各地林业金融支持制度实施中被广为诟病的一个举措。因为如果从盘活森林资源的角度看，林地经营者的山林资源本来就应该转变为一种财产性收入，并允许他们随意投资，包括允许他们用于生活消费，这才是林业金融支持制度改革的本意。

实际上，我们在调查中发现，总体而言，林业金融支持制度实施成效较好的县（市），往往是林业部门利益涉入较多的地方。而林业部门如果纯粹提供"公益服务"的地方，林业金融支持制度实践效力反而受限。这点看似有悖常理。实际上，林业主管部门在提供林业金融支持制度服务时之所以可能涉及自己的部门利益，与一个很重要的客观条件有关。正如本研究一再强调指出的，由于林业金融支持制度是一个新生事物，包括森林资源资产评估、担保在内的社会化中介服务机构及相关的人才都严重缺乏，在不得已的情况下，只好利用林业主管部门现有的技术力量和人员来开展相关业务。这样反过来就给林业主管部门介入森林资源资产评估、担保等相关业务提供了一个制度空间。尽管林业主管部门提供的这类有偿服务被认为超越了其职权范围，但客观上的确也有利于林业金融支持制度顺利实施。

即便如此，当前我国一般的县（市）只有一家具有"丙级"资质的评估机构（只能评估100万元以下的标的），其中有的县（市）甚至没有专业评估资质，而更高等级资质的评估机构一般是集中在林业院校或者省城。至于林木资产的专业评估师，则更是缺乏。实际上，很多县（市）的森林资源资产评估是由林业局下属的林业调查规划设计队之类的机构来承担，其从业人员只有简单的工作经验积累，他们基本没有经过专业的培训，自然也没有从业资质，他们是凭自己的经验开展工作。更为重要的是，林业部门的评估机构实际上是集"裁判员"和"运动员"于一身，自然林木资产评估的规范性、客观性和科学性都难以保证。

正是由于各自所持立场的差异，使得参与林业金融支持制度实施中的各方利益主体在实践中缺乏应有的信任。站在银行金融部门的角度来看，它们办理发放林权抵押贷款，也确实存在一些难以预料和掌控的借贷成本与风险。除了抵押山林处置难之外，它们无法确认森林资源资产评估机构出具的林业资产评估报告是否准确客观，也无法确定保险公司是否能够提供充分的森林保险。正如2013年12月政协全国委员会经济委员会在浙江省的调研报告中所反映的,目前浙江省存在林权抵押价值评估难问题。包括两个方面:一是价值评估不充分。用于抵押的林权实质上包括林地承包使用权和林木所有权,而目前林权抵押价值评估仅以山上的林木来判定价值,并未涉及林地承包使用权价值,其林权评估价值大大降低。二是缺乏统一的评估标准。目前没有统一的、权威性的林权行业评估标准,林权抵押评估中的人为因素较突出。三是评估费用也相对偏高。如目前浙江林权评估费率一般为 3‰—5‰,增加了林地经营者的负担。[①] 有的银行机构为了规避风险,还把贷款的额度降低。如在江西省铜鼓县、崇义县,早期办理的林权抵押贷款额度仅是资产评估价值的 10%—50%,明显偏低。

林权抵押贷款作为一种新生金融服务模式,银行机构并无成熟的管理制度或实施程序,不得不设定繁琐复杂、效率较低的办事章程,增加相应的职位来防范其风险,这样就不仅增加了银行自身的运营成本,也增加了各方的交易和摩擦成本。特别是对于普通的小户林农而言,小额林权抵押贷款业务手续繁琐成本却居高不下,因此和便捷的农村小额信用贷款相比,几乎毫无竞争优势可言。这点是各地申请林权小额抵押贷款的小户林农少之又少的一个重要原因。

本研究显示,目前各地从事林权抵押贷款的金融机构数量也偏少。尤其是大型商业银行开展林权抵押贷款的积极性不高。由于林农贷款主体分散、经营规模小、单笔融资额小、营林周期长,导致大型商业银行参与性不高。各地参与林业金融支持制度实施的主要以农村信用社和地方性的商业银行为主,个别县市的中国农业发展银行、中国农业银行和中国邮政储蓄银行分支机构也有开展少量的相关业务。大型银行机构之所以不愿意开展该项业务,主要是因为它们认为风险高、手续复杂以及抵押的林权资产处置难。尤其是来自评估部门存在的漏洞产生了较高的风险让它们心存疑虑。而评估环节的薄弱导致银行与林业部门或林业经营主体之间很难建立起足够的相互信任机制。另外,在很多地方,由于开展林权抵押贷款的主体主要是农村信用社等农村金融机构,导致行业竞争不充分,由此也使得贷款的利率偏高。如在 2008 年之前,江西省崇义县有开展此项贷款业务的仅农信社一家。而在江西省铅山县,截至 2010 年,该县甚至还没有开

---

① 参见 2013 年 12 月政协全国委员会经济委员会:《关于林权流转和林业金融专题调研的报告》。

展相关业务，原因是当地金融机构认为林权抵押风险太高，以致没有任何一家金融机构愿意开展此项业务。

作为森林保险部门而言，目前承担这项业务的都是国有的人保财险公司。客观而言，这种保险模式缺乏应有的市场竞争，也是属于一种保险市场垄断。加上目前的森林保险基本上都是带有很强公益性质的政策性森林保险，但保险机构毕竟是市场主体，追求经济利益是它们的主要目标。政策性森林保险在执行中有两个明显特征，一是政府补贴全部或者部分保费；二是缴纳的保费低，赔偿额度也较低。这些都决定了保险公司提供的政策性森林保险服务在执行中会大打折扣。本研究课题组实地调查表明，各地保险公司利用自己的市场垄断地位优势，都存在应赔少赔甚至是应赔不赔的情况。如浙江龙泉市 2009 年应赔林木火灾损失 200 万元，但保险部门以各种理由为推脱，实际只赔付了 100 万元。理赔不到位将使林木火灾保险无以为继，面临可持续发展问题。此外，很多地方的保险部门都设立了森林火灾险的免赔条款，对于原本经营面积就非常细碎化的小户林农而言，这种做法更是使得森林保险失去了其本来的"保险"意义。

客观而言，林业金融支持制度实施存在的问题与林地经营中可能出现的大自然灾害有很大的关系。森林资源资产是有生命力的生物资产，具有外部性，受自然气候条件的影响很大。比如 2008 年冬天的那场大冰冻灾害，使包括湖南、安徽、江西等省的林业普遍遭受重大损失；再有人为或非人为火灾因素等，使林权抵押贷款存在不可预测的风险。这也是很多金融机构不愿意开展林权抵押贷款的主要外部原因之一。[①]

鉴于上述种种原因，开展林权抵押贷款就面临一系列的风险了。除此之外，在林业金融支持制度实施过程中还存在另外一些人为的风险。如最可能出现的情况是金融部门和林业部门评估机构工作人员串通一气，以人为抬高森林资源和林木资产评估标的的方式，然后再通过抵押贷款骗取国家的金融资产。也有的地方会出现林地承包经营者和银行金融部门串通，或者是政府林业主管部门工作人员监管工作疏漏抑或是故意与林地承包经营者勾结，没有很好地履行林权抵押登记监管职责，致使有的林地承包经

---

① 不过，相比其他资产，森林资源一般处于生长状态，林木蓄积量逐年自然生长增加，由此也带来资产增值。

营者用林权证多次抵押，骗取国家信贷资金。一旦出现这些情况，将可能导致国有资产的重大流失（朱冬亮、蔡惠花，2013a）。事实上，包括湖南省靖州县、福建将乐县等地都出现了这样或者那样的骗贷或者套取国家金融资金的反面案例。另外，有的地方就有极个别的规模经营主体利用既有政策漏洞，多次抵押同样的山林，套取骗取更多的银行资金，用于风险性投资。如福建顺昌县的一些所谓的林业专业合作社实际上在从事非法吸储及放高利贷业务。而在江西婺源县高枧村，当地信用社贷款利率相对更低，月利率只有六七厘，而转借给别人的月利率平均是一分二。有的精明的业主就以林权抵押贷款获得的资金投资于民间借贷市场，以赚取差价。[①] 这也是为什么全国大部分地方不得已明确规定林权抵押贷款资金只能投资于林业生产领域的一个重要原因。

4. 林业金融支持制度改革与政策设计存在悖论

实施林业金融支持制度改革，目的是增加林农的林业财产性收入。不过，在具体实践中，这种改革初衷和政策设计存在着多重悖论。首先，前文的分析表明，无论是从林业金融支持制度的顶层政策设计还是从地方的具体实践来看，大都要求林地承包经营者在获取林权抵押贷款资金后，必须用之于林地经营和林业生产，否则不能申请政府的财政贴息，甚至不予以发放贷款。2009 年国家财政部、林业局联合下发的《林业贷款中央财政贴息资金管理办法》第四条明文规定，只对四种情况给予贷款财政贴息：（1）林业龙头企业以公司带基地、基地连农户的经营形式，立足于当地林业资源开发、带动林区、沙区经济发展的种植业、养殖业以及林产品加工业贷款项目；（2）各类经济实体营造的工业原料林、木本油料经济林以及有利于改善沙区、石漠化地区生态环境的种植业贷款项目；（3）国有林场（苗圃）、集体林场（苗圃）、国有森工企业为保护森林资源，缓解经济压力开展的多种经营贷款项目，以及自然保护区和森林公园开展的森林生态旅游项目；（4）农户和林业职工个人从事的营造林、林业资源开发和林产品加工贷款项目。根据该管理办法，目前全国绝大部分都规定，获得林权抵押贷款的林农和其他经营者，必须把这部分资金用于与林业生产

---

① 按照国家相关政策规定，符合条件的林地经营者可申请政府财政贴息（年贴息为 3% 左右）。在婺源县，扣除贴息部分，经营者以林权抵押贷款获得资金的年利率平均只有 7% 左右。

相关领域。①

然而，换一个角度看，这点显然有违林业资产化改革的初衷。现行的林业金融支持制度安排只是把林农承包的山林资源变成了林业资本，但却没有使之进一步转换为林业资产。这样就在很大程度上背离了集体林改的初衷。对于林地经营者尤其是对林农而言，通过林权抵押贷款以获取消费性资金是他们参与林业金融支持制度实施的主要目的（程玥、朱冬亮，2012）。如果不能达成这个目标，那么对他们中的很大一部分人而言，林业金融支持制度改革就没有太大的意义。毕竟，对于小户林农而言，林地经营具有十几二十几年甚至数十年的长周期性，如果他们只能以砍伐林木的形式获取一次性收益，却必须以这么长的经营投入为代价，这是非常不划算的生计。林业金融支持制度改革的本意是为了把他们承包经营的山林资源转换为森林资产，并且能够随时兑现为财产性的资本和现金收益。很显然，已有的林业金融支持制度设计必须放开甚至取消对林地经营者所获得的林权抵押贷款资金用途限制。我们认为，除非是贷款贴息，否则可以尝试全面放开对林权抵押贷款资金的用途限制。②

---

① 如云南省大理市南涧县明确规定，政府政策贴息的对象必须是林农，且贷款必须用于林农种植业，林农林业小额贴息贷款，贴息贷款最高额为30万元，年利率每年国家给予5%贴息，银行利率是8%，林农实际贷款利率为3%—4%。据了解，整个大理市只有9800万元的贴息指标，2010年南涧县分了2000万元。而在浙江庆元县也明确规定，如果不是用于林业生产用途，就不能享受国家贷款贴息。

② 在这点上，海南省白沙县的做法值得借鉴。按照该县制定的《林权抵押农村住房贷款管理暂行办法》的规定，凡白沙农民都可以利用林权证到银行抵押贷款，贷款的发放采取"大海卡"的绑定模式，采用"一次核定、随用随贷、余额控制、周转使用"的办法发放贷款。经审核符合贷款条件的，借款人与贷款行作出森林资源资产评估的一致意见，签订（林权）抵押担保借款合同，向县林业部门申请办理抵押登记手续后即可放贷。贷款资金除了用于发展林业生产之外，更主要用于民房改造。该县的做法在更广义上激活了林业资产化效益。这个县规定，林权抵押贷款年利率为7%，其中：政府贴息3.5%，农户自己承担3.5%。农户可将林权证抵押给白沙农村合作银行办理5年期的授信贷款，农户什么时候需要资金，随时都可以借，使老百姓的林权证变成了"活期存折"。目前，全县已有239户林农办理林权贷款业务，林权证抵押贷款额达1198.47万元。以该县牙叉镇坡类村为例，这个村在创建文明生态村的过程中，全村44户村民用林权证抵押贷款136万元，进行危房改造，目前，村民都住上了宽敞明亮的新房。如村民符某一家4口人，劳动力2人，全家住在60平方米的土瓦房内。林改后用林权证抵押贷款4万元，建起了105平方米宽敞明亮的平顶房。金波乡金波老村村民刘某想买一辆卡车跑运输，但一直苦于资金不够，自推行林权证抵押贷款后，他马上把自家种植的10亩橡胶作抵押，贷款5万元买了一辆卡车搞个体运输。

其次，虽然参与林业金融支持制度实施中的有关各方表面上有共同的目标追求，但是在具体利益诉求方面却有很大的差异，而且在实践中很难完全整合到一起。这其中表现最明显的是政府的政策性取向与金融保险部门的市场性取向冲突。积极推进林业金融支持制度改革是深化集体林改的一项重要制度变革保障。由于林权抵押贷款被定位为一项惠农政策，在具体实施过程中强调公益性，但是这种取向和银行金融部门本质上追求利益性的市场化取向会发生冲突。后者出于获取市场盈利的目的而开展林权抵押贷款业务，如果面临的市场风险太大或者不可控，它们就不愿意开展此项业务。

而在森林保险中也存在类似的悖论现象。开展森林保险是林业金融支持制度的主要组成部分。和林权抵押贷款相比，作为一种政策性保险，森林保险的"惠农性"和"公共性"显得更加突出。其中生态公益林保险全部由政府公共财政"埋单"。林农不需要支付这笔保险金，体现了生态公益林的公益性质。至于商品林保险，各级政府也实行补助，平均补助金额占总保费的50%以上。不过，这种补助是基于当前缴纳保费处于低水平的基础上的，而保费太低又会严重影响保险机构参与的积极性。调查显示，即使是不同地方的保费缴纳比例低至每亩每年只有几毛钱，但这笔费用也可能会成为贫困地区地方政府财政的负担，并直接导致森林保险的可持续实施问题。

事实上，如果从更深层次的角度分析，可以发现，林业金融支持制度能否顺利实施与集体林权改革中涉及的一些复杂的产权治理及林地经营的多重属性密切关联。和别的行业相比，林业金融支持制度实施受到林地经营的特殊属性、林地产权治理等诸多因素的影响。从客观的角度看，林地经营具有长周期性特征，而林权中又包含经济产权属性（强调林地经营的经济产出）、社会产权属性（强调集体林地承包经营权必须在村庄社区内公平配置）和生态产权属性（凸显林地经营中的生态效益产出）等复合产权权能，在林权制度实施中难免会出现不同的林权权能相互侵蚀甚至引发林权纠纷的情形（朱冬亮，2013）。作为集体林改配套改革举措的林业金融支持制度改革，其本意是从增加林地的经济产出为目标，一旦这种目标追求和林地经营的社会属性和生态属性发生矛盾和冲突，则林地经营的经济属性将可能会被侵蚀。如此一来，就会对既定的林业金融支持制度安排构成一种逆向作用。如果集体林权治理中不能在林地经营的经济属性、社会属性和生态属性之间达成一种可持续发展的平衡，则林业金融支持制度的发展也势必受到影响。

讨 论

从本研究中可以看出，作为集体林改主体阶段改革完成后的一项重要的配套深化改革举措，林业金融支持制度改革在过去的十年中取得了明显的发展，但是如今这项改革举措也面临许多的问题，这说明在集体林改制度实施过程中，已有制度供给和制度需求之间存在明显的制度供给不足。而要解决已有制度供给不足问题，必须增加制度供给，而这点只能通过进一步深化集体林改甚至是通过推进集体林业综合改革来加以解决。集体林改中的金融支持制度设计是一个带有经济性、社会性和生态性等多重意义的议题，如何兼顾这三者之间的平衡关系，是已有制度设计中较难把握的关键所在。

由于林业金融支持制度改革是近年来才出现的新生事物，相关的配套服务体系远没有建立健全，这点是阻碍林业金融支持制度顺利开展的一大瓶颈。推进林业金融支持制度改革，关键是如何构建可信的制度执行体制机制。由于目前林业金融支持制度实施中的各市场行动主体之间没有建立起足够的信任机制，导致不少地方的金融机构在参与林业金融支持制度实施过程中采取"观望"的态度。银行金融机构由于没有足够的信任，不愿开展林权抵押贷款业务，这样反过来又影响林业金融支持制度的有效实施和林业经营者的参与积极性。金融部门的信任缺失问题主要包括：无法信任评估机构；林业灾害险政策实施的不连续性导致抵押物风险不可控；金融机构与林业部门之间也没有建立起相互监督或信任的机制。当然，缺乏第三方担保机构进行担保，也是导致金融机构不愿涉入林权抵押贷款的重要原因。总之，包括银行、保险机构、担保机构、林业部门以及林业经营者在内的市场主体之间的不信任，都会影响到林业金融支持制度改革的正常实施。

而要建立可信的制度实施机制，需要林业管理部门、银行和保险部门、担保机构以及森林资源资产评估中介机构的紧密衔接与配合。一旦哪个环节衔接不上，就可能影响整个林业金融支持制度的健康运作。归纳而言，当前要进一步推进和完善林业金融支持制度和政策实施，提升集体林权制度的改革绩效，关键是要相关部门之间建立一整套制度性的信任机制。而要达成这个目标，又需要一系列的外围制度的建设和完善来予以保障，以提升林地经营的经济、社会和生态附加值。针对已有林业金融支持制度实施中存在的主要问题，本研究提出如下尝试性的对策建议：

（1）建立健全林业金融支持制度建设的相关法律法规体系。其中最主要的是与《物权法》相衔接，制定《森林流转条例》，修订出台林权登记管理和森林资源资产抵押、评估、产权交易的法律法规和政策。尽早制定颁布全国统一的《森林资源资产评估管理办法》，指导集体林改配套改革，增强可操作性。只有建立更为完善的法律法规，才能使得林业金融支持制度在实施过程中有法可依。例如，针对目前森林资源资产评估中存在的标准缺失问题，要在宏观层面上规范森林资源资产评估标准，因地制宜完善林权价值评估机制。为此，应研究建立规范的森林资源资产评估技术标准，解决因标准不同而造成的价格相差悬殊、收费不一等问题。同时聘请专业机构和人员进行林权抵押评估，适用于林业规模化、产业化发展地区需求。具体而言，各省应有2—3个甲级资质的评估单位，地级市（州）则应有乙级资质的评估单位，县级应有丙级评估单位和若干丁级评估单位，形成覆盖全省的评估网络。另外，还应加强评估技术人员培养。既要培养出一批注册森林资源资产评估师，也要培养出大批评估员。

（2）深化林业金融改革，创新林业金融服务形式。第一，要创新林业金融产品和服务，积极培育新的承贷主体，通过政府购买服务、银林合作，支持和引导新型农村经营主体组建资金互助社，为社员提供"林贷通"等金融服务。第二，探索建立林业银行，支持组建林业小额贷款公司，积极多渠道争取世界银行贷款项目。同时因地制宜地探索包括林权直接抵押贷款、林农联保贷款、"信用社+专业合作社+社员+基金"林业贷款等多种贷款形式。第三，探索开展林地经营权抵押贷款。第四，发挥林业产权交易所在融资担保服务、融资交易服务和林业优质企业融资孵化服务中的作用，搭建林权抵押贷款平台、仓储融资平台、在线融资平台，并建立和完善林权资产收储和交易平台。第五，推进碳汇林业发展。积极研究碳汇林业市场机制、碳交易管理政策及相关规则，培育森林生态服务交易市场，建立完善森林碳汇计量、监测和评估体系，将林业碳汇交易纳入碳排放交易试点，发动企业和个人参与碳汇造林项目。

（3）建立林权抵押登记的"担保"机制。针对抵押林权处置难的问题，必须切实建立更为有效的机制，并鼓励各地大胆尝试，以解除银行金融部门对发放林权抵押贷款的后顾之忧。目前各地都在进行创新和尝试。如福建省在推广政府主导的林木收储制度建设，而浙江省龙泉市则在探索林地所有权、承包权和经营权"三权分置"的前提下，尝试实行林地经营权流转证制度。[①] 后者的具体做法是：将林地承包权和经营权分离，对符合条件的经营主体赋予林权流入债权凭证——《林地经营权流转证》，在其中注明承包权利人，而林地承包权仍由林农掌握。这样既能防止林农"失山失地"，又赋予了林地实际经营人在权属证明、林权抵押、采伐审批等方面的法律权益。[②] 同时，浙江省准备积极尝试推进不良贷款抵押林权在农民专业合作社、互助互保组织、村民之间依约回购、流转。赋予同等条件下不良贷款抵押林木处置优先采伐权。另外，浙江省还准备支持组建国有控股林业担保公司、农民互助担保组织，鼓励和推动民间各类担保机构开展林业贷款担保业务。包括推进林权抵押小额贷款保证保险，健全林业信用体系，提升林权抵押登记服务水平，加强对林业金融市场的指导和监管。[③] 类似这样的地方性改革实践经验，如果获得成功，可以在全国范围内进行借鉴和推广。

（4）提高森林保险政策的实施效益。针对当前政策性森林保险实施中存在的低保费、低赔偿、保险种类单一及行业垄断性等问题，建议在大幅度提高保费缴交比例的同时，大幅度提高赔偿比例。目前，综合林业管理部门、林地承包经营者和森林保险公司的反馈意见，他们认为每亩山林的每年的保费应该提高至5元，相应地每亩林地的最高赔偿额应提升至

---

① 为推动林权更好更快流转，浙江龙泉市创造性地试行了林地经营权流转证制度。在全国率先出台并实施了《林地经营权流转证管理办法（实行）》，试图解决林权流转受让方的权证办理问题。

② 参见2013年12月政协全国委员会经济委员会《关于林权流转和林业金融专题调研的报告》。

③ 参见《中共浙江省委、浙江省人民政府关于加快推进林业改革发展全面实施五年绿化平原水乡十年建成森林浙江的意见》（浙委发〔2014〕26号文件，2014年10月10日）。

1500元以上,同时把各地的免赔条款从现行的10亩降至5亩以下。同时扩大森林保险品种,大力推进政策性林木综合保险,并尝试引入森林商业保险机制,打破目前森林保险的行业垄断地位,并鼓励提高森林保险的组织化规模化水平,实行村庄联保、合作社联保、林场联保、地方政府统一组织联保等组织形式,想方设法提高普通林农的保险参与率。与此同时,正如有的研究者注意到,我国森林保险费率具有区域差异。其中对省级层面的森林火灾实证研究发现,森林火灾保险的年预期受灾率从最高到较低的省份分别是黑龙江、内蒙古、福建、湖南、浙江等省、自治区(冷慧卿、王珺,2011)。针对这点,我们建议,应对近年来各省的森林保险的保费收缴和赔偿情形进行系统的对比分析,弄清各省的森林火灾受害风险的省际差异明显情况,来确定我国森林火灾保险所征收的差别费率,实现费率水平与风险水平的对等。具体可以采取以奖代补的形式,激励各省采取切实举措降低各类森林火灾和其他灾害的发生概率。实践证明,森林火灾发生率与当地社会各界对火灾的防范程度有很大关系。

(5)继续深化和完善集体林权改革,为林业金融支持制度实施创造更好的外部环境。要加强集体林权治理,提高林地经营的规模化、集约化经营水平,建立可持续的林地流转经营机制,在实现林地经营利益最大化的同时,让林农、村集体和林地经营者能够从林地承包经营中实现多方共赢。集体林改中确权到户之后,接下来面临的首要问题是如何在此基础上提高林地经营的组织化规模化集约化经营水平。从各地的实践来看,关键还在于如何培育新型林业经营主体,包括组建林业专业合作社、家庭林场、林业股份合作社等都是可以尝试的形式。在探索"三权"分置时,关键在于建立一种均衡且可持续的利益共享分配机制,让林改的"红利"能够得到公平公正的分配。事实上,在集体林改实施前后,类似的因林地流转造成的社会效用不足而引发的大规模林权纠纷现象在近年来已有大量案例呈现。

例如,在前文提到的福建将乐县,由于集体林改中市场化改革取得了突破性进展,包括国家大幅度降低林业税费、放开林木交易市场、实施林权抵押贷款等多项惠林利林政策,其结果是导致山场及林木大幅度升值。由此引发的一个直接后果是很多地方的村民对集体林改前的林地林木流转合同约定的利益分配机制感到不满。他们纷纷要求推翻此前的合同,结果引发了大量的群体性事件。究其根本原因，还是在于国家政策的变化改变了有关各方对林地林木的经营和价值预期，而山林流转的各方当初在合同约定并没有考虑到这个因素（朱冬亮、程玥，2009b）。在接下来的集体林权治理过程中，应该尽力避免类似的情形发生。

（6）提供全方位的林业公共财政支持制度。实践表明，提升包括林农在内的各类新型林地经营主体自身进行集体行动的能力也十分重要。对于国家和地方政府而言，正如阿玛蒂亚·森所指出的，政府应该以人们能力的提升和发展为最高目标，并视之为是达成经济增长的主要手段（Evans，2005）。当前情况下，各级政府应该在林业经济增长领域扮演发展型政府的角色，将目标和手段定位在对林农群体社会技能的提升。为此，政府应该以培育新型林业经营主体，提升其社会技能为目标。除了继续对森林保险实施保费补贴之外，各级政府应该仿效农业治理转型做法，逐步建立"反哺型"的林业治理体制和机制。包括以项目制的形式，加大对林间道路、林业基地等林业基础设施建设的财政项目资金扶持和投入；加大对各类林业专业合作社和各类新型林业经营主体的扶持支持力度；继续降低甚至取消某些不合理的林业税费；提高生态公益林补偿标准；加强林业科技扶持和投入等。只有这样，才能提升林地经营的经济绩效，进而吸引社会各方资本投资和经营林业。

（7）提高林业的社会化服务水平，并对其提供相应的金融制度支持。包括大力发展与林业金融支持制度实施直接密切相关的森林资源资产评估和担保机构。同时，针对林业经营中日益凸显的"老龄化"问题，扶持和建立专业化的林业营林队伍，如通过"合作社+农户"、"林场+农户"等多种组织形式，培育专业的林木种苗培育经营主体、组建专业的造林抚育、砍伐林木队伍，并使其与林木加工企业密切衔接，形成一个完整的林业生产经营产业链；仿效"农机下乡"补贴政策，实施"林机下乡"政策，提升林地经营的机械化、集约化经营水平；加强林业科技扶持和投入等。

通过深化集体林改或者推进集体林改综合改革，可以更好地提升林地经营效益，进而为林业金融支持制度实施创造更好的外部环境。对于参与林业金融支持制度的各方经营主体而言，只有大家都能从林地经营中获得并共享利益，自然也就为林业金融支持制度实施提供了最好的基础。

参考文献

1. 著作

郭艳芹：《集体林产权制度改革绩效分析——对福建省的实证研究》，中国农业科学技术出版社 2008 年版。

国家林业局：《中国林业统计年鉴 1999》，中国林业出版社 2000 年版。

国家林业局"集体林权制度改革监测"项目组：《2010 集体林权制度改革监测报告》，中国林业出版社 2012 年（a）版。

国家林业局"集体林权制度改革监测"项目组：《2011 集体林权制度改革监测报告》，中国林业出版社 2012 年（b）版。

国家林业局"集体林权制度改革监测"项目组：《2012 集体林权制度改革监测报告》，中国林业出版社 2013 年版。

贺雪峰：《地权的逻辑》，中国政府大学出版社 2010 年版。

林毅夫：《制度、技术与中国农业发展》，上海三联书店、上海人民出版社 1995 年版。

刘璨：《中国集体林制度与林业发展》，经济科学出版社 2008 年版。

马久杰、李歆：《林业投融资改革与金融创新》，中国人民大学出版社 2008 年版。

纽曼：《社会研究方法：定性和定量的取向》（第五版），郝大海译，中国人民大学出版社 2007 年版。

田治威、秦涛、潘焕学：《中国林业金融支持体系研究》，经济管理出版社 2009 年版。

詹姆斯·斯科特：《国家的视角：那些试图改善人类状况的项目是如

何失败的》，社会科学文献出版社 2011 年版。

张佩国：《地权分配·农家经济·村落社区——1900—1945 年的山东农村》，齐鲁书社 2000 年版。

中国集体林产权制度改革相关政策问题研究》课题组：《中国集体林产权制度改革研究进展》，经济学出版社 2011 年版。

周其仁：《产权与制度变迁：中国改革的经验研究》，社会科学文献出版社 2002 年版。

朱冬亮、贺东航：《新集体林权制度改革与农民利益表达：福建将乐县调查》，上海人民出版社 2010 年版。

祝列克、王爱民：《林业经济论》（第二版），中国林业出版社 2011 年版。

2. 论文

蔡为茂：《农村改革与农村治理结构重构——永安农村建设的探索》，《探索与争鸣》，2006 年第 1 期。

曹华政：《政策性金融支持林业中小企业融资的政策建议》，《林业经济》，2012 年第 11 期。

曾维忠、蔡昕：《借贷需求视角下的农户林权抵押贷款意愿分析——基于四川省宜宾市 364 个农户的调查》，《农业经济问题》，2011 年第 9 期。

陈玲芳、谢八妹：《交易成本视角下的林权抵押贷款惜贷现象分析》，《中国林业经济》，2010 年第 5 期。

陈绍志：《关于我国森林保险政策及运行机制的研究》，《林业经济》，2010 年第 11 期。

陈学群、戴广翠、文彩云：《浙江省森林保险的构想与框架》，《林业经济》，2009 年第 4 期。

陈永源、谢德海：《福建省南平市集体林权制度改革的实践与建议》，《林业经济问题》，2005 年第 5 期。

程玥：《新集体林权制度改革对村财收入影响分析》，《林业经济》，2010 年第 2 期。

程玥、朱冬亮：《本土知识视阈下的农民林权抵押贷款实践——以浙江省 Q 县 L 乡为例》,《林业经济》,2012 年第 8 期。

邓三龙:《关于政策性森林保险的几点思考》,《林业经济》,2010 年第 9 期。

范玲燕:《农户参与森林保险意愿分析——以福建省顺昌县为例》,《广东农业科学》,2012 年第 4 期。

冯祥锦、黄和亮、杨建州:《森林保险市场投保主体与行为差异性的理论分析》,《东南学术》,2012 年第 2 期。

冯旭芳:《贫困农户借贷特征及其影响因素分析——以世界银行某贫困项目监测区为例》,《中国农村观察》,2007 年第 3 期。

福建省林业厅:《2012 年福建林业经济运行情况及 2013 年工作重点》, http://www.fjforestry.gov.cn/InfoShow.aspx?InfoID=71503&InfoTypeID=5&LanMuType=244, 2013-01-07。

福建省林业厅:《产权市林业改革的核心——福建省集体林权制度改革基本情况介绍》(未出版资料),2006 年。

郭彬、陈永富、梅阳阳、郑庆林:《关于林权抵押贷款贷款期限的探讨》,《林业经济》,2011 年第 2 期。

国家林业局、中国银监会调研组:《完善林权抵押贷款工作的有关建议——基于云南省的调研》,《林业经济》,2013 年第 1 期。

国家林业局:《浙江省公布最新森林资源清查数据》, http://www.forestry.gov.cn/, 2010-12-24。

国家林业局:《浙江省林权抵押贷款规模突破 100 亿元》, http://bank.jrj.com.cn/2013/04/23084615250339.shtml, 2013-04-23。

韩国康:《浙江省森林资源资产抵押贷款研究》,《林业经济》,2010 年第 4 期。

韩立达、王静、李华:《中国林权抵押贷款制度中的问题及对策研究》,《林业经济》,2009 年第 3 期。

何安华、孔祥智:《林业专业合作社发展与林权抵押贷款担保——以浙江省丽水市创新竹木专业合作社为例》,《林业经济》,2009 年第 11 期。

贺东航、孔繁斌:《公共政策执行的中国经验》,《中国社会科学》,2011 年第 5 期。

贺东航、朱冬亮:《集体林权制度改革研究 30 年回顾》,《林业经济》，2010 年第 5—6 期。

贺东航、朱冬亮等：《集体林权制度改革 2013 年监测观察报告》，《林业经济》，2014 年第 4 期。

黄建兴、毛小荣、李扬：《浙江省林权抵押贷款案例研究》，《林业经济》，2009 年第 4 期。

黄建兴：《林权改革的核心是产权》，《林业经济》，2006 年第 6 期。

贾治邦：《中国林地面积居世界第一 沙化面积逐年缩小》，http：//www.022net.com/2013/3-7/444436172480502.html.2013-03-07。

贾治邦：《中国农村经营制度的又一重大变革——对集体林权制度改革的几点认识》，《求是》，2007 年第 17 期。

姜林、曾华锋：《林权抵押贷款的调查研究——以江西省崇义县为例》，《林业资源管理》，2009 年第 5 期。

孔凡斌：《集体林权制度改革绩效评价理论与实证研究——基于江西省 2484 户林农收入增长的视角》，《林业科学》，第 44 卷第 10 期。

孔繁斌、廖文梅：《集体林地细碎化、农户投入与林产品产出关系分析——基于中国 9 个省（区）2420 户农户调查数据》，《农林经济管理学报》，2014 年第 1 期。

雷加富：《集体林权制度改革是建设社会主义新农村的重要举措》，《东北林业大学学报》，2006 年第 3 期。

冷慧卿、马菁、陈学群、张升：《福建森林保险案例研究》，《林业经济》，2009 年第 4 期。

冷慧卿、王珺：《我国森林保险费率的区域差异化——省级层面的森林火灾实证研究》，《管理世界》，2011 年第 11 期。

李炳坤、叶兴庆：《以林权制度改革促进林业又快又好发展——福建深化集体林权制度改革取得明显成效》，《中国林业》，2006 年第 12 期。

李剑平：《当前影响林权抵押贷款制约因素及对策》，《浙江金融》，2007 年第 5 期。

李凯英：《林权抵押贷款：现状、问题、对策——辽宁省丹东市的实证分析》，《农村经济》，2009 年第 11 期。

李青松：《中国林权制度改革纪实》，《今日国土》，2007 年第 7 期。

李玉敏、毛倩倩、何玥：《森林保险有效需求的影响因素分析》，《林业经济》,2011 年第 8 期。

李彧挥、林雅敏、孔祥智：《基于 Cox 模型的农户对政策性森林保险支付意愿研究》,《湖南大学学报》(自然科学版),2013 年第 2 期。

李彧挥、王会超、陈诚、毕晓庆：《政策性森林保险补贴效率分析——基于湖南、福建、江西三省调研数据实证研究》,《经济问题探索》,2012 年第 7 期。

李彧挥、颜哲、韩爱桂：《成本收益视角下政策性森林保险供需分析——以福建省为例》,《林业经济》,2012 年第 8 期。

李珍、赵慧峰：《谈改进林权抵押贷款资产评估》,《财会月刊》,2011 年第 21 期。

廖文梅、彭泰中、曹建华：《农户参与森林保险意愿的实证分析——以江西为例》,《林业科学》,2011 年第 5 期。

林卿：《农村土地承包期再延长 30 年政策的实证分析与理论思考》,《中国农村经济》,1999 年第 3 期。

林雅秋、蔡诗钗、李建明：《福建省森林保险进展与建议》,《林业经济》,2009 年第 4 期。

刘璨、吕金芝、王礼权、林海燕：《集体林产权制度分析——安排、变迁与绩效》(续三),《林业经济》,2007 年第 2 期。

刘璨：《我国南方集体林区主要林业制度安排及绩效分析》,《管理世界》,2005 年第 9 期。

刘红梅、周小寒、王克让：《加快发展我国林业保险的研究》,《经济体制改革》,2007 年第 1 期。

刘家顺、张升：《关于江西省林权抵押贷款的调研报告》,《林业经济》,2009 年第 4 期。

刘士磊、潘焕学：《林农个体特征对信贷约束的影响分析》,《林业经济》,2011 年第 7 期。

刘世定：《公共选择过程中的公平：逻辑与运作》,载刘世定《占有、认知与人际关系》,华夏出版社 2003 年版。

刘世定：《科斯悖论和当事者对产权的认知》,《社会学研究》,1998 年第 2 期。

刘延安、刘芳：《我国集体林权抵押贷款相关问题研究——基于 2060

个样本农户访谈数据》,《林业经济》,2013年第6期。

吕月良、施季森、张志才:《福建集体林权制度改革的实践与思考》,《南京林业大学学报》,2005年第3期。

孟全省、邹润玲、郑慧婷、胡敏荣、明快、郝江龙:《影响林农参与林权抵押贷款意愿因素分析——以陕西省宁陕县为例》,《林业经济》,2011年第11期。

穆叶久:《金融机构支持林业发展的政策研究》,《绿色中国》,2004年第10期。

潘焕学、秦涛:《基于资本形成机制的林业金融体系构建路径》,《林业经济》,2009年第11期。

潘家坪、常继锋:《中国森林保险政府介入模式研究》,《生态经济》,2010年第3期。

蒲玥成、王磊、白雪、苏婷、罗枭、蒋远胜:《四川省林权抵押贷款模式及创新——基于四川省三个试点县的调查分析》,《林业资源管理》,2011年第5期。

钱振伟、华日新、彭博:《云南政策性森林火灾保险试点调查》,《保险研究》,2011年第9期。

乔永平、聂影、曾华锋:《集体林权制度改革研究综述》,《安徽农学通报》,2007年第8期。

秦国伟、罗龙兵、芦洁、卫夏青:《林改中农户参与林业保险的意愿研究——以江西省宜春市为例》,《林业经济问题》,2010年第2期。

秦涛、田治威、姚星期:《金融视角下林业投融资体系研究思路及框架设计》,《绿色财会》,2008年第11期(a)。

秦涛、田治威、潘焕学:《我国林业金融支持体系的战略框架构建路径》,《改革之窗》,2008年第9期(b)。

秦涛、田治威、潘焕学、李禹成:《我国林农信贷需求特征与信贷约束分析——基于福建、浙江、江西、广西四省区的林农调查数据》,《广东农业科学》,2012年第7期。

秦涛、田治威、潘焕学:《我国林权证抵押贷款模式与创新机制研究》,《绿色财会》,2010年第2期(a)。

秦涛、田治威、秦伟伟:《构建我国林业政策性金融支持体系的思考》,《郑州航空工业管理学院学报》,2010 年第 3 期（b）。

秦涛、田治威、潘焕学：《基于金融供给视角的林农信贷约束影响因素分析》,《江苏农业科学》,2013 年第 3 期。

秦涛、田治威、潘焕学：《林业金融的研究进展述评与分析框架》,《北京林业大学学报》（社会科学版）,2011 年第 3 期。

秦涛：《中国林业金融支持体系研究》,北京林业大学博士学位论文,2009 年。

裘菊、孙妍、李凌、徐晋涛：《林权改革对林地经营模式影响分析——福建林权改革调查报告》,《林业经济》,2007 年第 1 期。

全国农村固定观察点办公室：《当前农村土地承包经营管理的现状及问题》,《中国农村观察》,1998 年第 5 期。

申静、王汉生：《集体产权在中国乡村生活中的实践逻辑——社会学视角下的产权建构过程》,《社会学研究》,2005 年第 1 期。

石道金、许宇鹏、高鑫：《农户林权抵押贷款行为及影响因素分析——来自浙江丽水的样本农户数据》,《林业科学》,2011 年第 8 期。

汤晓文、徐信俭、朱介石：《关于浙江省林权抵押贷款的调研报告》,《林业经济》,2011 年第 10 期。

万千、秦涛、潘焕学、陈荆：《政策性森林保险的经济学分析——基于林农行为特点和政府作用的研究》,《林业经济》,2011 年第 12 期。

万千、秦涛、潘焕学：《农户参加政策性森林保险的影响因素分析——基于福建农户问卷调查的实证研究》,《东南学术》,2012 年第 3 期。

汪永红、石道金、祝锡萍、王天东：《论森林资源资产抵押贷款的理论特征和实践意义》,《林业经济问题》,2008 年第 2 期。

王华丽、陈建成：《政府支持与我国森林保险发展的经济学分析》,《经济问题》,2009 年第 10 期。

王华丽：《政府灾后救助对林农森林保险决策的影响分析》,《生态经济》,2010 年第 3 期。

王建红、冯彦明：《林业发展中金融创新模式研究》,《生态经济》,2010 年第 9 期。

王珺、冷慧卿：《中央财政森林保险保费补贴六省试点调研报告》,

《保险研究》, 2011 年第 2 期。

王晓红、田治威:《森林资源资产计价方法概述》,《林业财务与会计》, 2004 年第 8 期。

王新清:《集体林权制度改革绩效与配套改革问题》,《林业经济》, 2006 年第 6 期。

王艳花、韩伟:《中国林业投入资金利用效率研究——基于 Dea - Malmquist 指数》,《林业经济》, 2012 年第 8 期。

温铁军:《农户信用与民间借贷研究:农户信用与民间借贷课题主报告》, 载中经网 50 人论坛, 2001 年 6 月 7 日。

吴国培、朱敢:《政策性森林保险的可持续性》,《中国金融》, 2009 年第 22 期。

夏强:《是"鸡肋"还是"鸡腿"——江西省泰和县政策性森林保险试点的启示》,《中国林业》, 2010 年第 20 期。

肖建中:《林权制度改革与抵押贷款的政策分析——以浙江省丽水市为例》,《农业经济问题》, 2009 年第 10 期。

谢清河:《现代林业发展与金融服务创新研究》,《林业经济》, 2010 年第 10 期。

谢彦明、刘德钦:《景谷县林改后林农融资困境及对策分析》,《林业调查规划》, 2010 年第 6 期。

徐晋涛、孙妍、姜雪梅:《我国集体林区林权制度改革模式和绩效分析》,《林业经济》, 2008 年第 9 期。

晏露蓉:《反思与建议:集体林权制度改革中的金融问题研究——基于福建案例分析》,《林业经济》, 2010 年第 2 期。

杨红艳:《省林业厅采用信息网络化方式推进森林资源资产评估体系建设》, 云南省林业厅, http://www.ynly.gov.cn/8415/8552/8553/93292.html, 2013 - 11 - 28。

杨丽霞、石道金、华文礼、叶陈育:《林权抵押贷款的探索与实践——以浙江省遂昌县为例》,《林业经济》, 2010 年第 4 期。

杨云:《林权抵押贷款的几种模式及可持续性问题探讨——福建省案例研究》,《林业经济》, 2008 年第 2 期。

杨云:《林权抵押贷款运行机制及其绩效评价研究——基于福建的案

例分析》，福建农林大学博士学位论文，2010年。

姚洋：《中国农地制度：一个分析框架》，《中国社会科学》，2000年第2期。

叶继革：《林业活起来　林农富起来　林区强起来——三明市推进集体林权制度改革的实践与体会》，《绿色中国》，2005年第4期。

余少君：《贷款抵押的森林资源资产处置问题研究》，《林业财务与会计》，2002年第10期。

云南省林改办：《云南省集体林权制度主体改革工作总结》，内部资料，2010年7月。

张菡冰：《森林资源资产抵押贷款研究综述》，《林业经济问题》，2010年第4期。

张红霄：《从林权纠纷个案说开去》，《中国林业产业》，2008年第5期。

张红霄、张敏新、刘金龙：《集体林权制度改革中均山制的制度机理与效应分析——基于上坪村的案例研究》，《林业经济问题》，2007年第4期。

张静：《土地使用规则的不确定：一个解释框架》，《中国社会科学》，2003年第1期。

张炯雪：《云南省森林火灾保险试点范围扩大到15个州市》，http://www.gov.cn/gzdt/2012-02/29/content_2079063.htm，中央政府门户网站，2012-02-29。

张兰花：《林权抵押贷款信用风险评估研究》，福建农林大学博士学位论文，2010年。

张新光：《建国以来集体林权制度变迁及政策绩效评价——以大别山区的河南省新县为例》，《甘肃社会科学》，2008年第1期。

张长达、高岚：《我国政策性森林保险的制度探讨——基于福建、江西、湖南森林保险工作的实证研究》，《农村经济》，2011年第5期。

赵永旺、苏时鹏：《林权抵押贷款法制化分析》，《林业经济》，2010年第11期。

折晓叶、陈婴婴：《产权怎样界定——一份集体产权私化的社会文本》，《社会学研究》，2005年第4期。

折晓叶、陈婴婴：《资本怎样运作？——对改制中资本能动性的社会学分析》，《中国社会科学》，2004年第4期。

浙江林业网：《2011年浙江省林业经济运行状况分析》，http://gov.zjly.gov.cn/tjxx/45516.htm，2012-05-30。

浙江林业网：《林业概况》，http://gov.zjly.gov.cn/lygk/221.htm，2009-09-21。

郑风田、阮荣平、孔祥智：《南方集体林区林权制度改革回顾与分析》，《中国人口·资源与环境》，2009年第1期。

郑杰：《让金融资本涌入林业"洼地"的两大举措——永安市林业投融资体制改革及森林保险案例》，《林业经济》，2011年第5期。

《中国集体林产权制度改革相关政策问题研究》课题组：《中国集体林产权制度改革相关政策问题研究调研报告》，经济科学出版社2012年版。

中国人民银行福州中心支行、福建省林业厅：《全省林权抵押贷款工作座谈会文件材料汇编》，2007年。

中国人民银行丽江中心支行课题组：《推进林权抵押贷款存在的问题及对策——以丽江为例》，《时代金融》，2010年第10期。

中华人民共和国国家林业局：《2012全国林业年报分析报告》，http://www.forestry.gov.cn/uploadfile/main/2013-5/file/2013-5-10—0170dea800474abea944f4abcf57af5b.pdf，2013-05-10。

周立：《农村金融供求状况调查与政策调整——广东东莞、惠州、梅州农村金融调查》，《农业经济问题》，2005年第7期。

周立：《农村金融市场四大问题及其演化逻辑》，《财贸经济》，2007年第2期。

周小斌、耿洁、李秉龙：《影响中国农户借贷需求的因素分析》，《中国农业经济》，2004年第8期。

周雪光：《"关系产权"：产权制度的一个社会学解释》，《社会学研究》，2005年第2期。

周宗安：《农户信贷需求的调查与评析：以山东省为例》，《金融研究》，2010年第2期。

朱冬亮、蔡惠花：《林权抵押政策实施中林农参与行为及其影响因素分析——基于 8 省 26 县的调查数据》,《林业经济》,2013 年第 10 期 (a)。

朱冬亮、蔡惠花:《社会学视角下产权研究范式的比较分析——以中国集体林权改革研究为例》,《甘肃社会科学》,2013 年第 6 期 (b)。

朱冬亮、程玥:《村级群体性决策失误:"新集体林改"的一个解释框架》,《探索与争鸣》,2009 年第 1 期 (a)。

朱冬亮、程玥:《福建集体林权制度改革中的农民抗争及对策分析》,《中共福建省委党校学报》,2008 年第 6 期。

朱冬亮、程玥:《集体林权纠纷现状及纠纷调处中的地方政府角色扮演》,《东南学术》,2009 年第 5 期 (b)。

朱冬亮、贺东航:《新集体林权制度改革与耕地承包制改革的对比分析及启示》,《马克思主义与现实》,2009 年第 2 期。

朱冬亮:《集体林权制度改革中的社会排斥机制分析》,《厦门大学学报》,2007 年第 3 期。

朱冬亮、肖佳:《集体林权制度改革:制度实施与成效反思——以福建为例》,《中国农业大学学报》,2007 年第 5 期。

朱冬亮:《村庄社区产权实践与重构——关于集体林权纠纷的一个分析框架》,《中国社会科学》,2013 年第 11 期。

朱冬亮:《土地调整:农村社会保障与农村社会控制》,《中国农村观察》,2002 年第 3 期。

朱冬亮:《扎根理论视角下的农村家庭加工业契约治理》,《华中师范大学学报》,2012 年第 5 期。

朱介石:《云南省林权抵押贷款情况调研报告》,《林业经济》,2012 年第 8 期。

朱述斌、胡水秀、申云、康小兰:《林业生态补偿机制缺失背景下森林保险有效需求影响因素实证分析——基于江西 10 个林改监测县的农户调查》,《林业经济》,2013 年第 7 期。

3. 英文文献

Andy white Alejandra Martin, *who owns the world's Forests? Forest Tenure and public forests in Transition*, Forest Trends, 2002.

Andy white Alejandra Martin, *Who Owns the World's Forests? Forest Tenure and Public Forests in Transition*, Forest Trends, 2002.

Anning Wei. 1997. *Land Tenure Security and Farm Investment in China*. World Bank.

Block Fred. Introduction [A] // in Polanyi Karl. *The great transformation the political and economic origins of our time.* Boston, MA: Beacon Press, 2001.

Block Fred. Swimming Against the Current: The Rise of a Hidden Developmental State in the United States [J]. *Politics Society* 2008, (2): 169—206.

Bourdieu P.. *Distinction: A Social Critique of the Judgement of Taste* [M]. Cambridge, MA: Harvard University Press, 1984.

Cai Xin and Zeng Weizhong. On Farmer's Willingness to Small Forest Tenure Mortgage Loans – A Case Study on Yibin of Sichuan [J]. *International Journal of Business and Management* 2011, (6): 272—276.

Carruthers Bruce G. and Laura Ariovich. The Sociology of Proprerty Rights [J]. *Annual Review of Sociology*, 2004, (30).

Dobek Mariusz Mark. Property rights and institutional change in the Czech and Slovak republics [A] //in David L. Weimer (Ed.). *The Political Economy of Property Rights: Institutional Change and Credibility in the Reform of Centrally Planned Economies.* Cambridge: Cambridge University Press, 1997.

Evans P.. *In Search of the 21st Century Developmental State* [R]. Working Paper. No. 4 Brighton: The Center of Global Political Economy, University of Sussex www. sussex. ac. uk/cgpe, 2008.

Evans P.. Predatory, developmental, and other apparatuses: a comparative political economy perspective on the third world state [J]. *Sociological Forum*, 1989, (4): 561—587.

Evans P.. Challenges of the "Institutional Turn": Interdisciplinary Opportunities in Development Theory [A] // in *The Economic Sociology of Capitalism*, edited by Victor Nee and Richard Swedberg. Princeton, NJ: Princeton University Press. 2005.

Evans P. , Rueschemeyer D, Skocpol T (Eds) *Bringing the State Back in* [M]. Cambridge: Cambridge University Press, 1985.

Fligstein N. "States, Markets, and Economic Growth" [A] //in *The Economic Sociology of Capitalism*, edited by Victor Nee and Richard Swedberg. Princeton, NJ: Princeton University Press, 2005.

Fligstein N. and D. McAdam. *A Theory of Fields* [M]. New York: Oxford University Press, 2012.

Hess David. . A Theory of Fields: A Review [Z]. *Mobilizing Ideas*. http://mobilizingideas.wordpress.com/2012/06/13/a-theory-of-fields-a-review/, 2012.

Iqbal, F. 1983. *The Demand for Funds by Agricultural Households: Evidences from Rural India. JournalIndia.* Journal of Development Studies, 20 (1): 68—86.

Johnson Burke and Lisa A. Turner. "Data collection Strategies in Mixed Methods Research." [A] //in Abbas Tashakkori, Charles Teddlie. eds. *Handbook of mixed methods in social & behavioral research.* Thousand Oaks, Calif. : SAGE Publications, 2003: 297—321.

Johnson Chalmers A. . *MITI and the Japanese Miracle: the Growth of Industrial Policy*, 1925—1975 [M]. Stanford, Calif. : Stanford University Press, 1982.

Johnson R. Burke and Lisa A. Turner. "Data collection strategies in mixed methods research" [M]. //: Abbas Tashakkori and Charles Teddlie (eds.) . *Handbook of Mixed Methods in Social & Behavioral Research.* Thousand Oaks, California: SAGE Publications, 2003.

Jordana J. and D. Levi-Faur. The Politics of Regulation in the Age of Governance [A] //in Jordana, J. and D. Levi-Faur, eds. *The Politics of Regulation: Institutions and Regulatory Reforms for the Age of Governance.* Cheltenham: Edward Elgar, 2004.

Liu Dachang. Tenure and Management of Non-State Forests in China since 1950: A Historical Review [J]. *Environmental History, Special Issue: Forest History in Asia*, 2001, (2): 239—263.

Liu Song and Charles H. Cannon. Impact of socio – economic status on the implementation of China's collective forest tenure reform in Zhang Guying Township, Hunan: potential for increasing disparity [J]. Forestry, doi: 10.1093/forestry/cpr016, 2011, (3).

Long, M. G. 1968. Why peasant's farmers borrow? . American Journal of Agricultural Economics, 50 (4): 991—1008.

Miller Robert L. and Ciaran Action with Deirdre A. Fullerton and Jonh Maltby. SPSS for Social Scientists [M]. New York: PALGRAVE MACMILLAN, 2002.

Mondal Wali I.. Microcredit As A Tool For Rural Development: A Case Study Of Malaysia [J]. Journal of Business Case Studies (Online), 2012, (1): 87.

North Douglass C.. Institutions, Institutional Change and Economic Performance [M]. Cambridge, England: Cambridge Univ. Press, 1990.

O' Riain Sean. The Politics of High – Tech Growth: Developmental Network States in the Global Economy [M]. Cambridge: Cambridge University Press, 2004.

Oi Jean Chun. Rural China Takes Off: Institutional Foundations of Economic Reform [M]. London: University of California Press, 1999.

Olli Haltia and Kari Keipi. 1997. Financing Forest Investments in Latin America: The Issue of Incentives. Washington, D. C.

Pham Bao Duong, Yoichi Izumida. 2002. Rural development finance in Vietnam: A microeconometric analysis of household surveys. World Development, 30 (2): 319—335.

Rave Prabhu. 1998. Criteria and Indications for Sustainable Plantation Forestry in India. Management in India' at IIFM, Bhopal. pp. 593—609.

Robert Glee. 1990. Community And Forestry: Constituties In The Sociology Of Natural Resources.

Sen Amartya. Development as Freedom [M]. New York, NY: Knopf, 1999.

Walder Andrew George. Local Governments as Industrial Firms: An Organizational Analysis of China's TransitionalEconomy [J]. *American Journal of Sociology*, 1995, (101): 263—301.

Weimer David L.. The Political Economy of Property Rights [A] // in David L. Weimer (Ed.). *The Political Economy of Property Rights: Institutional Change and Credibility in the Reform of Centrally Planned Economies*. Cambridge: Cambridge University Press, 1997.

Xu Guang yu& He Yue. Analysis on Market Failure of Forest Insurance in China Based on the Supply Perspective [J]. *Management & Engineering*, 2012, (8): 71—74.

Xu Jintao. *Collective forest tenure reform in China: what has been achieved so far* [Z]. New York, 2008.

Yu Lihong and Liu Gaoli. Research on the Exploration and Practice on Forest Property Mortgage Loan of Liaoning Province in China [J]. *Management & Engineering*, 2011, (3): 74—77.

Yuanyuan Yi, Gunnar Köhlin and Jintao Xu. Property rights, tenure security and forest investment incentives: evidence from China's Collective Forest Tenure Reform [J]. *Environment and Development Economics*, Available on CJO 2013 doi: 10.1017/S1355770X13000272, 2013.

Zhang Daowei and Peter H. Pearse. Difference in Silvicultural Investment Under Various Types of Forest Tenure in British Columbia. *Forest Science*, 1996, 42 (4): 442—449.

Zhang Yaoqi. The Impacts of Economic Reforms on the Efficiency of Silviculture: A Non-Parametric Approach [J]. *Environment and Development Economics*, 7 (1): 107—122, 2002.

Zhu Biyun, Zhang Yanlin, Peng Fei. Research on Forestry Credit Innovation Mode Based on Collateral Mechanism of Extension and Substitution [J]. *Management & Engineering*, 2012, (7): 105—109.